高等院校旅游专业应用型系列规划教材

旅行社经营与管理

主　　编：王乃举

副 主 编：马　琪　张　丹

参编人员（按姓氏笔画排序）：

马　琪　王乃举　刘　丽

张　丹　赵海荣　彭绍春

对外经济贸易大学出版社

中国·北京

图书在版编目（CIP）数据

旅行社经营与管理 / 王乃举主编．—北京：对外经济贸易大学出版社，2012
高等院校旅游专业应用型系列规划教材
ISBN 978-7-5663-0410-0

Ⅰ．①旅…　Ⅱ．①王…　Ⅲ．①旅行社 - 企业经营管理 - 高等学校 - 教材　Ⅳ．①F590.63

中国版本图书馆 CIP 数据核字（2012）第 170721 号

旅行社经营与管理

王乃举　**主编**
责任编辑：赵　昕　张姗姗

对 外 经 济 贸 易 大 学 出 版 社
北京市朝阳区惠新东街 10 号　　邮政编码：100029
邮购电话：010 - 64492338　　发行部电话：010 - 64492342
网址：http://www.uibep.com　　E-mail：uibep@126.com

山东省沂南县汇丰印刷有限公司印装　　新华书店北京发行所发行
成品尺寸：185mm×260mm　　14.25 印张　　330 千字
2012 年 8 月北京第 1 版　　2012 年 8 月第 1 次印刷

ISBN 978-7-5663-0410-0
印数：0 001 - 5 000 册　　定价：29.00 元

总序

在世界经济飞速发展的今天，旅游业是世界经济中发展势头最强劲、规模最大的产业之一。我国已经成为全球规模最大的国内旅游市场、亚洲最大出境客源国和最活跃的国际旅游市场，2010 年我国首次成为世界第三大旅游目的地国，实现了由旅游资源大国到世界旅游大国的历史性跨越。整合旅游教育资源，加强专业建设，深化教学改革，提高教育水平，为旅游业输送更多高素质人才，是旅游院校的基本任务，也是促进旅游业持续快速健康发展、实现世界旅游强国宏伟目标的战略措施之一。

为了适应旅游业的发展、培养高端技能型人才，也为了满足学校更新旅游教育教材的迫切需要，加强旅游专业教材建设是改善和提高旅游教育水平的当务之急。为此，对外经济贸易大学出版社安徽信息中心自 2011 年 10 月份起就开始精心策划、组织，在广泛征求高职高专院校旅游专业的专家、学者、学生以及旅游业界专业人士对旅游专业教材建设的意见与建议的基础上，成立了“高等院校旅游专业应用型系列规划教材”编写委员会，研究审核高职高专旅游专业教学内容和规律，统一明确高职高专教材的指导思想、体系结构、职业要求、格式特色、编写标准、编者资格、选用程序等，以之来规范教材的编写和选用。本套“规划教材”的作者中既有直接从事旅游专业一线教学和科研工作的教授、学者和“双师型”教师，执教的课程很多都是省级、校级的精品课程或重点课程，有着丰富的理论基础和教学经验，也有长期任职于旅游主管部门以及大型旅游企业的领导、业务骨干，具有丰富的管理实践经验。

本套“高等院校旅游专业应用型系列规划教材”是 2011 年中央财政支持高等职业学校提升专业服务能力项目的建设成果，教材编写主要体现如下特色：

1. 在体例上打破传统教材固定的结构体系

每章根据教学内容设置了“任务介绍”、“任务分析”、“任务实施”等模块，从介绍完成任务的思路、技能点和知识点开始导入新课，每章都穿插图表、相关知识，章后还附有归纳总结、拓展提高、练习或实训，锻炼学生的实际操作能力，以突出旅游专业应用性、实践性的特点。

2. 在形式和文字等方面满足高职教育教和学的需要

针对高职学生抽象思维能力较弱，书中都配有一些图示，并结合旅游产业的最新案例来分析，做到图文并茂，激发学生的学习兴趣，加强学生对内容的理解和掌握。

3. 注意突出教材内容的技能性特点

对于理论部分，运用形象化的语言使抽象的理论更易于被学生认识和掌握，同时注重介绍旅游业界的最新动态和趋势；对于实践性内容，每小节通过设计较简单的工作任务或项目，依照实际工作流程或模块循序渐进来完成，由此整章内容就完成了一个较复杂的任务，突出了旅游教材的实用性、实践性。

4. 注重校企联合开发教材

在编写教材时邀请了相关旅游企业的专家或资深从业人员来共同研究开发，实现理论学者与一线专家的紧密结合，反映了旅游企业生产岗位的最新技术和最新要求，也有利于学生“双证书”的获取，适应学生未来进步的需要。而且，不同教材编写人员之间可加强了解、沟通和协作，在不同教材之间统筹兼顾，避免了内容的重复和交叉。此外，通过校企合作编写实训教材，促进了旅游学校和旅游企业间其他方面的合作发展，例如建立或深化校外实习基地合作、促进教师“双师型”建设等。

本套教材的编写得到了省市旅游主管部门、旅游企业及兄弟院校和企事业单位的大力支持与帮助，他们是：安徽中澳科技职业学院、安徽国际商务职业学院、安徽财贸职业学院、安徽经济管理学院、安徽工业经济职业技术学院、芜湖职业技术学院、安徽国防科技职业学院、亳州职业技术学院、安徽粮食工程职业学院、安徽三联学院、安徽涉外经济职业学院、万豪国际集团、安徽好之旅国际旅行社、安徽环球国际旅行社、安徽塞纳河畔酒店集团等。对此，编委会表示真挚的感谢。

本套教材可作为高等职业院校、高等专科院校、高等本科院校旅游专业学生用书，也可供五年制高职院校、中等职业技术学校及其他需要了解旅游产业的人员使用，还可作为政府旅游管理部门和科研机构、旅游培训机构以及有志从事旅游行业人员的参考资料。我们真诚地希望旅游教育界的专家学者以及使用这套教材的老师和学生们能及时提出批评和建议，使这套教材不断得到完善，更适应旅游教育改革的需要。

本套教材的编纂出版，从选题的确定到教材的出版，对外经济贸易大学出版社提供了许多有见地的建议，同时也得到了有关专家学者的鼎力相助，在此深表谢意！

编委会

2012 年 5 月

前言

旅游产业是社会、经济、文化发展到一定阶段的产物。旅行社、旅游饭店与旅游交通共同组成旅游产业三大支柱，旅行社是旅游活动的组织者和实施者，并在这一产业群中起纽带和桥梁作用。

西方发达国家的旅行社业已经发展了160多年，在战略管理、产品管理和市场竞争等方面积累了丰富的管理经验。我国旅行社的大规模发展只有30年历史，起步晚，但发展迅速。截至2010年年底，我国旅行社的总数为22 784家，直接从业人员为277 262人，营业利润32.34亿元。2010年我国旅行社组织国内旅游11 953.31万人次、外联入境旅游1 352.04万人次，组织出境旅游1 663.88万人次。但我国旅行社在规模、运营管理和经营战略方面与发达国家的差距依然非常明显。

随着我国经济社会的不断发展和对外开放进一步加大，在旅游业快速发展的环境下，我国旅行社业将面临前所未有的发展机遇和挑战。为了推进我国旅行社经营与管理水平，急需培养合格的旅行社从业人员。我们根据多年来的教学和企业工作的实际经验，在汲取国内外相关研究和实践成果的基础上编成本书。

本书在旅行社经营与管理基本理论体系的框架下，重视实训环节，以基本知识、基本理论为前提，培养学生的实际操作技能和创新能力。

全书采用模块化和项目推进式编写体例，分旅行社导论、旅行社产品设计与营销、旅行社接待业务、旅行社日常管理和旅行社战略管理5大模块及10大项目。项目推进是全书的主体，内容选取科学，形式多样，案例与理论结合，实操与项目结合，符合高职学生的认知水平和接受水平。

本书由安徽财贸职业学院王乃举副教授负责编写大纲、稿件统纂及各章校定工作。参加本书具体编写的人员分工如下：安徽财贸职业学院王乃举编写模块一项目一，安徽国际商务职业学院张丹编写模块一项目二、模块二项目一，安徽城市管理职业学院马琪编写模块二项目二、模块三项目一，安徽城市管理职业学院彭绍春编写模块三项目二，安徽城市管理职业学院刘丽编写模块四项目一、模块五，安徽经济管理学院赵海荣编写模块四项目二、模块四项目三。

由于编者水平和编写时间所限，疏漏之处在所难免，诚请广大读者批评指正，以便今后修订和完善。

王乃举

2012.5.20

目　录

模块一　旅行社导论　/1

项目一　旅行社概述　/1

项目二　旅行社设立　/18

模块二　旅行社产品设计与营销　/39

项目一　旅行社产品设计　/39

项目二　旅行社产品销售　/79

模块三　旅行社接待业务　/99

项目一　旅行社计调业务　/99

项目二　旅行社接待业务　/116

模块四　旅行社日常管理　/137

项目一　旅行社质量管理　/137

项目二　旅行社人力资源管理　/151

项目三　旅行社信息技术管理　/175

模块五　旅行社战略管理　/201

参考文献　/215

模块一

旅行社导论

项目一　旅行社概述

项目目标

了解中外旅行社发展的概况
熟悉旅行社企业的概念
掌握旅行社企业的基本业务范围
认识并熟悉旅行社的管理体系

项目能力

结合中国旅行社发展历史和现实状况进行趋势分析
分析具体旅行社的业务范围
结合管理要素及管理体系分析旅行社的具体管理方法

案例引入

从上海商业储蓄银行旅行部到中国旅行社

清末民初，我国旅游业为少数洋商所垄断，在上海经营旅行社的有英国的通济隆、美国的运通和日本的国际观光局等，但他们服务的对象只限于外国人和白领华人。陈光甫留美多年，又酷爱旅游，他之所以决心创办中国第一家旅行社，据原上海商业储蓄银行天津分行经理资耀华（解放后曾任上海银行总经理）说：“上海商业储蓄银行办的中国旅行社是我国第一家。陈光甫创办中国旅行社的动机，开始时还不是作为一种业务，而是对抗洋人，为国争气。旧中国旅行社都是英、美、日等帝国主义的洋商所办，中国人要出国，办理旅游手续都要经过他们之手。洋商不仅收费高昂，而且态度傲慢无礼，根本看不起中国人。陈光甫时常出国，也时常受气。有一次，洋商办事的人傲慢无礼，他实在忍受不住了，同对方争执了几句，对方冷笑着说，‘你若不满意，你们中国人为什么不自己办一个呢?’陈一怒之下，决心创办中国旅行社。”除了爱国外，陈光甫还认为，为了让国人及各国人士了解中国古老悠久的文化和名胜古迹，也必须建立健全为旅客服务的机构，这是他要创办中国旅行社的又一动机。

1923年4月，由陈光甫任总经理的上海商业储蓄银行正式呈文北洋政府交通部，提请代售火车票和办理旅行业务。当时交通部正召开全国铁路联运会议，该案一经提交，立即遭到身居要职的铁路洋员的反对。其表面理由是英、日、美、法等国在华均有旅行机构，绝无再设的必要，实际上是担心此举会触犯外国在华旅行机构的既得利益。幸好时任交通总长的叶恭绰、路政司司长刘景山及各路华员皆竭力支持，经激烈辩论后终获通过。是年8月1日，上海商业储蓄银行旅行部正式宣告成立。这一天，是中国旅游史上值得大书特书的一天。因为按国际惯例，商业性旅行社的产生是一个国家近代旅游业诞生的标志。

旅行部成立一个月后即在杭州设立分部，之后陆续扩大规模，5年间，共设立分部11处。1927年，上海商业储蓄银行董事会开会研究，决定投资5万元（后增资至50万元），旅行部自立门户。6月1日，其正式改名“中国旅行社”，并向国民政府交通部申请注册，经该部核准，于1928年1月拿到了第一号旅行业执照。

任务一　旅行社发展

旅行社是旅游活动的组织者，它与旅游饭店、旅游交通部门合称为旅游业的三大支柱。旅行社是人类经济活动和旅游活动发展到一定阶段的产物，随着人类社会交流空间的扩大、交流频率的加快、交流形式的多样化及科技进步引导的交通、住宿、餐饮、娱乐等形式的现代化和高级化，旅行社将以前所未有的速度向前发展。

一、国外旅行社发展

（一）国外旅行社的产生

旅行社的产生是经济、科技和社会分工发展的直接结果，同时也是旅游长期发展的必然产物。18世纪中叶，发生在英国的工业革命使整个世界经济和社会结构发生了巨大的变化，同时也改变了世界范围内旅行和旅游的发展方向，这是因为：第一，随着生产力的迅速发展和社会财富的急剧增加，有产阶级规模日趋扩大，他们具备了旅游的经济条件。第二，科学技术的进步，特别是交通运输的大力发展，提高了运输能力，缩短了运输时间，使大规模的人员流动成为可能。第三，工业革命加速了城市化的进程，并且使人们工作和生活的重心从农村转移到工业城市。这一变化最终导致了人们适时逃避城市生活的紧张节奏与拥挤嘈杂的环境压力的需要和对回归自由、宁静的大自然的追求。第四，工业革命改变了人们的工作性质。随着大量人口涌入城市，原先那种随农时变化而时忙时闲的多样性农业劳动，开始为枯燥、重复的单一性大机器工业劳动所取代，致使人们产生了强烈的度假要求。

现代旅游发端于西方发达国家，世界第一家旅行社产生于19世纪40年代。1841年7月5日，英国的托马斯·库克利用包租火车的方式组织570人去参加一次禁酒大会。虽然这次的团体旅行是非商业性的“业余活动”，但却面向公众，增加了库克对组织旅游活动的兴趣和信心，为他在以后创办旅行社奠定了基础并提供了经验。经过多年的准备，他于1845年正式创办了世界上第一个旅行社——托马斯·库克旅行社（即现今的通济隆旅行社），成为旅行代理业务的开端。旅行社成立之后，托马斯·库克于1845年8月4日第一次组织消遣性的观光旅游团，即莱斯特至利物浦之行，参加人数为350人。库克本人对这次的团体旅行进行了周密的计划，并事先亲自考察旅游线路，确定沿途的游览点，与各地客栈老板商定旅客的吃、住等事宜。回来后，他整理出版《利物浦之行手册》成为早期的旅游指南。1846年，他又组织350人到苏格兰集体旅游，并配有向导。旅游团所到之处受到热烈欢迎，从此，托马斯·库克旅行社的名字开始蜚声于英伦三岛。1851年，他组织16.5万人参观在伦敦水晶宫举行的第一次世界博览会。4年后，博览会在法国巴黎举行，他又组织50余万人前往参观，使旅游业第一次打破了国家界限，走向世界。1864年，他成立了托马斯·库克父子公司，全面开展旅游业务，为旅游业走向世界做了一些列的准备工作。1872年，库克组织了9位不同国籍的旅行者进行为期222天的第一次环球旅行，这次环球旅行的成功受到世人的称颂。接着，他又在欧洲、美洲、澳大利亚与中东建立起自己的公司。1880年，他又打开印度大门，并且拓展了埃及市场，成立世界上第一个旅游代理商，被誉为世界旅游业的创始人。

（二）国外旅行社的发展

在托马斯·库克之后，为适应人们不断增长的旅游需求，旅行社在世界各地迅速发展起来。19世纪下半叶，欧洲成立了许多类似的旅游组织，如英国1875年成立了登山俱乐部，1885年成立了帐篷俱乐部，法国、德国都于1890年成立了观光俱乐部，美国运通公司于1850年起兼营旅行社代理业务，并于1891年发售了与现代使用方法相同的旅行支票。到20世纪初叶，旅行社得到了更大的发展，美国的运通公司、英国的托马斯·库克公司和以比利时为主的铁路卧车公司成为当时世界旅行社业的三大巨头。到20世纪60年代，大众旅游得到广泛发展。从总体上看，全世界80%以上的旅行社分布在旅游业最为发达的欧美地区，世界其余地区的旅行社数量不到世界总量的20%。今天，全世界已形成由数万家旅行社组成的庞大的世界性旅游服务网络。

随着世界旅行社行业规模的进一步扩大，为了加强交流和合作，促进行业的协调发展，全世界形成了许多国际性或地区性的旅行社组织，其中以世界旅行社协会和世界旅行社协会联合会的影响最为广泛。

1. 世界旅行社协会（World Association of Travel Agencies）

简称WATA，成立于1949年，总部设在瑞士日内瓦，是一个由私人旅行社组织发展起来的世界性非营利性组织。

2. 世界旅行社协会联合会（Universal Federation of Travel Agent's Association）

简称UFTAA，于1966年在意大利的罗马成立，总部设在比利时的布鲁塞尔，是世界上最大的民间性国际旅游组织之一，属于专业性和技术性组织。它是世界上最大的，同时也是级别最高的旅游业代表机构。UFTAA包括114个国家的旅游代理协会，会员遍及121个国家。UFTAA课程考试于每年3月和9月在全球统一举行，每门课程考试包含两个试卷。学员第一次必须在报名地点同时参加两个试卷的考试，学员在有效期内最多有两次考试机会。

二、中国旅行社的发展

（一）中国旅行社的产生

我国旅行社的产生与西方旅行社产生的历史背景截然不同，它是在受到外来经济和文化入侵的影响下产生的。

1923 年，上海商业储蓄银行总经理陈光甫与同仁商议，决心创办旅行部，办理国人旅游业务。1923 年 8 月，北洋政府正式批准设立旅行部。

1927 年，旅行部从上海商业储蓄银行中独立出来成为中国旅行社（现为香港中国旅行社股份有限公司），这是我国历史上最早的一家由国人开设的旅行社。

（二）中国旅行社行业的发展

新中国成立后，经过 50 多年的发展，我国旅行社行业体系基本形成了三大系统，即中国国际旅行社（国旅）系统、中国旅行社（中旅）系统和青年旅行社（青旅）系统。这三大系统实力雄厚，各系统的分支机构遍及全国各地。总体来看，我国旅行社发展经历了三大阶段。

1. 初创阶段（1949—1966 年）

1923 年，上海商业储蓄银行旅行部成立，标志着中国第一家旅行社的诞生。至此，中国旅行社业开始了漫长的发展历程。

1951 年，福建泉州成立了华侨服务社，1954 年成立了中国国际旅行社，业务性质纯属外事接待，为外宾提供方便，归外事部门领导，同时办理国际联运，其实没有真正的旅游业务。1956 年，海外华侨、港澳同胞回国探亲旅行的人数日益增多，全国各主要城市相继成立华侨旅行服务社。随着国际形势的发展，我国外交活动顺利开展，1956 年、1957 年中国国际旅行社先后与苏联、东欧、蒙古各国以及 23 个国家的旅游机构建立了业务联系，开始接待自费的外国旅游者。在前期，如 1957 年，苏联、东欧各国的旅游者占总数的 95%，直到 60 年代中期，如 1965 年，才转变为以西方游客为主，占总数的 80% 以上，然而每年外国旅游者入境总数仅在 4 000 ~ 5 000 人。1964 年，中国旅行游览事业管理局成立。中法建交、中巴通航促使客源构成发生变化。由于单纯强调政治作用，不重视经济效益，当时的旅游业是亏本经营。1966—1976 年期间，国内政局动荡，经济遭到严重破坏，社会治安混乱，旅游人数连年锐减，各地旅游机构也均受冲击。1972 年，中美公报发表，同年，中日建交，来自美国、日本的游客随之增加。同时，由于国家规定加入外国国籍华人不再保留中国国籍，外籍华人游客也随之增多。为了适应这种形势，1974 年，各地华侨旅行服务社改名为中国旅行社，以承担外籍华人旅游接待工作。显然，在这 10 年中，尽管旅游局也承担了少量接待任务，但旅游业基本处于停滞状态。

改革开放以前，我国仅有两家旅行社（中国国际旅行社和中国旅行社）。这两家旅行社以政治接待为主要目的，没有真正意义上的经济功能。作为旅游业发展的最初阶段，这一阶段的中国旅行社业是高度集中的，毫无市场而言。

2. 垄断阶段（1978—1989 年）

1978 年，中国开始实行对外开放政策，旅游业随之发展起来。1978 年，我国接待的入境旅游者总人数为 188 万人，为过去 24 年入境人数的总和。1981 年增长为 766 万人，为 1978 年的 4.07 倍。1986 年，中央召开全国旅游工作会议，正式把旅游事业作为我国经济建设的重要组成部分。这使得旅游事业的发展更为迅速，年增长率大大超过世界平均增长水平，如 1992 年，来华旅游入境人数已猛增为 3 811 万人，是 1978 年的 20.2 倍，旅游创汇 39.3 亿美元，是 1978 年的 15 倍。国内旅游 3.3 亿人次，年增长率 10%，回收货币 250 亿元人民币，平均年增长率 25%，整个旅游业呈现出蓬勃发展的良好势头。1980 年，中国青年旅行社总社在北京成立，与中国国际旅行社和中国旅行社并立，我国旅行社业开始了寡头垄断经营的局面。1980 年，如上三家旅行社接待的来华旅游者占全国有组织接待人数的 80%，其余由其他政府机构组织接待。这一时期的中国旅行社业控制权基本掌握在国旅、中旅、青旅三大旅行社手中，处于高度集中的发展阶段。

1984 年，国家旅游局下放旅游外联权，作为一个标志性的事件，它在中国旅行社业发展史上具有重要的战略意义。这一举措对中国旅行社业的发展起到了积极的促进作用，旅行社在全国范围内迅速发展起来。这一时期的明显特征是原有三大社市场份额的急剧下降与全国范围内旅行社数量的大幅增加。

同时，国务院于 1985 年颁布了《旅行社管理暂行条例》，将旅行社划分为三类。中国旅行社业初具规模，并呈现出良好的发展势头，由三大社垄断经营的高度集中发展向分散发展过渡。

3. 规范阶段（1989 年至今）

全国旅行社总数由 1990 年的 1 603 家增加到 1994 年的 4 382 家，5 年间增长了 173.36%。然而，在数量急剧增长的同时，旅行社有组织接待人数和利润率却没有同步增长。大量中小规模旅行社的出现带来了百家争鸣的竞争态势，中国旅行社业进入了数量增长的分散化发展阶段。与此同时，由于缺乏必要的规范与管理，整个旅行社业处于无序竞争的状态，突出表现为市场秩序的混乱，旅行社质量问题屡见不鲜，整个行业迫切需要加强规范与管理。

20 世纪 90 年代后期，我国旅行社进入一个快速发展时期。1992 年，我国旅游业被列为加快发展的第三产业重点之一。1995 年，国家颁布《旅行社质量保证金暂行规定》，1996 年 10 月颁布《旅行社管理条例》。2002 年，中国成功地加入世界贸易组织，国外旅游军团开始大举进军中国市场，中国旅行社业对外开放的步伐以前所未有的力度展开。在这一阶段，旅行社数量的涨幅较上一阶段有所下降，并逐渐趋于稳定。然而，2003 年的“非典”疫情使中国的旅行社业再一次经受了严重的打击，旅行社业利润总额第一次出现了负数。这一阶段旅行社业的发展仍然具有分散发展的特征，部分旅行社具备了一定的规模和实力，开始大举并购，走规模化发展的道路。

2009 年 5 月 1 日，《旅行社条例》的实施进一步规范了旅行社的经营行为。

（三）中国旅行社发展现状

改革开放以来，伴随着中国旅游业的高速发展，我国旅行社行业发生了巨大的变化，特别是近十年来，行业规模不断扩大，从业人员不断增加，经营体制不断创新，经营环境不断改善，旅行社行业已经成为我国拉动经济增长、扩大就业渠道的重要的服务行业之一。

截至2010年年底，全国旅行社总数为22 784家，比2001年增加了1 000多家，如表1－1所示。从区域分布看，2010年度旅行社数量排在前十位的地区依次为山东(1 842家)、江苏（1 805家）、浙江（1 639家）、广东（1 247家）、河北（1 148家)、辽宁（1 145家）、河南（1 096家）、湖北（931家）、北京（905家）、安徽(904家)，上述地区的旅行社总量占全国旅行社总量的55.57%。

表1－1 中国旅行社发展概况

年份	旅行社数量/家	资产总额/亿元	营业收入/亿元	实际缴纳税金/亿元
2001	105 32	415.47	589.80	7.63
2005	16 245	419.26	1 116.59	8.12
2010	22 784	666.14	2 649.01	12.77

2010年，全国旅行社旅游业务营业收入2 649.01亿元，比2001年增加了3倍多，实际缴纳税金12.77亿元，比2001年增加了67.37%，如表1－1所示。2010年，出境游组团社的旅游业务营业收入1 380.47亿元，占全国的58.58%；旅游业务毛利润65.55亿元，占全国的52.25%；实缴税金9.55亿元，占全国旅行社的48.48%；招徕入境人天、接待入境人天分别为4 614.57万、5 610.10万；组织国内过夜游客人天、接待国内过夜游客人天32 831.73万、28 833.21万。以上数字均比2001年有较大幅度提升，如图1－1、图1－2所示。

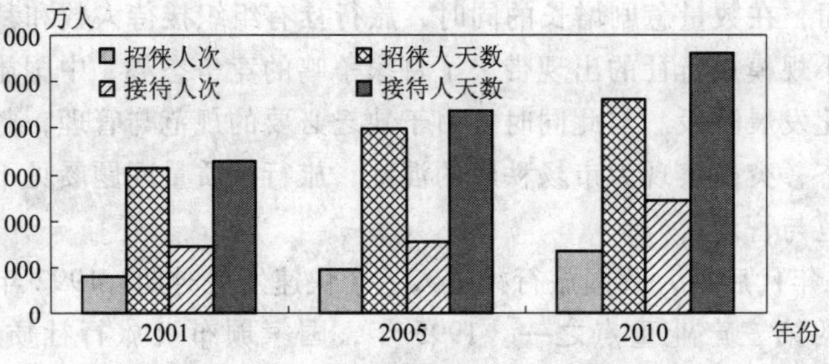

图1－1 全国旅行社招徕和接待入境旅游者变化情况

以国内组织人天、入境外联人天、出境组织人天三项指标数据为依据比较三大市场，2010年度全国旅行社国内旅游明显高于入境和出境，所占份额达到74%，如图1－2、图1－3所示。

经对各省（区、市）旅行社2010年度旅游业务营业收入、旅游业务利润、实缴税金（营业税金及附加与所得税之和）、旅游业务利润等四项指标进行综合排序、前十名的地区依次为广东、江苏、北京、上海、山东、浙江、湖北、河南、福建、安徽。

以上数据表明，我国旅行社经过30多年的发展，业已取得了数量规模和空间区域的扩张，但与发达国家相比，我国旅行社还普遍存在经营管理水平落后、社会分工不合理、无序竞争现象等严重问题。

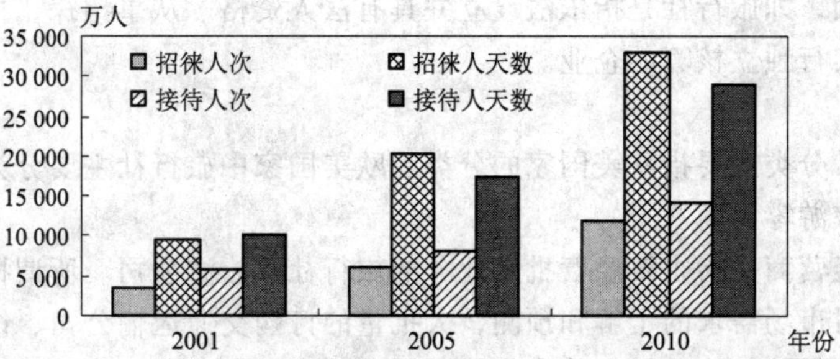

图 1－2　全国旅行社组织和接待国内过夜旅游者变化情况

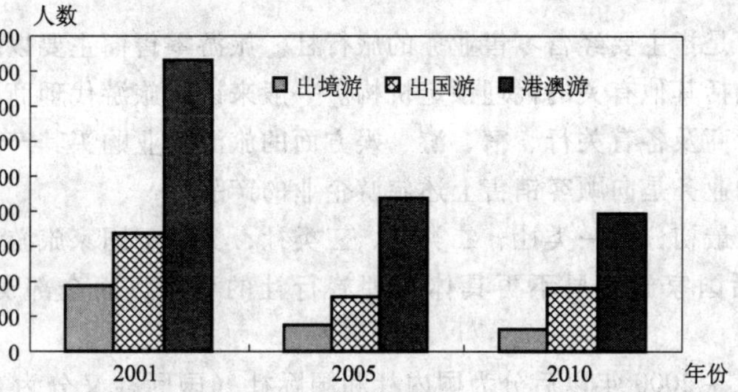

图 1－3　全国旅行社组织出境游人数变化情况

任务二　旅行社企业

一、旅行社概述

（一）概念

旅行社的定义有多重表述方法，其中世界旅游组织给出的定义为：零售代理机构向公众提供关于可能的旅行、居住和相关服务，包括服务酬金和条件的信息。旅行组织者或制作批发商或批发商在旅游需求提出前，以组织交通运输、预订不同的住宿和提出所有其他服务为旅行和旅居做准备的行业机构。我国《旅行社条例》将旅行社定义为：旅行社是指以营利为目的，从事旅游业务的企业。其中，旅游业务是指为旅游者代办出境、入境和签证手续、招徕并接待旅游者、为旅游者安排食宿等有偿服务的经营活动。

旅行社是公司行业（商业活动）的一种，营运项目通常包括了各种交通运输票券（例如机票、汽车票与船票）、套装行程、旅行保险、旅行书籍等的销售以及与国际旅行所需的证照（例如护照、签证）的咨询代办。最小的旅行社可能只有一人，最大的旅行社则全球都有分店。从旅行社衍生的职业有领队、导游、票务员、签证专员、计调员（旅游操作）等。

经营旅行社必须要持有当局发出的有效牌照，并且必须是某指定旅行社商会的会员才能经营旅行团，即旅行社是指依法设立并具有法人资格、从事招徕、接待旅游者、组织旅游活动、实行独立核算的企业。

（二）分类

国外旅行社分类主要指欧美国家的分类。欧美国家中旅行社主要分为两大类：旅游批发经营商和旅游零售商。

旅游批发经营商是指主要经营批发业务的旅行社或旅游公司。所谓批发业务是指旅行社根据自己对市场需求的了解和预测，大批量的订购交通运输公司、饭店、目的地经营接待业务的旅行社、旅游景点等有关旅游企业的产品和服务，然后将这些单向产品组合成为不同的包价旅游线路产品或包价度假集合产品，最后通过一定的销售渠道向旅游消费者出售。

旅游零售商是指主要经营零售业务的旅行社。旅游零售商主要以旅游代理商为典型代表，当然也包括其他有关的代理预定机构。一般来讲，旅游代理商的角色是代表顾客向旅游批发经营商及各有关行、宿、游、娱方面的旅游企业购买其产品，反之，也可以说旅行代理商的业务是向顾客销售上述旅游企业的产品。

中国旅行社最初分为一类社、二类社、三类社，分管于国家旅游局和各地旅游局。

2000 年以后国家旅游局不再具体管理旅行社的事务，而全部交由当地的旅游局管理。

我国旅行社在 2000 年以后分为国内社和国际社（国际社又分为有出境权和无出境权两种）。目前，国内各地的旅行社从业务上又分为组团社、办事处（也可以称为批发商、分销商和代理商等）、地接社。其中，组团社指在出发地与客人签订旅游合同的旅行社；地接社指在旅游目的地接待出发地组团社游客的旅行社；办事处指地接社设在出发地城市的办事机构，此类办事机构并没有经营权。当然，还有一些俱乐部及不合法的旅游机构，他们更没有相关的资质。

二、旅行社性质

虽然不同的国家、地区和组织关于旅行社性质的定义不尽相同，但是，通过对各种定义进行分析和比较可以看出，这些定义都包含了一些基本相同的内容，可以看成是国际上对旅行社性质的认同。这些内容主要包括以下几方面：

（一）营利性

旅行社是一个以营利为目的的独立企业法人。无论我国的《旅行社管理条例》，还是世界上多数国家、地区或旅游组织均认为，旅行社是具有经营自主权，能够独立承担民事责任的独立经济实体。旅行社依照相关法律，在工商管理部门注册登记，进行合法经营。作为企业，旅行社向旅游者或其他需要旅游产品的企业、单位提供旅游服务产品并获取利润，旅行社也可以通过代销其他旅游企业的产品获得佣金。在经营过程中，旅行社要努力做到自主经营，自负盈亏、自我约束和自我发展；旅行社依法对自己经营成果的好坏承担经济责任，并根据盈亏状况享有相应的经济权利。旅行社的企业性质决定了它拥有完全的经营权、管理权，在用工、财务等方面拥有充分的自主权利。只要旅行社依法经营，照章纳税，任何政府部门及其人员均不得对其经营和管理进行干涉，也不得参与其经济利益的分配。

（二）中介性

旅行社是一个具有中介性质的服务企业，其本身并没有更多的生产资料，要完成其生产经营过程，主要依托各类旅游目的地的吸引物、各个旅游企业及相关服务企业提供的各种接待服务设施，需要依附于旅游客源市场、供应商和其他协作单位来完成其生产销售职能。也就是说，旅行社是旅游消费者与旅游服务供应商之间的桥梁和纽带，具有中介性。

（三）服务性

从行业性质来讲，旅行社属于服务业，其主要业务是为旅游者提供食、住、行、游、购、娱六个方面的服务。旅行社可以为旅游者提供单项服务，也可以将各项服务组合成包价旅游产品提供给旅游者。旅行社的服务性是经济效益和社会效益的双重体现，是一个国家、一个地区形象的代表之一。因此，在一定意义上来说，旅行社是一个国家、一个地区的形象和窗口行业。

三、旅行社职能

国际上通常把旅行社、旅游饭店和旅游交通作为发展旅游业的三大支柱，而在我国，旅行社还是建设社会主义精神文明的一个重要窗口。因此，有计划、有控制地发展旅行社，对于保证旅游事业的健康发展至关重要。旅行社应把“游客第一、服务第一、信誉第一”作为自己的经常宗旨，树立良好的职业道德，为游客提供“礼貌、热情、周到、安全”的服务。旅行社应具有以下职能：

（一）生产职能

旅行社按旅游业务要求对部分产品进行设计、组合，制订出整体的旅游计划，落实路线交通工具、食宿、游览节目等一系列服务。对旅游者来说，只有旅馆而没有车辆，有了车辆而没有线路安排，有了路线而没有导游服务，都不能实现较理想的旅游。在整个行、住、食、游、购、娱的过程中，旅行社把那些单独分散的劳务和商品综合、加工，才能使之变成为旅游者所需的产品，即产生交换价值和商品价值。可见，旅行社确实具有生产职能。

（二）销售职能

旅行社不仅是其自身产品的主要销售渠道，而且是许多其他旅游企业及相关企业的重要销售渠道。旅行社在满足旅游者需求、拓宽各种旅游产品销售渠道和增加旅行社及其他旅游企业、单位的产品销售量方面发挥着重要作用，即它一方面能够满足旅游者的需求，另一方面能够使旅游产品更顺利地进入消费领域。所以，旅行社具有销售职能。

（三）协调职能

旅游活动涉及吃、住、行、游、购、娱六个方面，旅游社产品的质量对其他旅游企业及相关企业、部门产品质量的依赖程度很高。所以，旅行社必须协调同有关企业和部门的关系，在确保各方利益的前提下，衔接和落实整个旅游活动过程中的各个环节。旅行社的产品质量和旅游者对旅行社及其产品是否满意，在很大程度上取决于旅行社的协调能力。

（四）分配职能

目前，许多地方的旅游服务企业、部门及相关的企业、部门所提供的旅游设施设备水平和服务的质量及价格差别较小，特别是同档次的旅游设施之间的差别更是微乎其微，从而给出行经验较少的旅游者造成一定的困难。旅行社应根据对旅游服务设施的了解以及旅游者的旅游需求，合理地配置旅游资源，给旅游者充分的选择余地。同时，在为旅游者提供服务时，应帮助旅游者合理地分配支出。实际上，旅行社对旅游资源的配置在很大程度上会影响到旅游者的选择。所以，旅行社对资源的配置非常重要，既要考虑旅游者的需求，也要兼顾旅行社、相关旅游企业和部门以及其他企业和部门的利益。

（五）信息职能

旅行社提供信息的职能主要体现在两个方面：一方面，旅行社作为旅游产品最重要的销售渠道，始终处于旅游市场的最前沿，熟知旅游者的需求变化与市场动态，所以，旅行社可以及时地向各相关部门反馈市场信息；另一方面，旅行社可以将各相关协作部门的最新信息及时、准确、全面地反映到旅游消费中去，以促进旅游产品的销售与购买。

（六）经济职能

旅游是一项综合性的系统工程，发展旅游业能带动各行各业的发展。旅行社所组织的旅游活动，必然带动包括交通、餐饮、商业、娱乐、保险、教育等一系列有关行业的发展，如上海近几年来各旅行社所组织的旅游活动明显地促进了江、浙、皖等区域的交通、餐饮、商业、娱乐等各行各业的发展，使之取得了显著的经济效益。

四、旅行社业务

不同类型的旅行社、不同规模的旅行社经营的业务各有不同，从旅行社市场运作流程来看，旅行社的基本业务可划分为旅游产品的开发业务、旅游产品促销业务、旅游产品销售业务、旅游产品采购业务和旅游服务接待业务。

（一）产品开发业务

旅行社的产品就是旅行社出售的能满足旅游者一次旅游活动所需的各项服务或服务组合。产品是旅行社赖以生存的基础，没有产品，旅行社的经营就无从谈起。旅行社的产品开发中，旅游线路的设计是最关键的。旅行社通过对旅游者消费需求的了解，在结合旅游资源赋予于旅游设施配置的基础上，合理地对资源进行配置与整合，这就是旅游产品的开发过程。

（二）产品促销业务

在旅行社对旅游产品进行开发以后，基于旅游产品的无形性所导致的不可转移性和不可储存性的特点，决定了旅游产品不可能以实物的方式进入市场，也决定了消费者不可能预先知道旅游产品的质量，所以对于旅行社来说，旅游产品的促销活动非常重要。要使旅游消费者知晓、熟悉、认同、购买本企业的产品，旅行社需要开展各种形式的宣传促销活动，从而影响旅游者的购买行为。同时，在日益激烈的旅游市场竞争中，旅行社也需要通过促销活动来提高产品的知名度，在市场中获得商机。

（三）产品销售业务

产品只有在销售后才能实现其价值并给企业带来利润，所以，产品的销售对于企业来说是至关重要的。没有销售，企业的存在就等于零。旅行社在选择目标市场以后，要根据目标市场的特点和自身的经营实力选择适当的销售渠道，并采取灵活的价格策略把产品推向市场，促使旅游者购买。特别是由于旅游产品本身的特点，其销售环节就显得更为重要，所以旅行社对销售渠道的依赖性是非常明显的。

（四）旅游服务采购业务

在旅行社把旅游产品销售出去以后，旅行社就需要向各相关部门购买各种旅游服务。旅行社的采购业务是旅行社为组合旅游产品而以一定的价格向其他旅游企业及相关部门购买旅游服务项目的行为。采购业务会直接影响旅游产品的成本与质量，旅行社如何协调好与有关各方的关系是非常重要的。

（五）服务接待业务

旅行社的服务接待过程是最终使产品销售得以完成的过程，也就是旅行社的直接生产过程。由于旅行社产品的特殊性，即生产与消费的同步性，旅行社提供服务的过程也就是旅游者消费旅游产品的过程。在这一过程中，导游所提供的服务直接影响到旅游者对旅游产品的认识与评价，因此，服务接待过程是非常重要的。这一过程不仅体现在旅游者参与旅游活动的过程中，而且会一直持续到旅游活动结束后。所以，旅行社还应该做好售后服务工作，解决遗留问题，消除不良影响，保持与旅游者的联系。旅行社接待业务的水平决定着旅游者对旅游产品的整体印象，也决定了旅行社的总体水平，是旅行社最有代表性的基本业务。

任务三 旅行社管理体系

一、旅行社管理的概念

旅行社管理是以人为中心，通过决策、组织、领导、控制和创新等活动来协调旅行社内外部资源，以实现企业预期的发展目标和阶段目标的过程。

旅行社管理可以分为职能管理、业务管理两大部分。职能管理属于二线管理，包括组织管理、人力资源管理、计划管理、财务管理、风险管理。业务管理属于一线管理，是面对消费者的业务管理，包括产品管理、营销管理、接待管理、信息技术管理等。

二、管理要素

（一）人的要素

旅行社管理活动协调的中心就是人的活动。旅行社提供的产品是服务，服务依靠员工来完成，这就决定了人在旅行社管理中的核心地位。旅行社具有知识密集型和劳动密集型的特点。培养高素质的人才队伍是旅行社管理的重点。

（二）资本的要素

旅行社的固定资产占用少，流动资金周转快，资本利润率较高。加快资金周转、赚取较高的利润是旅行社的根本目的。

（三）信息的要素

信息资源是旅行社最基本和最主要的资源。了解和掌握旅游信息资源是旅行社发展的基本条件。利用现代信息技术获取信息资源并进行网络化运作是旅行社的发展方向。

（四）时间的要素

旅游产品的销售数量、质量和价格与时间要素紧密相联。把握时机，适时推出适销对路的旅游产品就能获得更大的经济效益。

三、管理方法

管理方法是在旅行社管理活动中为实现其管理目标、保证管理活动顺利进行所采取的工作方式，即为实现管理目标采取的途径和手段。

旅行社管理方法多种多样，分类方法不尽相同，有按照管理对象范围划分、按照管理方法的使用程度划分、按照管理对象的性质划分、按照所运用方法的量化程度划分等。

按照一个完整的企业管理方法体系分析，旅行社管理主要采取的方法是：

（一）行政方法

是依靠旅行社组织的权威，运用命令、规定、指示和条例等多种行政手段，按照行政系统和层次，以权威和服从为前提，直接指挥下属工作的管理方法。

这种方法可以实现旅行社内部的高度统一和有效控制，保证旅行社的正常运转。运用此方法时效性强，能够随时处理好管理活动中出现的新情况。

（二）经济方法

是根据旅行社经营活动的客观规律，运用各种经济手段，如价格、工资、利润、奖金、罚款及经济合同等，调节关系，以获取较高的经济效益与社会效益的管理方法。

经济方法的实质是物质利益，运用经济方法正确处理国家、企业与个人之间的经济关系，从而调动各方面的积极性、主动性、创造性和责任感，促进旅行社更好地发展。

（三）教育方法

是按照一定的目的，对受教育者从德、智、体诸方面施加影响的一种有计划的活动。教育方法灵活多变，有社内教育、社外培训，有讲授法、讨论法、案例分析法、职务扮演法、操作示范法、外派参观、考察、进修等。

人才是企业最重要的资源，人才素质决定了企业的经营效果和竞争能力。通过教育，不断提高旅行社从业人员的思想素质、知识素质和专业素质，才能不断提高旅行社的服务质量，维护企业形象，增加经济效益。

此外，还有法律的方法。

四、管理体系

（一）旅行社管理的基本理论

旅行社管理属于企业管理的一种具体类型。管理者必须具备管理学的基本理念，并对旅行社行业的发展情况、旅行社企业的特点等有深刻的理解，才能形成自己独特的管理方法。

（二）旅行社的微观管理体系

主要指旅行社管理者以企业经营中的各种业务活动为主要管理对象的管理活动，包括旅行社的产品管理、营销管理、技术管理、职能管理。

1. 产品管理

对旅行社产品的管理是旅行社微观管理工作的基础。旅行社提供的旅游产品，其核心就是服务，服务是一个永恒的主题。服务管理是旅行社管理的重要内容。服务的理念在不断提升，从主观服务意识向客观化转变，从经验型向理论型转变，从标准化向个性化转变，从模式化向多样化转变，从理性化向人性化转变。

旅行社业态形式的增多和旅游者需求的日益个性化使得旅行社产品也呈现多样化的趋势，其服务的内涵也在日益深化。

2. 营销管理

旅行社产品的根本特征是服务，这一特征决定了旅行社产品是一种经验产品，旅游者在购买和消费之前对旅行社产品的质量和效用没有确切的了解，只有经过亲身体验才能作出判断。因此，必须通过有效的营销管理，把旅行社产品的相关信息传达给目标市场，从而达到交换的目的。

3. 技术管理

现代信息技术促使旅行社的营销方式、产品种类发生了变化，从而催生出了“信息技术 + 旅游业务”的在线旅游服务商。更好地利用现代信息技术，通过网络进行产品宣传、销售等各项业务的开展，是旅行社发展的现实选择。

4. 职能管理

旅行社的内部职能管理主要包括组织管理、人力资源管理、计划管理、财务管理和风险管理等。

根据系统管理的思想（如整分合原则、封闭原则、动态原则），必须把旅行社的内部因素和外部环境结合起来进行全面分析，整体把握，科学分解，组织综合；研究各部门之间的相互促进和相互制约关系；注意管理对象的运动、变化情况，使各部门的工作能保证旅行社获得最优的运转效果。

根据科学管理理论，管理是一个过程。管理者根据各个管理要素，行使各种管理活动的过程，就是管理人员的职能。管理过程是由若干前赴后继的环节构成，它们在管理过程中处于不同的地位，承担不同的职能。法国管理学家亨利·法约尔提出了管理的五项职能，即计划、组织、指挥、协调和控制。管理就是这些不同职能的统一。

旅行社管理的内容各有不同，而其最基本的职能是：决策、组织、领导、控制和创新。

1. 决策职能

决策是旅行社管理的首要内容，是决定管理目标和实现目标的途径和方法的管理活动。它是旅行社今后的行动纲领。科学的决策来自对未来形势的正确预测和在实践中的不断完善。

2. 组织职能

组织职能是为实现旅行社发展目标，合理配备和使用企业资源，对生产经营和接待服务活动进行合理的分工和协调，正确处理人们之间相互关系的管理活动。组织是“管理的心脏”，组织职能是旅行社管理活动的根本职能，是其他一切管理活动的保证和依托。

组织管理包括社会结构的组织和物质结构的组织。旅行社本身是一种社会组织，它是否具有自我适应、自我组织、自我激励、自我约束的机制，取决于该组织结构的状态。

3. 领导职能

领导就是指挥，是管理人员运用组织所赋予的职权，对旅行社各项经营活动发出指示、命令和施加影响，以引导和推动企业员工完成计划的职能。领导是体现能力、智慧和人格魅力的艺术。

4. 控制职能

控制是为了保证企业目标及为此而制定的计划得以实现，对旅行社经营活动进行监督、检查和调节的各种管理活动。没有控制就没有管理。

控制职能与决策职能密切相关，通过控制职能，把计划任务转化为现实，防止实践活动偏离原定计划，而来自控制阶段的反馈信息又可以对现行计划进行重新调整和完善。

5. 创新职能

创新就是创造和革新，就是在生产、技术、经营和管理各个环节不断创造，应用先进的思想、科学的方法、先进的技术来替代过时的要素，从而达到企业更新和实现更高目标的一切创造性活动。创新是企业发展的生命，创新在管理实践中处于轴心地位，是推动管理循环的原动力。

(三) 旅行社的宏观管理体系

宏观管理主要是指在特定的制度环境中，旅行社管理者对市场关系的管理和产业环境的反应。

1. 外部管理体系

是指对旅行社具有管理、指导、监督作用的旅游行政管理组织和旅行社行业组织。旅行社存在着多元化或双重的外部管理体系。旅游发达国家呈现出多元化管理主体的格局，旅行社受国家旅游行政管理部门（官方、半官方）、旅行社行业协会的领导；我国的旅行社受国家旅游局和下属的政府旅游局管理，同时还要接受旅游协会、中国旅行者协会的业务指导和帮助。

2. 旅行社客户和产业关系管理

包括与旅游者、旅游供应厂商、合作厂商及竞争厂商等诸方面的协调管理。

3. 战略管理

战略管理是对旅行社的未来活动方向和内容作出科学的规划和决策。战略管理的实施是旅行社组织活动能力的形成与创造过程，影响到旅行社未来的生存和发展。

(四) 旅行社的发展趋势研究

了解国内外旅行社的发展模式和管理经验，认识自己的优势和存在的差距，把握旅行社的发展趋势，使旅行社在未来的发展中更有竞争力。

(五) 旅行社的创新体系

旅行社是通过员工的服务活动满足旅游者高层次的精神需求为导向。旅游者的需求、员工的服务行为和活动以及旅游者与旅行社员工之间的即时互动处于不断变动之中，因此，旅行社是天然的创新型企业。

1. 观念创新

观念创新首先体现在旅行社的管理目标上。旅行社是通过业主、管理者与员工的共同努力创造所有契约主体的共同繁荣，而不仅仅局限在利润和资产增长方面，也就是以顾客为中心，提高服务质量，尽力为顾客创造更大的消费价值，走服务营销之路，从而开拓市场和占领市场，造福于社会。

其次，观念创新还体现在管理者的危机意识上。资本的内在扩张规律必将导致垄断市场的解体，经济全球化导致所有的市场都是开放的或将要开放，市场态势必将是以买方市场为主导。在现代旅游市场上，企业的经营危机将是永久的。必须坚持危机经营的战略，不断地克服自身的问题，不断地学习别人的长处，企业才会不断发展。

2. 产品创新

产品是从现代营销观念出发，向市场提供的、能满足人们某种需要和利益的物质产品和非物质形态的服务。

旅游产品创新应注重旅游产品的整体功能，以提供优质服务为核心，以质量、特色、风格和声誉为外形，以付款方式、优惠条件和推销方式为延伸，以适当的市场区隔来赢得竞争优势。旅游产品创新应以质量作为产品差异化的前提，在外形部分和延伸部分形成自身产品的差异性。

例如，根据旅游者的欲望和爱好提供个性化的旅游产品，增加旅游者参与的成分，推出旅游自选市场、散客成团的自游人、自驾车旅游等。围绕旅游这一中心内容，为旅游者提供各类委托代办综合服务，最大限度地满足所有顾客的需求。

3. 技术创新

把最新的科学技术成果应用于旅行社管理中，目前主要是信息技术的应用。一是利用互联网开展网络营销，建立区域性甚至全球性的网络预订系统，发展电子商务，支持网上结算，政府投资旅游消费“一卡通”工程，引导消费者使用；另一方面，建立内部网络管理信息系统，进行业务运作管理、财务管理、人力资源管理等，提高经营决策的科学性。

4. 运作创新

是指在市场定位与市场扩张的基础上，联合其他旅游产品销售企业，通过内部化的方式促使旅游市场向网络化发展。

构建旅行社产品营销网络，即以国内观光、商务旅游市场为基础，以国际来华入境游为重点，积极开辟中国公民出境旅游，形成网络化旅游市场。

形成综合化经营体制，即通过网络化经营使旅游批发商、零售商和代理商的功能重新组合，整合与旅游相关的各类资源，形成综合性服务一体化经营。这样可以共享和节约大量资源，减少不同行业之间的摩擦和竞争，如组建由旅行社、景区景点、商场、航空公司及其他旅游运输部门组成的旅游集团公司。

5. 人力资源与管理模式创新

要重视人力资源建设，培养和造就一支高素质的人才队伍；建立一套人才使用管理机制，采取有力的措施，调动人的积极性，充分发挥人力资源的最大潜力。

采用新的管理手段，进行科学决策，提高管理效益。以网络营销、服务营销等新的营销手段，创立名牌旅行社和名牌旅游产品。

6. 价值创新

即为现有市场的顾客创造更多新的消费价值，极大地提高顾客的消费价值，创造新市场。价值创新是根据顾客需要的价值创新，合理的价格既满足了旅游者的需求，为旅游者创造了消费价值，又提升了旅行社的服务水准，创造出新的市场空间。

创新是一个民族进步的灵魂，是一个企业生命力的源泉。管理者不仅要具有创新意识，还要掌握创新的理论和方法。

项目实训

一、单项选择

1. 世界第一家旅行社产生于（　　）。

A. 19 世纪 40 年代　　B. 20 世纪 40 年代

C. 18 世纪 40 年代　　D. 19 世纪 50 年代

2. 西方发达国家“大众旅游”得到广泛发展始于（　　）。

A. 19 世纪 60 年代　　B. 20 世纪 80 年代

C. 20 世纪 60 年代　　D. 20 世纪 90 年代

3. 世界旅行社协会（World Association of Travel Agencies）简称 WATA，成立于 1949 年，总部设在（　　）。

A. 比利时布鲁塞尔　B. 法国巴黎　C. 英国伦敦　D. 瑞士日内瓦

4. （　　）年，上海商业储蓄银行总经理陈光甫与同仁商议，决心创办旅行部，办理国人旅游业务。

A. 1923　B. 1949　C. 1978　D. 1848

5. 国务院于 1985 年颁布了《旅行社管理暂行条例》，将旅行社划分为三类。中国旅行社业初具规模，并呈现出良好的发展势头，由（　　）。

A. 三大社垄断经营的高度集中发展向分散发展过渡

B. 两大社垄断经营的高度集中发展向分散发展过渡

C. 分散发展阶段向两大社垄断经营的高度集中的发展阶段过渡

D. 分散发展阶段向三大社垄断经营的高度集中的发展阶段过渡

6. 2010 年度旅行社数量排在前十位的地区主要集中在华北、华东、华中和华南，上述地区的旅行社总量占全国旅行社总量的 55.57%。其中，旅行社数量最多的省份是（　　）。

A. 北京　B. 江苏　C. 山东　D. 安徽

7. 旅行社的产品开发中，（　　）是最关键的。

A. 旅游接待计划　　B. 旅游交通设计

C. 旅游线路设计　　D. 旅游安全保障

8. 旅行社衔接和落实整个旅游活动过程中的各个环节。旅行社的产品质量和旅游者对旅行社及其产品是否满意，在很大程度上取决于旅行社的（　　）。

A. 管理能力　　B. 分配能力　　C. 信息能力　　D. 协调能力

9.（　）是旅行社管理的重点。

A. 培养高素质的人才队伍　　B. 赚取较高的利润

C. 进行网络化运作　　D. 适时推出适销对路的旅游产品

10. 以下属于旅行社的宏观管理体系的是（　）。

A. 产品管理　　B. 营销管理　　C. 技术管理　　D. 客户管理

二、判断

1. UFTAA 是世界旅行社协会的简称。（　）

2. 1978 年以前，中国只有两家旅行社（中国国际旅行社和中国旅行社）。这两家旅行社以政治接待为主要目的，没有真正意义上的经济功能。（　）

3. 旅行社销售业务是旅行社最有代表性的基本业务。（　）

4. 旅行社的服务性是经济效益和社会效益的双重体现，是一个国家、一个地区形象的代表之一。因此，在一定意义上来说，旅行社是一个国家、一个地区的形象和窗口行业。（　）

5. 在整个行、住、食、游、购、娱的过程中，旅行社把那些单独分散的劳务和商品综合、加工，才能使之变成旅游者所需的产品，即产生交换价值和商品价值。可见，旅行社确实具有协调职能。（　）

6. 行政方法是根据旅行社经营活动的客观规律，运用各种经济手段，如价格、工资、利润、奖金、罚款及经济合同等，调节关系，以获取较高的经济效益与社会效益的管理方法。（　）

7. 旅行社对销售渠道的依赖性是非常明显的。（　）

8. 旅行社客户和产业关系管理包括与旅游者、旅游供应厂商、合作厂商及竞争厂商等诸方面的协调管理。（　）

9. 旅游产品创新应注重旅游产品的整体功能，以提供优质服务为核心，以质量、特色、风格和声誉为外形，以付款方式、优惠条件和推销方式为延伸，以适当的市场区隔来赢得竞争优势。（　）

10. 中国旅行社最初分为一类社、二类社、三类社，分管于国家旅游局和各地旅游局。2000 年以后各地旅游局不再具体管理旅行社的事务，全部交由国家旅游局管理。（　）

三、案例讨论

上海春秋旅行社自 1994 年至今，年年获国家旅游局排名的国内旅游全国第一，是国内连锁经营、最多全资公司、最具规模的旅游批发商和包机批发商。其在上海有 50 个连锁店，在江浙地区有 400 余个、全国有近 2 000 个网络成员，在北京、广州、西安、沈阳和三亚等 30 余个国内大中城市设有全资公司，每个全资公司大都有 2 至 10 个连锁店，境外有美国、泰国以及中国香港等 7 个境外全资公司。上海春秋旅行社使用春秋国旅自行研制开发的电脑系统销售春秋旅游产品，做到“散客天天发，一个人也能游天下”的散客即时预订服务，并且拥有“贵族之旅”纯玩团、春之旅（中外宾客同车游）、自游人、爸妈之旅等多种特色旅游产品。

春秋国旅设有严格的质量监督管理机制，诚信经营，坚持“99+0=0”和“每团必访”的优质服务质量观。由于春秋国旅在企业经营、管理和发展方面取得了令人瞩目的成绩，因此十多年来连续被授予“上海文明单位”“重信用单位”的光荣称号，获得上海市A类纳税信用单位以及上海市“守合同、重信用”单位等荣誉称号，2010年在全国百强旅行社中排名第35。

阅读案例后讨论：

1. 上海春秋旅行社成功地运用了哪些企业管理方法？
2. 结合上海春秋旅行社成功管理的经验，你认为旅行社未来管理的方向是什么？

四、项目思考

1. 简要叙述中国旅行社的发展。
2. 旅行社业务包括哪些方面？
3. 旅行社的性质是什么？
4. 旅行社职能包括哪些方面？
5. 旅行社管理的要素包括哪些？
6. 请你说出旅行社微观管理体系的构成。

项目总结

本项目任务主要包括国内外旅行社的发展概况、旅行社企业、旅行社管理体系三个方面。通过三个项目的学习，学生对旅行社发展概况和旅行社发展趋势有了基础性的了解，初步具备了分析具体旅行社管理的要素和管理体系的能力。

本项目三个任务是完成本课程模块一的基本前提和基础。

项目二 旅行社设立

项目目标

了解旅行社质量保证金的作用

熟悉旅行社变更和终止的程序

熟悉旅行社分社和营业网点设立的条件和步骤

熟悉外资旅行社设立的条件和程序

掌握我国旅行社设立的基本条件和程序

项目能力

具备经办旅行社设立、变更和终止的能力

能运用所学知识正确理解旅行社质量保证金的作用

案例引入

游客对旅行社服务质量问题的投诉

刘某等 24 名游客在 2004 年国庆期间，参加某旅行社组织的九寨沟及四姑娘山九天豪华团，团费 3 920 元/人。由于旅行社提供的服务存在质量问题，其向旅行社投诉，在得不到及时解决的情况下，遂向省质监所投诉。投诉内容包括：

1. 旅行社住宿安排严重违约，安排其到一些无星级及卫生条件差的旅店入住。
2. 用餐条件差，三个正餐吃冷的饭菜。
3. 全陪服务水平不达标。
4. 缩减行程安排。
5. 进行虚假广告宣传，欺骗游客。

由于双方未能达成一致意见，投诉交由省质监所处理。

经质监所调查核实，该旅行社存在以下质量问题：

1. 合同规定该团为豪华团，九寨沟和成都安排入住三星或相当于三星标准的酒店，四姑娘山住标准间，茂县和汶川入住二星或相当于二星标准的酒店。而实际上旅行社只在茂县和四姑娘山安排游客入住符合约定的标准酒店以外，其余都安排入住无星级旅店；
2. 旅行社导游没有跟团往返，只在目的地陪同游客参观游览，没有提供全陪服务，且部分景点导游没有讲解；
3. 部分用餐标准不达标；
4. 没有按行程安排参观小熊猫馆等景点；
5. 广告宣传有夸大成分，但不存在欺骗游客的问题。

根据双方举证和《旅行社质量保证金赔偿暂行标准》第六条、第七条、第八条第一款第十条及第十一条等规定，质监所作出了该旅行社赔偿游客每人 410 元的处理决定。

刘某等游客对质监所的处理决定不服，上诉到人民法院。3 月 21 日，法院就此案进行调解，最后当事人双方以旅行社给刘某等游客每人 800 元经济赔偿及诉讼费各付 50% 为条件，达成和解。

目前，游客维护自己合法权益的意识逐步增强，旅行社必须对产品设计、导游管理、服务质量监控和投诉处理等环节引起足够重视。该案由于旅行社没及时、有效地处理，引起游客投诉不断升级，最后起诉到法院，导致双方对簿公堂。纠纷虽然在法院的主持下得到调解，但旅行社为此耗费了大量的人力、物力和时间，进行了经济赔偿，并且严重影响了旅行社的声誉。

任务一　旅行社设立的条件

旅行社的设立受到内部和外部因素的制约。影响旅行社设立的内部因素包括资金的筹措、营业场所、协作网络、客源渠道等，其中，资金问题是开设一家旅行社面临的首要问题。旅行社资金筹措的渠道有自有资金、合股资金和银行贷款3种，而客源组织情况将最终决定的旅行社的经营状况。影响旅行社设立的外部因素是旅行社自身无法控制的因素，主要是旅游业的发展状况和市场环境以及国家有关的政策法规等。不管是1985年我国颁布的第一部行政法规《旅行社管理暂行条例》，还是2009年最新颁布的《旅行社条例》，对旅行社的设立都实行了严格的管理制度。

一、设立旅行社的宏观条件

(一) 旅游业发展状况

蓬勃发展的旅游业可以为旅行社的设立创造良好的外部条件。我国改革开放以后旅行社数量的迅速增长及质量的显著提升就得益于旅游业的迅猛发展，反之，就可能抑旅行社的发展，例如受1989年政治风波的影响，旅游业出现了负增长，我国旅行社的数量也从1989年的1 617家降至1991年的1 561家，减少了56家。

(二) 国家有关政策和法律规定

政府对旅行社业的宏观干预主要体现在相关的法律、法规方面。各国经营国际旅游的旅行社的行为还可能受到一些相关国际公约的制约，如1974年4月签订于布鲁塞尔的《关于旅行契约的国际公约》、关于统一国际航空运输的《华沙条约》及国际饭店协会与国际旅行社协会联合会的《关于饭店与旅行社合同的协议》等。我国政府对旅行社业的宏观干预主要表现在以下方面：

1. 民法与商法

与旅行社有关的民法与商法主要有《中华人民共和国公司法》、《消费者权益保护法》、《反不正当竞争法》、《中华人民共和国合资企业法》等。

2. 政令与条例

目前，我国还处于《旅游法》和《旅行社法》缺位的阶段。我国对旅行社实行行业管理的国家一级法律法规依据来自于国务院的政令，如1996年10月25日签发的第205号国务院令《旅行社管理条例》、1999年5月14日签发的第263号国务院令《导游人员管理条例》等。

3. 旅游局长令与相关行政法规

以国家旅游局局长令形式发布的行政法规也是中国旅行社行业管理的法律依据之一，如1995年1月1日国家旅游局发布的第1号、第2号局长令《旅行社质量保证金暂行规定》与《旅行社质量保证金暂行规定实施细则》及1996年3月26日的第7号局长令《旅行社质量保证金赔偿暂行办法》等。

4. 行业标准

根据国家技术监督局有关规定，综合类、旅游设施类、旅游服务类三大类行业标准归口由国家旅游局管理。我国已颁布的与旅行社业管理直接相关的行业标准有GB/T15731—1995《导游服务质量》、GB/T16766—1997《旅游服务基本术语》、LB/T004—1997《旅行社国内旅游服务质量》等。

二、设立旅行社的法律条件

（一）我国旅行社设立的法律条件

根据国务院于2009年颁布的《旅行社条例》，在我国申请设立旅行社并经营国内和入境旅游业务的应具备以下条件：

1. 固定的营业场所

为了经营旅游业务，旅行社必须拥有与其旅游业务规模相适应的固定营业场所。所谓“固定的营业场所”是指在较长的一段时间里能为旅行社所拥有或使用，而不是短期内频繁变动的营业场所。旅行社营业场所既可以是旅行社自己拥有的固定资产，也可以是旅行社从他处租用的营业用房（租期至少一年）。

旅行社营业场地的选择对旅行社的发展有很重要的意义。旅行社可根据自己经营范围的不同、业务量的大小以及自身的经济实力选定自己的营业场所。与旅行社主要业务范围和目标市场相适应的营业场所将对旅行社业务经营活动的顺利开展产生很大的帮助。

2. 必要的营业设施

旅行社的营业设施分为硬件设施和软件设施两大类。设立国内旅行社，必须拥有两部以上的直线固定电话、传真机、复印机、有联网条件的电子计算机等办公设备，以保障旅游业务顺利和有效地进行。没有这些现代化的办公设备，旅行社难以在竞争日益激烈的市场条件下生存下去。国际旅行社的经营范围一般比较广泛，其业务量也远远超过国内旅行社。因此，国际旅行社在营业设施方面，还必须拥有能够保证其顺利有效地开展旅游业务所必需的汽车。这些营业设施是国际旅行社正常开展业务的必备条件。

现代企业管理已经进入信息系统时代，因此，每家旅行社应该有符合其规模、经营特点的管理信息软件，如接待管理系统、计调管理系统、销售管理系统、财务管理系统等。

3. 足够的资金

申请设立旅行社并经营国内旅游业务和入境旅游业务的，应当有不少于30万元的注册资本。旅行社应当自取得旅行社业务经营许可证之日起3个工作日内，在国务院旅游行政主管部门指定的银行开设专门的质量保证金账户存入质量保证金，或者向作出许可的旅游行政管理部门提交依法取得的担保额度不低于相应质量保证金数额的银行担保。经营国内旅游业务和入境旅游业务的旅行社应当存入质量保证金20万元，经营出境旅游业务的旅行社应当增存质量保证金120万元。

（二）设立旅行社分支机构的法律条件

旅行社根据业务经营和发展的需要，可以设立分社和服务网点等分支机构。旅行社分社及旅行社服务网点不具有法人资格，它们是以设立分社、服务网点的旅行社的名义从事旅行社经营活动，其经营活动的责任和后果由设立社承担。

1. 分社的设立

旅行社分社的设立不受地域限制。分社的经营范围不得超出设立分社的旅行社的经营范围。分社应具备固定的经营场所和必要的营业设施。分社的名称中应当包含设立社名称、分社所在地地名和“分社”或者“分公司”字样。

旅行社每设立一个经营国内旅游业务和入境旅游业务的分社应当增存5万元的质量保证金，每设立一个经营出境旅游业务的分社应当增存30万元的质量保证金。

2. 服务网点的设立条件

服务网点是指旅行社设立的，为旅行社招徕旅游者，并以旅行社的名义与旅游者签订旅游合同的门市部等机构。旅行社服务网点应当接受旅行社的统一管理，不得从事招徕、咨询以外的活动。

旅行社的服务网点应当设在方便旅游者认识和出入的公众场所。服务网点的名称、标牌应当包括设立社名称、服务网点所在地地名等，不得含有使消费者误解其是旅行社或者分社的内容，也不得作易使消费者误解的简称。

（三）外商投资旅行社的设立条件

在我国，外商投资的旅行社包括境外旅游经营者（含香港特别行政区、澳门特别行政区和台湾地区的投资者）同中国投资者依法共同投资设立的中外合资经营旅行社、中外合作旅行社和外资旅行社。根据国家旅游局于2009年公布的17号文《外商投资旅行社设立审批指南》，外商投资旅行社的注册资本最低限额为人民币30万元。

1. 中外合资旅行社与中外合作旅行社的设立

中外合资经营旅行社各方投资者的出资比例由国务院旅游行政主管部门会同国务院对外经济贸易主管部门按照有关规定确定。

外商投资旅行社的中国投资者和外国旅游经营者须分别符合下列资质条件：

(1) 中方投资者：依法设立的公司；最近3年无违法或者重大违规记录；符合国务院旅游行政主管部门规定的审慎的和特定行业的要求。

(2) 境外投资者：旅行社或者主要从事旅游经营业务的企业；年旅游经营总额在4 000万美元以上；本国旅游行业协会的会员。

2. 外资旅行社

具体来说，设立外商控股旅行社和外商独资旅行社应分别符合下列资质条件：

(1) 外商控股旅行社：是旅行社或者是主要从事旅游经营业务的企业；年旅游经营总额在4 000万美元以上；是本国（地区）旅游行业协会的会员；具有良好的国际信誉和先进的旅行社管理经验；遵守中国法律及中国旅游业的有关法规。

(2) 外商独资旅行社：是旅行社或者是主要从事旅游经营业务的企业；年旅游经营总额5亿美元以上；是本国（地区）旅游行业协会的会员；具有良好的国际信誉和先进的旅行社管理经验；遵守中国法律及中国旅游业的有关法规。

三、旅行社的职业要求

旅行社工作的特点对旅行社的从业人员特别是经理人员的素质提出了具体的要求。根据旅行社工作的特点，旅行社经理人员应在从业动机、知识结构、工作能力、身心条件和从业经验五个方面具有一定的基本素质。

（一）从业动机

旅行社的管理人员不同于普通的员工，他们是企业经营活动的组织者和管理者。他们对待旅行社的态度将对整个企业的发展产生举足轻重的影响。因此，他们必须具有正确的从业动机。由于人们的行动总是由一定的动机引发并指向一定目的的，所以，从业动机的正确与否，往往影响着旅行社管理人员对企业经营成果和发展方向的态度。旅行社的管理人员必须端正其从业动机，热爱旅游事业，乐于为广大的旅游者提供质量高、价格公平、数量充足的旅游服务产品，并通过对旅行社的理性决策，凭借高质量的专业化服务和有效的经营管理，追求企业长期的最大利润，并在此基础上，促进旅行社的发展和壮大。

（二）知识结构

旅行社的经理人员应具有与其职务及所负责的经营管理责任相适应的知识结构，以便能够胜任管理岗位对其提出的要求。由于旅行社的经营业务涉及到许多领域，所以，其管理人员必须具有相对于其他旅游企业管理者更加广泛和更高层次的知识结构。旅行社的管理人员不仅应具有广博的旅游业务经营和企业管理知识，还应具有相当丰富的旅游知识及相关的文化知识。他们应该不仅熟悉国家的宪法、经济法、民法等法律法规，尤其应该熟悉并掌握国家有关旅游发展的法规和政策。此外，他们还应该具有较高的旅游学、经济学、市场学、心理学、管理学等知识，并拥有丰富的旅游常识和历史、地理及主要客源国（地区）的民俗风情知识。

（三）工作能力

1. 决策能力

旅行社的经营管理过程实际上就是不断决策的过程。旅行社管理人员是否具有较强的科学决策能力及他们所作出的经营管理决策是否符合旅行社和旅游市场的实际将直接影响到旅行社的经营效果、管理效率和发展前景。因此，旅行社的管理人员必须以科学的管理理论为指导，运用科学的决策方法和民主的决策程序作出符合旅游市场的客观实际和具有旅行社经营管理特点的科学决策。他们既要善于就产品设计与开发、与客户的谈判策略、旅游团队接待、旅游售后服务等日常经营管理问题作出战术性决策，更要善于就旅行社的经营目标、经营战略、市场选择、人事安排、资本运作等涉及全局性的重大问题作出战略性决策。换言之，旅行社的管理人员的科学决策能力是其必须具备的最重要的工作能力，也是旅行社的正常运转和良性发展的重要保障。

春秋集团董事长王正华

王正华，春秋航空董事长，原为上海市长宁区遵义街道党委副书记。20 世纪 80 年代，王正华怀揣 1 000 多元下海经商，其创办的上海春秋旅行社从一个两平方米的铁皮亭子起家，发展成为如今国内最大的民营旅行社。目前，春秋国旅已是国内最大的民营旅游公司，全国拥有 4 000 家门店网点，连续 11 年稳坐国内旅游市场头把交椅。

在旅游业中作出成绩以后，王正华一路狂奔，又在中国低成本航空之路上迈出了第一步。从 2004 年始，王正华筹办春秋航空公司，提出“让更多普通大众坐得起飞机，让乘飞机旅游进入千家万户”的口号。春秋航空公司以低成本运营的方式拓展中国廉价航空业务，相继抛出“1 元”、“199 元”、“299 元”的超低票价，一时间成为业内外关注和争议的话题。2004 年，春秋航空成为国内首批 3 家民营航空公司之一。2005 年

7月18日，机尾上饰有“3S”标记的春秋航空A320－214型客机从上海虹桥国际机场起飞，春秋航空因此成为国内第二家起飞的民营航空公司。

王正华作为中国本土航空领域的“探险者”，被认为是“中国低成本航空第一人”，由于春秋航空对原有垄断航空市场的冲击，王正华也和春秋航空一起成为新闻关注的焦点。

2. 业务开拓能力

旅行社处在竞争激烈的行业，不仅其经营与发展受到宏观环境和行业环境的影响极大，而且其所面对的市场需求也在不断地变化。因此，旅行社的管理人员必须具有较强的业务开拓能力，经常地推陈出新，不断地进行业务上的开拓，通过开拓新的市场和生产新的产品来赢得市场，以维持和提高企业的核心竞争能力，在日趋激烈的市场竞争中立于不败之地。

3. 应变能力

旅行社的经营受到外界不确定因素的影响较大，如旅游者取消预订、旅游供应商违约、自然灾害等不可抗力事件的发生等，均会导致旅行社无法完全履行其与旅游者或者其他客户之间所签订的旅游合同，其所制定的旅游计划也经常因各种客观原因而被迫变更。因此，旅行社的管理人员必须善于应变，能在变化中最大限度地满足旅游者的要求，以维护旅游者和旅行社的合法权益，赢得旅游者的信任和青睐，从而提高旅行社在旅游市场上的声誉。

4. 交际能力

旅行社的基本职能之一是组织协调职能。旅行社的管理人员不仅要像其他企业的管理者那样，必须协调好企业内部的各种人际关系，而且还必须妥善地协调好自己与其他旅游企业和部门及相关的企业和部门的关系。另外，旅行社的管理人员还必须处理好与旅游者之间的关系。因此，旅行社的管理人员必须能够理解与之打交道的各种类型的人，同他们保持良好的工作关系和个人关系，从而进行成功的合作。

（四）身心条件

旅行社的经理人员应当具有良好的心理素质和健康的身体。心理素质包括工作热情、耐心与决心、乐观的态度和自我控制能力。旅行社经理人员对工作的热情会直接感染其周围的人们，从而使旅行社的工作人员热衷于自己所从事的事业；旅行社的经理人员有无耐心和决心，将直接导致成功和失败两种截然不同的结果；乐观的态度对于像旅行社这样充满变化、业务淡旺季反差巨大的行业来说是必不可少的；而自控能力是旅行社经理人员成功地指挥和激励下属的前提。健康的身体则是旅行社工作特点所决定的最基本的要求。

（五）从业经验

旅行社的管理人员不仅需要具备较高的管理理论知识水平，还必须拥有比较丰富的从业经历和旅行社的经营管理经验。一般来说，他们应该至少在旅游接待、产品设计与开发、产品销售及旅游服务采购等主要业务部门中的任何一个部门从事过一定时间的专业工作和管理工作，并积累了一定的实际业务操作和管理经验。他们应该熟悉旅行社的旅游接待与导游服务、产品设计与开发、产品价格的制定与产品的销售、旅游服务采购等方面的业务流程，熟悉旅行社各部门和岗位的质量标准。这样，他们才能够比较得心应手地进行整个旅行社的经营与开发活动。

四、旅行社的进入形式与扩张形式

（一）进入形式

1. 设立新的旅行社

根据市场需求并按照有关法律要求设立一家新的旅行社是最常见的入行形式，也是后文介绍的重点。我国大多数旅行社都属此类。

2. 并购现存的旅行社

目前，我国存在数量众多的旅行社，投资者可以通过购买的形式取得旅行社的所有权，从而进入这一行业。如山东鲁商集团通过并购山东旅游公司进入旅行社业，进而组建了银座旅游集团。

（二）扩张形式

我国旅游产业一直以高于国民经济的发展速度快速增长，目前已经初步形成了国际旅游、国内旅游、出境旅游相互促进发展的“三位一体”的格局。在这样的大环境下，旅行社的市场规模也得到持续的扩张，其形式主要有以下几种：

1. 内部成长

内部成长是内部化扩张的主要途径。旅行社自建旅行社分社与连锁门市部，通过建立新的企业拓展经营领域而扩张。采用内部成长最为典型的案例是上海春秋旅行社。其门市均由总部全资或控股开设，总公司门市经营部门负责管理，公司总部对各门市拥有全部所有权及经营权，对物流、信息流、资金流等方面实施统一的管理和监督，门市所有员工由总部统一招聘，经理由总部直接聘任选派，对所有门市实行统一目标管理及核算制度，统一考核经营业绩及管理水平，并据此核定各门市的内部分配。旅行社在区域内的扩张通常使用此种形式，如广之旅在广州市内已拥有超过30家网点。

旅行社可以通过在异地设立分社的形式实现扩张。大型旅行社通常都有一定数量的分社以实现异地扩张，如我国全国性旅游集团中具有资产纽带和垂直管理关系的子公司数量最多的旅行社集团——康辉旅游集团在全国32个省（市、自治区）设有100多家子公司，并对其中的国际社、出境旅游组团社控股。又如，截至2009年上半年，中国国旅总社在海外设有14家分社，在全国拥有20多家控股子公司。

2. 并购

并购已经成为世界范围内企业扩张的重要途径之一，通过并购可以产生协同作用效应、财务效应和市场份额效应。并购是旅行社外部化扩张的主要形式之一，旅行社若要快速的成长壮大，实施并购战略不失为一种好的扩张途径。旅行社通过并购可以获得诸多优势，如打破地域限制形成规模经济和范围经济、降低交易成本和代理成本、获得成本优势、优化产权结构等。

我国旅行社的并购宜采用横向并购和纵向并购相结合的方式进行，在就地扩张的基础上形成跨区域的全国性扩张。通过横向并购把原来分散的、小规模的旅行社联系起来，以形成旅行社的产业价值链，同时开展纵向并购，形成包括景区景点、住宿、交通运输的中心系统，以形成旅游产业价值链，提升旅行社的产业价值。在共享品牌、网络建设、人力资源管理、质量管理、产品、技术开发及共同采购的基础上形成旅行社主营业务的价值链，整合旅游资源，达到资源的优化配置。

3. 特许经营

特许经营是一种持续的关系，在这个关系中，特许人提供一种被许可的经营特权，并在组织、训练、商品计划和管理上提供援助，以作为从特许经营人那里获得报酬的依据。运用到旅行社行业中的特许经营，是靠已有的优势产品、商标或技术吸引并聚集众多的独立经济个体作为销售中端或终端，通过构筑一个网络化的营销体系，在实现低成本、高效率的产品运营的同时，也通过品牌和销售渠道的独立优势，强化产品本身对于消费者的差异性与可识别性，从而满足特许双方共同利益的最大化实现。

特许经营是旅行社可以选择的一种理想的扩张方式。首先，与其他行业相比，旅行社投资较少，固定资产少，企业运作中更多的是靠流动资产和无形资产的运用。品牌、形象、信誉、人力资源、管理模式才是旅行社的优势所在，这也是特许方优势输出的要素所在。在建立了这些优势的基础上，不需要花费大量的资本，旅行社就可以开展特许经营。其次，旅游活动的移动性、分散性、即时性要求旅行社要在跨区域范围内经营。特许经营所带来的管理标准化、业务分散化、品牌一致化是游客旅游质量的最佳保证体系。再次，特许经营有利于对旅行社市场的单体要素进行优化，特许方要对加入其整个特许经营体系的单体要素进行考核并加以严格的系统管理。最后，特许经营重构了旅游产业价值链。采用特许经营方式，可以分解大小旅行社的职能，对我国的旅行社进行重构和重新分工、定位，以改变我国旅行社传统的水平分工方式，形成由旅游批发商、旅游批发零售商与零售商构成的垂直分工体系。

4. 联盟

联盟是指企业在生产、技术、经营和资金等方面进行协作，从而组成一个非单一企业的联盟体。在联盟过程中，虽然可能伴随有企业产权结构的变化，但是各联盟企业依然保持着独立的法人地位，未发生完全内化现象。通常来讲，联盟并不必然导致并购的发生，但是联盟通常是并购发生的前奏。旅行社的联盟是指旅行社与旅行社、饭店、交通运输、景区景点为主的旅游企业之间，或是旅行社与其他行业的企业之间出于对灵活性、保护核心竞争力、学习和增加附加值等目标的考虑，通过非传统合约形式的有形合作、无形合作或股权安排，建立起的长期合作的资源共享机制。这种机制的实现有非产权的联盟和产权联盟两种形式，前一种包括联合研究开发旅游产品、长期的供货安排、联合营销、共享分销渠道等形式，后一种主要指联盟双方通过参股或股权交换形式进行联盟或是建立合资企业。

任务二 旅行社设立、变更和终止

一、旅行社的设立程序

（一）准备阶段

为了顺利地办理设立旅行社的申办手续，申办人应当准备好申办过程中所需的各种文件和证明材料。这些文件包括设立申请书、企业章程、法定代表人的履历表及身份证明、依法设立的验资机构出具的验资证明、经营场所证明、营业设施和设备的证明或说明、工商行政管理部门出具的《企业名称预先核准通知书》。

1. 设立申请书

设立申请书是申办人向有关部门表示其设立旅行社愿望的文件，其主要内容包括：

（1）旅行社的中英文名称及英文缩写、设立地址；

（2）企业形式、出资人、出资额和出资方式；

（3）申请人、受理申请部门的全称、申请书名称和申请的时间。

2. 可行性研究报告

可行性研究报告是申请设立旅行社的重要文件，反映了申办人对旅游市场情况、自身实力、旅行社发展前景等情况的预测和估计。

（1）全面分析和评估所申请设立旅行社的市场条件、资金条件和人力条件；

（2）具体说明该旅行社的客源市场或潜在客源市场及现有资金或筹措资金能力；

（3）证明旅行社已经达到国家对旅行社在管理人员及相关专业人员数量和职业资格方面的规定和要求。

设立旅行社的可行性研究报告

现代旅游业作为现代服务业的重要组成部分，在服务消费者、带动消费性支出、拉动内需的同时，其服务工商业的功能也逐步展现出来，最直接的表现是旅游业的客户群体从消费者扩大到了企业，列入员工福利的企业旅游支出已成为企业激励员工的重要手段。因此，旅游业不再仅是民生产业，还是动力产业，其促进中国经济增长的作用将更加显著。

上海旅游业具有天然的优越性。国际化都市上海作为商业中心的同时，自有崇明岛等一系列旅游资源。商业与旅游业的相互促进作用在上海将更加突显。在此宏观经济条件下，我们决定成立上海××国际旅行社有限公司，为上海旅游业贡献自己的力量。

一、设立旅行社的市场条件

（一）上海旅游资源丰富，大体分为三个层面：第一，冠以“都市风光”、“都市文化”、“都市商业”为代名词的人民广场、浦江两岸外滩的城市观光、商务、购物旅游圈；第二，以公共活动和社区为中心的环城都市文化旅游圈；第三，以佘山、淀山湖、深水港、崇明岛等为重点的远郊休闲度假旅游圈。

（二）上海旅游产业产能增速巨大，分别体现在以下方面：2008 年，上海旅游外汇收入 47.4 亿美元，同比增长 19.6%，名列全国第二位；实现旅游产业增加值 858.1 亿人民币；接待入境旅游者约 665.6 万人次，同比增长 9.9%，其中在沪过夜的入境旅游者达 520.1 万人次，同比增长 11.9%，接待入境旅游者人次名列全国第二位；接待国内旅游者达 1.02 亿人次，同比增长 5.4%。2009 年，上海接待港、澳、台旅游者 132.97 万人次，同比增长 3.2%；在沪过夜的入境旅游人数达 526.47 万人次，同比增长 1.2%；接待国内旅游者 11 005.67 万人次，同比增长 7.8%，其中外省市来沪旅游者 7 842.05 万人次，同比增长 1%。2010 年，上海旅游官方计划实现以下目标：旅游总收入超过3 100亿元，旅游外汇收入超过80亿美元，过夜入境旅游者人均消费超过1 000美元，国内旅游收入超过2 450亿元；入境旅游过夜人次超过800万，国内旅游人次超过1.2亿；旅游业提升的就业率超过5.2%；旅游业占全市国内生产总值超过9%。另外，随着2010年上海世博会的关注度逐步增加，上海迎来一轮又一轮的观光与商业会展的热潮，与此同时，上海旅游产业也迎来了前所未有的机遇。

因此，设立上海××国际旅行社有限公司具有合适的市场条件。

二、设立旅行社的资金条件

上海××国际旅行社有限公司系经营国内旅游业务和入境旅游业务的旅行社，注册资金××万元人民币，全部货币出资，已经上海××会计师事务所验资，符合《旅行社条例》第六条第三项关于申请设立国内旅游业务和入境旅游业务旅行社应当具备的资金条件。

三、设立旅行社的人员条件

上海××国际旅行社有限公司股东、法定代表人××女士具有丰富的旅行社管理经验，资信良好，深受客户乃至同行业的好评。

公司具有总经理一名、副总经理两名，均持有国家旅游局颁发的《旅行社经理资格证书》，均具有多年的旅行社管理经验。

公司具有专职财务人员两名，其中一名具有中级会计师职称。

公司具有导游人员三名，均持有国家旅游局颁发的导游证。

除以上人员外，公司还具有若干名员工，分别在计调、销售、设计等岗位为公司的设立与发展勤奋的工作。

四、其他条件

（一）上海××国际旅行社有限公司具有固定的经营场所。

上海××国际旅行社有限公司的经营场所位于上海市静安区××路××号××大厦××室。该办公间为公司股东××女士于2010年××月××日自业主××处承租的营业用房，租期为××年，建筑面积为××平方米。该办公间地处商业区，交通便利，室内格局宽敞、装修平整、采光明亮，满足申请人业务经营的需要，符合《旅行社条例》第六条第一项、《旅行社条例实施细则》第六条规定的设立旅行社所须的经营场所的条件。

（二）上海××国际旅行社有限公司具有必要的营业设施。

上海××国际旅行社有限公司具有××辆业务用车、××部直线固定电话、××部传真机、××台复印机、××台电脑，其中任何一台电脑均具备与上海市旅游局、上海市静安区旅游局及其他旅行社联网的软、硬件条件，符合《旅行社条例》第六条第二项、《旅行社条例实施细则》第七条规定的设立旅行社所须的营业设施的条件。

五、设立旅行社可行性研究报告的结论

具有促进上海旅游业进一步发展、给社会提供更多的就业机会等积极作用，因此设立上海××旅行社有限公司是可行的。

3. 企业章程

（1）普通旅行社。普通旅行社是指非股份制旅行社，其章程主要包括：旅行社的经营范围、旅行社的设立方式和经营方式；旅行社的经济性质、注册资金数额及其来源；旅行社的组织机构及其职权；法定代表人产生的程序和职权范围；财务管理制度和利润分配形式；劳动用工制度章程修改程序和终止程序。

（2）股份制旅行社。股份制旅行社章程除了应具有普通旅行社的章程的各项外内容，还须包括：旅行社注册资本、股份总数和每股金额；股东名称、认购股份数、权利和义务；董事会的组成、职权、任期和议事规则；利润分配办法；旅行社解散事由与清算办法；通知和通告办法。

4. 旅行社法定代表人的履历表及身份证明

申办人在申请设立旅行社时，应提交旅行社经理、副经理、部门经理、财务人员等的履历表及相关的职业资格证书。

5. 验资证明

（1）验资方式。旅行社可以通过银行、会计师事务所、审计师事务所中的任一机构进行验资。

（2）验资程序。首先，旅行社申办人将货币资金汇入到有关银行、会计师事务所或审计师事务所所指定的账户上；接着，由该机构出具书面的验资证明及资本金入账凭证的复印件或验资报告；最后，申办人将验资证明或验资报告送交受理申请的旅游行政管理部门。

6. 经营场所和经营设施设备情况证明

旅行社应向旅游行政管理部门提交旅行社营业场所的产权证明或租赁期限在一年以上（含一年）的租房协议。旅行社应提供属于其自有资产的经营设备证明，包括投资部门出具的经营设备使用证明或商业部门开具的并具有申办人或该旅行社名称的发票、收据。其中国际旅行社须提供传真机、直线电话机、电子计算机和业务用汽车等经营设备的证明，国内旅行社须提供传真机、直线电话机、电子计算机等经营设备的证明。

（二）申办阶段

1. 申请营业许可

（1）国内旅行社。申办人应将设立申请书和相关文件、证明材料送交所在地的省、自治区、直辖市旅游行政管理部门或者其委托的设区的市级旅游行政管理部门提出申请。受理申请的旅游行政主管部门应当自受理之日起 20 个工作日内作出许可或者不予许可的决定。予以许可的，颁发旅行社业务经营许可证；不予许可的，书面通知申请人并说明理由。

旅行社取得经营许可满两年且未因侵害旅游者合法权益受到行政机关罚款以上处罚的，可以申请经营出境旅游业务。申请经营出境旅游业务的，应当向国务院旅游行政主管部门或者其委托的省、自治区、直辖市旅游行政管理部门提出申请，受理申请的旅游行政管理部门应当自受理申请之日起 20 个工作日内作出许可或者不予许可的决定。予以许可的，向申请人换发旅行社业务经营许可证；不予许可的，书面通知申请人并说明理由。

旅行社不得转让、出租、出借旅行社业务经营许可证。若出现此种行为，由旅游行政管理部门责令停业整顿 1 个月至 3 个月，并没收违法所得；情节严重的，吊销旅行社业务经营许可证。受让或者租借旅行社业务经营许可证的，由旅游行政管理部门或者工商行政管理部门责令停止非法经营，没收违法所得，并处10万元以上50万元以下的罚款。

(2) 外商投资的旅行社。设立外商投资旅行社，由投资者提交相关证明文件向国务院旅游行政主管部门提出申请。国务院旅游行政主管部门应当自受理申请之日起30个工作日内审查完毕。同意设立的，出具外商投资旅行社业务经营许可审定意见书；不同意设立的，书面通知申请人并说明理由。

申请人持外商投资旅行社业务经营许可审定意见书、企业章程以及合资、合作双方签订的合同向国务院商务主管部门提出设立外商投资企业的申请。国务院商务主管部门应当依照有关法律、法规的规定，作出批准或者不予批准的决定。予以批准的，颁发外商投资企业批准证书，并通知申请人向国务院旅游行政主管部门领取旅行社业务经营许可证；不予批准的，书面通知申请人并说明理由。

外商投资旅行社不得经营中国内地居民出国旅游业务以及赴香港特别行政区、澳门特别行政区和台湾地区旅游的业务，但是国务院决定或者我国签署的自由贸易协定以及内地与香港、澳门关于建立更紧密经贸关系的安排另有规定的除外。外商投资旅行社经营中国内地居民出国旅游业务以及赴香港特别行政区、澳门特别行政区和台湾地区旅游业务，或者经营出境旅游业务的旅行社组织旅游者到国务院旅游行政主管部门公布的中国公民出境旅游目的地之外的国家和地区旅游的，由旅游行政管理部门责令改正，没收违法所得，违法所得为10万元以上的，处违法所得1倍以上5倍以下的罚款；违法所得不足10万元或者没有违法所得的，处10万元以上50万元以下的罚款；情节严重的，吊销旅行社业务经营许可证。

我国颁发的旅行社业务经营许可证的有效期为三年。旅行社应当在许可证到期前的三个月内，持原许可证到原颁证机关申请换发。许可证如有损坏，旅行社应持被损坏的许可证到原颁证机关申请换发；许可证不慎遗失的，旅行社应当在发现之日起，尽快在全国性报纸上声明作废，并向原颁证机关申请补发。

2. 办理注册登记

旅游行政管理部门审核批准旅行社的设立申请后，申办人可持旅游行政管理部门的批准文件及旅行社业务经营许可证，外商投资旅行社的申办人则凭旅行社业务经营许可证和外商投资企业批准证书，向工商行政管理部门申请领取营业执照，办理登记注册手续。工商行政管理机关收到申办人提交的全部文件后进行登记注册，并发给旅行社企业法人营业执照。

3. 办理税务登记

旅行社在领取营业执照后30个工作日内，向当地税务部门办理开业税务登记，申请税务执照。税务登记结束后，旅行社即可依据营业执照刻制公章，开立银行账户，申领发票。至此，旅行社正式成立，可签订合同并进行经营旅游业务的活动。

二、旅行社分支机构的设立程序

(一) 旅行社分社的设立程序

旅行社设立分社的，应当持旅行社业务经营许可证副本向分社所在地的工商行政管理部门办理设立登记，并自设立登记之日起3个工作日内向分社所在地的旅游行政管理部门备案。设立社向分社所在地工商行政管理部门办理分社设立登记后，应当持下列文件向分社所在地与工商登记同级的旅游行政管理部门备案：设立社的旅行社业务经营许可证副本和企业法人营业执照副本；分社的营业执照；分社经理的履历表和身份证明；增存质量保证金的证明文件。设立分社未在规定期限内向分社所在地旅游行政管理部门备案的，由旅游行政管理部门责令改正；拒不改正的，处1万元以下的罚款。

受理备案的旅游行政管理部门应当向旅行社颁发旅行社分社备案登记证明。旅行社分社应当接受所在地的旅游行政管理部门的行业管理。

（二）旅行社服务网点的设立程序

旅行社设立专门招徕旅游者、提供旅游咨询的服务网点应当依法向工商行政管理部门办理设立登记手续，并向所在地的旅游行政管理部门备案。备案时需持以下文件：设立社的旅行社业务经营许可证副本和企业法人营业执照副本；服务网点的营业执照；服务网点经理的履历表和身份证明。

若没有同级的旅游行政管理部门的，向上一级旅游行政管理部门备案。

分社、服务网点备案后，受理备案的旅游行政管理部门应当向旅行社颁发旅行社分社备案登记证明或者旅行社服务网点备案登记证明。

三、出境业务的申办程序

旅行社取得经营许可满两年，且未因侵害旅游者合法权益受到行政机关罚款以上处罚的，就可以申请经营出境旅游业务。具体程序如下：

（一）提交证明

旅行社申请出境业务的，应当向国务院旅游行政主管部门提交原许可的旅游行政管理部门出具的、证明其经营旅行社业务满两年且连续两年未因侵害旅游者合法权益受到行政机关罚款以上处罚的文件。

（二）获得许可

申请经营出境业务的，应当向国务院旅游行政主管部门或者其委托的省、自治区、直辖市旅游行政管理部门提出申请，受理申请的旅游行政管理部门应当自受理申请之日起20个工作日内作出许可或不予许可的决定。

（三）换发许可证

予以许可的，向申请人换发旅行社业务经营许可证，旅行社应当持换发的旅行社业务经营许可证到工商行政管理部门办理变更登记；不予许可的，书面通知申请人并说明理由。

旅行社取得出境旅游业务经营许可的，由国务院旅游行政主管部门换发旅行社业务经营许可证。旅行社持旅行社业务经营许可证向工商行政管理部门办理经营范围变更登记。

国务院旅游行政主管部门可以委托省级旅游行政管理部门受理旅行社经营出境旅游业务的申请，并作出许可或者不予许可的决定。

四、旅行社的变更和终止

旅行社变更名称、经营场所、法定代表人等登记事项的，应当到工商行政管理部门办理相应的变更登记，并在登记办理完毕之日起10个工作日内填写旅行社变更事项备案登记表，持已变更的企业法人营业执照，按照变更事项要求，连同相关材料一式3份，向原许可的旅游行政管理部门备案（变更材料应尽量提供原件，如为复印的，应提供原件并在复印件上加盖公章），换领旅行社业务经营许可证。旅行社终止经营的，应当到工商行政管理部门办理注销登记，之后，持工商行政管理部门出具的注销文件，向原许可的旅游行政管理部门备案。具体程序见下图1－4。

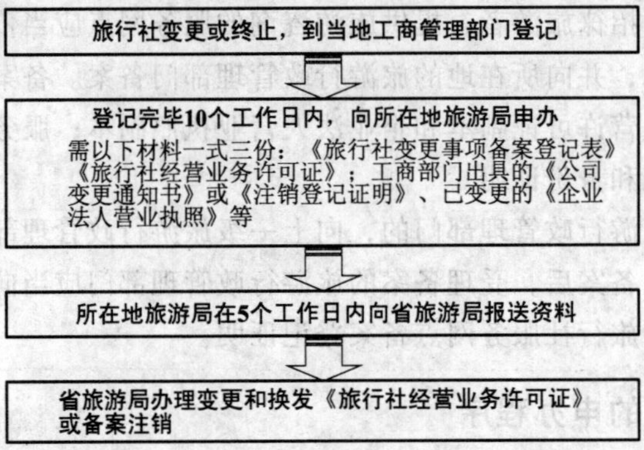

图1－4　旅行社变更或终止经营办理手续

在办理过程中，申请人需要提交以下材料：旅行社变更事项备案登记申请表、旅行社业务经营许可证正本和副本、企业法人营业执照副本、依备案事项的不同分别需要的其他资料。在向旅游行政主管部门备案时，也应准备相应资料，具体情况见表1－2。

变更名称、经营场所、法定代表人等登记事项或者终止经营、未在规定期限内向原许可的旅游行政管理部门备案、换领或者交回旅行社业务经营许可证的由旅游行政管理部门责令改正，拒不改正的处1万元以下的罚款。

表1－2　旅行社变更和终止所需的备案材料

项目名称	备案材料
变更企业名称	旅行社变更事项备案登记表 已变更的企业法人营业执照及复印件 新的旅行社章程或章程修正案 原旅行社业务经营许可证（以下简称许可证）正副本原件
变更经营场所	旅行社变更事项备案登记表 已变更的企业法人营业执照及复印件 新的旅行社章程或章程修正案 原旅行社许可证正副本原件

续表

项目名称	备案材料
变更出资人	旅行社变更事项备案登记表 已变更的企业法人营业执照及工商部门出具的企业变更核准通知书或企业变更信息资料复印件 旅行社出资人股权转让协议书（如属改制，应提供企业改制报告及国有资产管理部门或政府主管部门的批准文件） 新的旅行社章程或章程修正案 新的旅行社出资人身份证明及复印件 原旅行社许可证正副本原件
变更法定代表人	旅行社变更事项备案登记表 已变更的企业法人营业执照及复印件 新的法定代表人履历表、身份证明及复印件 原旅行社许可证正副本原件
终止经营	法定代表人签署的申请注销旅行社的报告 工商部门出具的注销文件 原许可证正副本原件

任务三 旅行社质量保证金制度

一、旅行社质量保证金概述

旅行社质量保证金是指根据《旅行社条例》的规定，由旅行社在指定银行缴存或由银行担保提供的用于保障旅行者合法权益的专项资金。

为加强对旅行社服务质量的监督和管理，保护旅游者的合法权益，保障旅行社规范经营，维护我国旅游业声誉，国家旅游局根据《消费者权益保护法》、《反不正当竞争法》、《旅行社管理条例》的有关规定，按照旅行社的经营特点，参照国际惯例，经国务院批准，对旅行社实行质量保证金制度。多年来的实践证明，质量保证金制度在维护旅游者合法权益、提高旅游服务质量等方面发挥了积极作用。据不完全统计，自1993年至2007年，全国各级旅游质监执法机构累计受理旅行社质量保证金案件66万多件，理赔金额6 600多万元。

旅行社质量保证金制度在1995年1月1日国家旅游局发布的《旅行社质量保证金暂行规定》及其实施细则中得以确立。此后，在1996年10月15日颁布的《旅行社管理条例》及其1996年11月28日颁布的条例实施细则及1997年3月27日发布的《旅行社质量保证金赔偿办法》、《旅行社质量保证金赔偿试行标准》中进一步确立和完善，形成了比较规范的、具有较强操作性的一项管理制度。而另一方面，质量保证金制度在客观上也占用了旅行社的资金、增加了企业的经营成本，因此，国务院在2009年2月颁布的《旅行社条例》中对质量保证金的缴纳进行了调整。2010年5月5日，国家旅游局令第32号发布的《旅游投诉处理办法》第三十二条规定“本办法自2010年7月1日起施行，《旅行社质量保证金暂行规定》、《旅行社质量保证金暂行规定实施细则》、《旅行社质量保证金赔偿暂行办法》同时废止。”

保证金实行专户管理，专款专用。若旅行社违反旅游合同约定，侵害旅游者合法权益，经旅游行政管理部门查证属实的，或旅行社因解散、破产或者其他原因造成旅游者预交旅游费用损失的，旅游行政管理部门可以使用旅行社的质量保证金。此外，人民法院判决、裁定及其他生效法律文书认定旅行社损害旅游者合法权益及旅行社拒绝或者无力赔偿的，人民法院可以从旅行社的质量保证金账户上划拨赔偿款。

二、旅行社质量保证金的存取管理办法

旅行社应当自取得旅行社业务经营许可证之日起3个工作日内，在国务院旅游行政主管部门指定的银行（含其银行分支机构）开设专门的质量保证金账户存入质量保证金，或者向作出许可的旅游行政管理部门提交依法取得的担保额度不低于相应质量保证金数额的银行担保。旅行社未在规定期限内向其质量保证金账户存入、增存、补足质量保证金或者提交相应的银行担保的，由旅游行政管理部门责令改正；拒不改正的，吊销旅行社业务经营许可证。

旅行社存缴保证金时，须持营业执照副本、旅行社业务经营许可证副本到银行办理存款手续。存缴保证金的旅行社须与银行签订旅行社质量保证金存款协议书，并将复印件送许可的旅游行政管理部门备案。

为最大程度提高资金效益、简化续存手续，银行按照到期自动结息转存方式管理保证金，中途提取部分改按活期结算利息。利息收入全部归旅行社所有。

为防止保证金存单质押，银行应在存单上注明“专用存款不得质押”字样。

银行提供保证金担保的，由银行向许可的旅游行政管理部门出具旅行社质量保证金银行担保函。银行担保期限不得少于一年。担保期届满前3个工作日，应续办担保手续。

经营国内旅游业务和入境旅游业务的旅行社，应当存入质量保证金20万元；经营出境旅游业务的旅行社，应当增存质量保证金120万元。旅行社每设立一个经营国内旅游业务和入境旅游业务的分社，应当向其质量保证金账户增存5万元；每设立一个经营出境旅游业务的分社，应当向其质量保证金账户增存30万元。

旅行社在旅游行政管理部门使用质量保证金赔偿旅游者的损失，或者依法减少质量保证金后，因侵害旅游者合法权益受到行政机关罚款以上处罚的，应当在收到旅游行政管理部门补交质量保证金的通知之日起5个工作日内补足质量保证金。旅行社自交纳或者补足质量保证金之日起3年内未因侵害旅游者合法权益受到行政机关罚款以上处罚的，旅游行政管理部门应当将旅行社质量保证金的交存数额降低50%，并向社会公告。

旅行社因解散或破产清算、业务变更或撤减分社减交、3年内未因侵害旅游者合法权益受到行政机关罚款以上处罚而降低保证金数额50%等原因需要支取保证金时，须向许可的旅游行政管理部门提出，许可的旅游行政管理部门审核并出具旅行社质量保证

金取款通知书。银行根据旅行社质量保证金取款通知书，将相应数额的保证金退还给旅行社。

银行应及时和定期通报保证金情况信息，具体通报内容和方式为：当旅游行政管理部门、人民法院依据《旅行社条例》规定，划拨保证金后3个工作日内，将划拨单位、划拨数额、划拨依据文书等情况，通报给旅行社和许可的旅游行政管理部门；银行应每季度将保证金存款对账单一式两份，发送给旅行社和许可的旅游行政管理部门。

三、旅行社质量保证金案件的审理

旅游行政管理部门在实施保证金制度中的具体任务包括：受理涉及所管范围内的旅行社保证金赔偿请求；进行调查核实；依照规定的赔偿原则及程序作出赔偿决定。其在审理保证金赔偿案件时遵循以下原则：以事实为根据，以法律、法规为准绳公正办案，保护双方当事人的合法权益；办案中，应当先行调解，调解无效的，应当依法进行审理；办案中，不受任何组织和个人的非法干涉。

（1）赔偿条件。保证金赔偿应当符合下列条件：符合保证金赔偿的范围；请求人是旅游合法权益直接受到侵害的旅游者或其合法代理人；有明确的被投诉旅行社、具体的要求和事实根据。

（2）审理程序。请求人提出赔偿请求书；旅游行政管理部门作出受理或不予受理的决定；能调解的调解，调解不成的作出处理决定；制作处理决定书通知案件双方当事人。

赔偿请求书应当写明下列事项：被投诉旅行社的名称、导游姓名；请求人的姓名、性别、国籍、职业、年龄及团队名称、地址、电话；赔偿请求和依据的事实、理由与证据。

旅游行政管理部门经审查作出受理决定后，应当及时将旅游投诉受理通知书送达被投诉的旅行社；该旅行社接到通知后，应在30日内作出书面答复。书面答复应当写明调查核实过程、事实证据、责任及处理意见。旅游行政管理部门应对该书面答复进行复查。

旅游行政管理部门经审查作出不受理的决定，应当在接到赔偿请求书之日起5个工作日内通知请求人不予受理的理由。

旅行社质量保证金的执行

一、适用范围

依据《最高人民法院关于执行旅行社质量保证金问题的通知》，人民法院在执行涉及旅行社的案件时，遇有下列四种情形而旅行社不承担或无力承担赔偿责任的，可以执行旅行社质量保证金：

1. 旅行社因自身过错未达到合同约定的服务质量标准而造成旅游者的经济权益损失；

2. 旅行社的服务未达到国家或行业规定的标准而造成旅游者的经济权益损失；

3. 旅行社破产后造成旅游者预交旅行费损失；

4. 人民法院判决、裁定及其他生效法律文书认定的旅行社损害旅游者合法权益的情形。

二、注意事项

1. 严格依法进行，严格把握可以适用的情形。即只有在旅行社因自身责任导致旅游者合法权益受到损失，具体情形包括：服务未达到合同约定或者国家或行业规定的标准、旅行社破产造成旅游者预交旅游费损失以及人民法院判决或裁定及其他生效法律文书认定的旅行社损害旅游者合法权益，在旅行社不承担或无力承担赔偿责任时，才可以执行旅行社质量保证金，除此之外均不得执行保证金。

2. 对当事人的合法权益要给予充分的保护。一方面依据现有法律规范探索执行手段，扩大可以执行的财产范围，另一方面要谨慎适用法律，保护被执行人合法的财产权益。

3. 人民法院在执行涉及旅行社的经济赔偿案件时，不得从旅游行政部门行政经费账户上划转行政经费资金。要严格把握旅行社质量保证金的性质，合理采取强制执行措施。

项目实训

一、单项选择

1. 旅行社设立分社，以下说法不正确的是（　　）。

A. 不具备独立法人资格

B. 只能在注册地的市、县行政区域内设立

C. 为设立社招徕游客并提供咨询、宣传等服务

D. 接受所在地旅游行政管理部门的行业管理

2. 根据《旅行社质量保证金暂行规定》，我国经营国际招徕和接待业务的旅行社需缴纳质量保证金（　　）万元。

A. 60　　B. 6　　C. 20　　D. 30

3. 下列（　　）不是我国设立旅行社所必需的条件。

A. 固定的经营场所　　B. 必要的营业设施

C. 足够的注册资本　　D. 有相关经历至少 2 年

4. 旅行社每设立一个经营国内旅游业务和入境旅游业务的分社，应当增存（　　）万元的质量保证金。

A. 5　　B. 10　　C. 15　　D. 20

5. 旅行社取得经营许可满（　　）年，且未因侵害旅游者合法权益受到行政机关罚款以上处罚的，可以申请经营出境旅游业务。

A. 1　　B. 2　　C. 3　　D. 4

6. 申办人要成立旅行社，应向旅游行政管理部门提交旅行社营业场所的产权证明或租赁期限在（　　）以上的租房协议。

A. 90 天　　B. 半年　　C. 一年　　D. 二年

7. 国家旅游局令第 32 号发布的（　　）第三十二条规定“本办法自 2010 年 7 月

1 日起施行，《旅行社质量保证金暂行规定》、《旅行社质量保证金暂行规定实施细则》、《旅行社质量保证金赔偿暂行办法》同时废止。”

A.《旅行社管理条例》　　B.《旅行社条例》

C.《反不正当竞争法》　　D.《旅游投诉处理办法》

8. 2009 年，我国国务院颁布了《旅行社条例》，从此，我国的旅行社分为(　　)。

A. 一类社、二类社和三类社

B. 国际旅行社和国内旅行社

C. 经营国内、入境旅游业务的旅行社及经营国内入出境旅游业务的旅行社

D. 旅游批发商和旅游零售商

9. 在我国立的外商独资旅行社必须是国外的旅行社或者是主要从事旅游经营业务的企业，且其年旅游经营总额必须达到（　　）美元以上。

A. 4 000 万　　B. 5 亿　　C. 4 000 亿　　D. 500 万

10. 旅行社自交纳或者补足质量保证金之日起 3 年内未因侵害旅游者合法权益受到行政机关罚款以上处罚的，旅游行政管理部门应当将旅行社质量保证金的交存数额降低(　　)，并向社会公告。

A. 20%　　B. 30%　　C. 50%　　D. 80%

二、判断

1. 旅行社营业场地的选择对旅行社的发展有很重要的意义。旅行社可根据自己经营范围的不同、业务量的大小以及自身的经济实力选定自己的营业场所。(　　)

2. 旅行社分社具有法人资格，旅行社服务网点不具有法人资格。(　　)

3. 外商投资旅行社可以经营中国内地居民出国旅游业务以及赴香港特别行政区、澳门特别行政区和台湾地区旅游的业务。(　　)

4. 我国颁发的《旅行社业务经营许可证》的有效期为三年。(　　)

5. 旅行社在领取营业执照后 15 个工作日内，向当地税务部门办理开业税务登记，申请税务执照。(　　)

6. 旅行社质量保证金是指根据《旅行社条例》的规定，由旅行社缴存并由旅游行政管理部门保存的用于保障旅行者合法权益的专项资金。(　　)

7. 旅行社质量保证金实行专户管理，专款专用。(　　)

8. 旅行社质量保证金利息收入部分归旅行社所有，部分归旅游行政管理部门所有。(　　)

9. 银行应在划拨保证金后 3 个工作日内，将划拨单位、划拨数额、划拨依据文书等情况，通报给旅行社和许可的旅游行政管理部门。(　　)

10. 旅行社在领取营业执照后 30 个工作日内，向当地税务部门办理开业税务登记，申请税务执照。(　　)

三、案例讨论

2011 年 3 月，甲与另外 3 人达成协议，决定由该 4 人共同投资成立合肥畅游旅行社。这 4 人拟定了公司章程，公司的注册资本为 100 万元，其中甲出资 40 万元，其余

投资由另外3人分别以货币、设施设备、房屋使用权等出资。各方在实际缴付出资并办理了相关法定手续后，取得了相应的验资证明。同年9月，合肥畅游旅行社筹备处向市工商局申请设立登记并向其提交了登记申请书、公司章程、验资证明等文件。市工商局经审查后认为，合肥畅游旅行社的法定资本和生产设施条件等是合格的，但本地已经有多家旅行社，市场容量已饱和，再设立一家旅行社对本地经济的促进作用不大，因此不予登记。甲等4人在接到工商局不予登记的通知后不服，以市工商局为被告，向法院提出行政诉讼，要求市工商局对其设立新企业的申请予以登记。

问：合肥畅游旅行社是否符合登记条件？你认为本案应如何处理？

四、项目思考

1. 了解某家旅行社的历史和经营现状。
2. 简述我国旅行社的设立条件。
3. 简述我国旅行社的设立程序。
4. 旅行社质量保证金是如何缴纳的？

项目总结

本项目任务主要包括旅行社设立条件、旅行社设立、变更和终止及旅行社质量保证金制度三个方面。通过三个项目的学习，学生具备经办旅行社设立、变更和终止的能力，并能运用所学知识正确处理涉及旅行社质量保证金的案件。

模块二

旅行社产品设计与营销

项目一　旅行社产品设计

项目目标

了解旅行社产品的概念及其价格特点

熟悉旅行社产品的类型、采购和定价策略

掌握旅行社产品的设计和定价方法

项目能力

能运用所学知识分析旅游服务的构成部分，并具备采购各项旅游服务的能力

能运用定价方法和策略结合具体旅行社产品进行定价

结合旅行社产品的特点进行旅行社产品的开发和设计

案例引入

低价团变身品质团　旅行社转型低利润线路

金融危机之下，在欧洲游一片降价声后，泰国游、澳洲游等价格依旧坚挺，部分旅行社正在悄然转变策略，将一直低利润甚至零团费的线路提升旅游品质，以望在低迷的市场之中多分一杯羹。

泰国、澳洲团价格不降

近来，记者在市场上发现，虽然欧洲游线路团队游已跌至万元以下，但泰国游的价格并没有伴随当地酒店、机票价格一起下落。

捷达假期国旅、中青旅等多家旅行社的泰国游价格与往年基本持平，最普通的泰国6日游价格都在3 500元左右。

此价位看似同于去年，但记者通过了解后发现，这些泰国游产品已经过升级改造，在住宿、用餐等方面都作出了调整。“升级后成本有所增加，市场价自然不能得以下落”中青旅一工作人员表示。

此外，记者在多家旅行社发现，澳新12日游几乎都在主打品质游的概念，要价在

17 000 元上下，比最基本的澳、新 12 日游高出 4 000 元左右。

业内分析

尝试通过价格战来规范市场。

今天上午，记者从神舟国旅、华远国旅等多家旅行社了解到的数据显示，自泰国动乱以来，泰国游在市场上几乎无人问津。

另外，加之金融危机的制约，自今年 10 月，保守估计，泰国游的收客量同比下降了 50%，而一些旅行社甚至坦言收客量同比下降 80% 以上。同时，据了解，澳洲的收客量也普遍比往年下降了 20% 左右。

在如此低迷的市场情况之下，旅行社之放弃低价竞争反而攻向高端市场，看似铤而走险，实际却是旅行社对市场作出的一种抗争。

从旅行社自身的利益来说，华远国旅佰程旅行网市场部负责人孙丽婵告诉记者，之所以选中泰国游和澳洲游，是因为这两条线一直是低价团，几乎让旅行社无利可图，甚至在澳洲游上，如果没有购物的利润，有的团都是赔钱在做。

她表示，不如“做一个是一个，反正也收不上人，大家不如趁机尝试改变。打个比方，收 10 个人每人挣 100 块，和收 50 个人每人挣 10 块钱相比，旅行社当然愿意做前者”。

从整个行业来看，多家旅行社负责人表示，以前市场上常出现的那种强制购物、靠购物来赢取利润的低品质线路早已经被业内人士嗤之以鼻。业内人士也一致认为，在产品研发上和品质上没有竞争力的旅行社将很快被淘汰出市场。

专家点评

换种方式争取利润值得肯定。

对此，北京第二外国语学院旅游发展研究院院长张辉表示，旅行社学会把线路、产品做精做细以争取利润是值得肯定的。

面对金融危机，旅行社不能再延续以往粗放的经营模式。专家认为，不妨向两方面拓展市场：一方面，要在出境等长线游市场上打造高端游客最适合的新产品，例如针对高端游客喜爱的高尔夫、海钓等，策划相关线路；另一方面，在国内或是周边游市场上，将现有产品从长线改为短线，针对特殊人群设计旅游项目等。

任务一　旅行社产品概述

一、旅行社产品的内涵

旅行社是重要的旅游企业，而旅行社产品是旅行社经营的主要内容，是旅行社赖以存在和发展的基础。所以说，旅行社产品对旅游业的发展和创新也起着至关重要的作用。试想，假如没有旅行社产品，人们的旅游将会是自主旅行，也就是现在的散客旅游。游客要自己购票坐车，自己找饭店，还要自己买门票等，这些琐屑的事情办完了之后才可以安心地观赏。面对这些繁琐的事情，游客还有好的心情去游览吗？旅行社将这些资源组合起来，委托专门的人员（前台接待和导游等）提供服务，从而获取经济效益。旅游者只需要交钱就可以享受一种体验、一种经历，从而心情愉快。所以，旅行社产品是旅游业中不可缺少的产品。

旅游者为了获得旅游经历向旅行社支付旅游费用，旅行社则按照合同规定的服务标准向旅游者提供为实现旅游者的旅游经历所必需的各种旅游服务。在这些服务中，既包括直接提供的旅游接待服务，也包括旅行社为旅游者安排的旅游过程中住宿、交通、游览、餐饮、购物、娱乐等活动而向其他旅游企业和相关企业和部门所采购的各种旅游服务。也就是说，旅行社产品是食、住、行、游、购、娱等多因素的有机组合体。

旅行社产品是以旅游者的空间移动为核心，以服务为主要内容，以旅游设施为依托，以旅游供应商的产品为原材料，经旅行社的设计、组合或营销等开发活动后被销售给旅游者的旅游产品。

从旅行社产品的定义出发，旅行社产品的构成可以从旅游者和旅行社两个不同的角度来诠释。

(一) 从产品的消费者角度看

从产品的消费者角度，旅行社产品是指旅游者花费一定的时间、精力和财力通过购买旅行社提供的服务，所获得的一次旅游全程的经历，包括旅游吸引物、旅游目的地的设施、导游服务、旅游产品价格等。

1. 旅游吸引物

从广义来讲，旅游吸引物是指能够吸引旅游者到来并引发其旅游情趣的任何事物和现象。从狭义来讲，只有那些能够被旅行社开发和利用，并且能够被组合到旅行社产品构成中的事物和现象才能被看成旅游吸引物。作为一个旅游者，吸引其前往某一目的地旅游的决定性因素之一就是旅游吸引物。从吸引力本源看，旅游吸引物可分为三类：

（1）自然吸引物。指以大自然吸引力本源的旅游资源。

（2）人文吸引物。指以社会文化事物为吸引力本源的旅游资源。

（3）社会吸引物。指旅游目的地居民的生活方式、语言交流、人际交流及特殊的社会活动等。

2. 旅游目的地的设施

旅游目的地的设施是指存在于旅游目的地的与旅游者旅行密切相关的旅游服务设施和相关的基础设施。旅游服务设施是指为了满足旅游者的特定需求而形成的旅游设施，包括景区景点、旅游餐饮设施、旅游住宿设施、旅游娱乐设施、旅游信息服务设施等；旅游基础设施是指为了满足当地居民以及旅游者的基本生活需要而提供的公共设施，包括交通运输、邮电通信、环境保护、治安管理等公共服务设施。旅游目的地设施是旅行社产品的重要组成部分，它在旅游者与旅游目的地之间起着桥梁作用。

3. 导游服务

导游服务包括导游讲解服务和旅行生活服务。导游讲解服务包括旅行社的导游员在旅游活动期间为旅游者提供的旅游景点现场导游讲解、沿途讲解及座谈、访问时的翻译等内容。由于导游员与旅游者的接触最直接和最频繁，旅游者往往通过导游员的服务来切身感受旅行社的服务质量，所以，导游服务质量的高低往往成为旅游者评价旅行社产品的关键因素。

4. 旅游产品价格

旅游产品价格是旅游者在选择旅行社产品时考虑的重要因素，甚至有时候成为决定性因素。由于旅游资源和休假制度的季节性差异，旅行社产品的价格也呈现出明显的淡季和旺季差异。若是出境旅游，其价格也会受到汇率的影响，人民币升值后，其在国际市场的购买力增强，无形中降低了中国公民出国旅游的费用。

（二）从产品的生产者角度

从产品的生产者角度即对旅行社经营者来说，旅行社产品是旅行社为满足旅游者的需要而提供的包括旅游咨询、线路设计、行程安排、客房餐饮、安全保障等在内的一种整体产品。这种整体产品可分为三个层次：

1. 形式产品

形式产品是指产品的实体外在形态，包括品质、特征、式样、包装、商标和厂牌等。旅行社产品的形式产品层次表现为其出现于市场的面貌。首先，旅游资源和旅游设施作为旅游吸引物总具有一定的形态、特征，从而体现出以旅游吸引力大小来衡量的质量层次；其次，以旅游资源和旅游设施为凭借提供给旅游者的服务也具有一定的形态、特征，如旅游从业人员的形态礼仪、语言表达、服务态度和精神面貌等；第三，旅行社产品的品牌和包装也是形式产品的表现之一。

2. 实质产品

实质产品是指产品的基本需求效用，也就是顾客真正要购买的利益。顾客购买某种产品并不是为了获得产品本身，而是为了得到产品的使用价值。旅行社产品的实质产品层次是指通过形体产品提供给旅游者的基本效用或利益。旅游者购买旅游产品是为了得到它提供的或观赏、或休闲、或求知等的实际利益来满足自己旅游经历和体验的需要。

3. 延伸产品

延伸产品是指顾客购买形式产品和期望产品时附带获得的各种利益的总和，即顾客需要的产品的延伸部分与更广泛的服务。现代市场上，产品日益繁多，技术性能增强，购买者希望获得产品效用的可靠保证，这是消费者需要深入发展的客观要求。对有形产品而言，延伸产品包括产品说明书、保证、安装、维修、送货、技术培训等。对旅行社产品而言，它包括旅游产品知识介绍、旅游产品的宣传和报道、旅游产品售前和售后的服务保证、旅游地环境保护与维护等。

二、旅行社产品的特点

旅行社产品是一种服务产品，具有所有服务产品的共同属性，即产品的不可感知性、生产与消费的同时性、异质性、不可储存性。此外，旅行社产品还有其独特的个性，即产品的综合性和易折性。

（一）无形性

任何服务性产品都具有无形性的特点，旅行社产品属于服务性产品，也具有无形性的特征。我们常进行的交换都是用付出的货币换回有形的实物，这是我们的手可以触摸、眼睛可以看见的一件件具体的劳动产品。而旅行社产品主要是从消费者的精神需求层面出发，主要开发综合型、服务型的无形性的产品。它是一种行为产品，因此旅行社很难清楚地描述或展现其服务项目，也很难对其质量进行评价。旅行社在推出其产品时大多采用“豪华、经济、实惠”这样的广告词语，但是产品的质量是否如旅行社宣传所说，只有旅游者购买并享用了其产品服务后，才能感受到产品的价值和使用价值。

由于产品的无形性，对旅行社产品的销售造成了很大的困难。旅行社出售产品也是出售一种诺言，旅游者购买旅游产品是对旅行社的高度信任，这就要求旅行社严于律己，塑造良好的自身形象，不断创造出让旅游者信任的品牌性产品。

（二）生产与消费的同时性

对于我们经常使用的物质产品而言，生产与消费是相分离的，总是厂家先生产产品，再通过流通渠道进入市场，进而被消费者购买，生产与消费是两个相互独立的环节。旅行社产品有其自身的独特性，其生产与消费在同一时间进行。当旅游者购买旅游，这就意味着旅行社产品生产的开始，同时，旅游者的消费也随之产生。当旅游者这次旅游结束，这一产品的生产与消费也就终止，即消费是伴随生产而产生的。因此，旅行社的生产过程也就是消费过程。

旅行社产品的同时性决定了旅游者在购买产品之前必定会心存疑虑，对旅行社所宣传的广告半信半疑。但是要真正对旅行社产品作出评价，只有在他们的游览行程结束之后，根据自身的体验对旅行社所提供的服务项目作出评价。如果旅游者的预期期望得不到满足，那么，他们会认为是旅行社欺骗了他们，并会将这次不愉快的经历告诉给他们的亲朋好友，对旅行社产品起到反宣传的效果。

（三）异质性

异质性也称差异性。旅行社产品在消费过程中因时间和参与人群不同，其质量表现也不同。有完全相同的衣服、家电和装饰品等，但是，同样的旅行社产品带给不同旅游者甚至是同一旅游者的旅游体验却是不同的。例如，1 月和 5 月去黄山旅游，即使是同一个旅游者购买了同一家旅行社的旅游产品，陪同的是同一个导游，入住的是同一家饭店，所获得的旅游体验也是不同的。另外，旅游者本身的素质（知识修养、道德素质、生活阅历等方面的差异）也会影响旅行社产品的质量，不同服务人员自身素质的差异性也会造成产品质量的差异性，即便是同一服务人员也会受到心情、身体状况等的影响而造成服务水平的波动。

（四）不可储存性

不可储存性是服务性产品区别于其他产品的又一重要特征。作为服务性产品的旅行社产品当然也具有这一特性。虽然提供旅游服务所必需的设备、设施和劳力可以提前准备，但这些仅仅代表旅行社的生产能力和接待能力，而不是旅游服务能力。旅行社产品主要是旅游服务，而服务是一种行为，是不可储存的。旅行社产品的不可储存性要求旅行社要科学地预测旅游需求，解决好供求不平衡的矛盾。

（五）综合性

由于旅游者的多样化需求和旅游活动内容的丰富性，旅行社产品表现出高度的综合性。

1. 产品内容的综合性

旅行社产品是由食、住、行、游、购、娱各个要素组合而成的组合产品，它既有无形部分，即各项服务，又有有形部分；既是精神产品，又是物质产品。而有形产品的价值总是在无形产品价值实现的过程中表现出来的。也就是说，没有旅行社从业人员提供各种服务，有形产品无法实现其价值。旅游者在购买旅行社产品时所需要的是一个包括各种要素和一整套服务在内的并经过加工组合而成的综合体。

2. 产品生产的综合性

构成旅行社产品的各个单项服务内容都是由不同旅游企业及相关企业和部门所生产的，其中任何一项服务内容的供给不利都会影响旅游者对该产品的评价和选择。旅行社的生产与经营要牵涉众多行业和部门，它必须得到旅游业中各个部门（交通运输业、饭店业、景区景点管理处等）的大力支持，还应得到其他国民经济部门或行业（轻工业、农副业、建筑业等）的大力协助，还要得到非物质部门（政府、文化、教育、卫生、公安等）的支持和配合。旅行社产品的综合性特征不仅使其不同于制造业的物质产品，同时也使其有别于其他服务行业的服务产品。

（六）易折性

旅行社产品的易折性又称脆弱性或易受影响性，它是从旅行社产品的综合性特征所派生出来的。旅行社提供旅游的过程和旅游者旅游实现的过程涉及众多的部门和众多的因素，这些部门和因素中任何一个部门和因素发生变化都会直接或间接地影响到旅行社产品的生产和消费的顺利实现。此外，由于旅游活动涉及到人与自然、人与社会和人与人之间的诸多关系，其中任何一项关系发生变化，都会引起旅游需求的变化，并由此影响旅行社产品的生产和消费。

三、旅行社产品的类型

旅行社产品的分类对开发和设计产品具有重要意义。按照不同的划分标准，旅行社可以按以下方式进行分类：

（一）按游客的组织方式分类

按游客的组织方式划分，旅行社产品可分为团体旅游和散客旅游。

1. 团体旅游

团体旅游是旅行社将购买同一旅游路线或旅游项目的 10 名以上（含 10 名）游客组成旅游团队进行集体活动的旅游形式。团队旅游一般以包价形式出现，具有方便、舒适、相对安全、价格便宜等特点，但游客的自由度相对较小。

2. 散客旅游

散客旅游是由旅游者自行安排旅游行程，零星现付各项旅游费用的旅游形式。其特点是预定期短、规模小、要求多、变化大、灵活性强、费用较高。

（二）按照旅游动机分类

1. 休闲旅游类产品

休闲旅游类产品包括观光旅游产品和度假旅游产品。前者指旅行社组织旅游者前往旅游目的地去参观游览那里的自然风光、文物古迹或民情风俗的一种产品类型；后者是指旅行社为了满足人们暂时逃避紧张、枯燥、压抑的工作环境和生活节奏，希望到空旷、优美、谧静的环境中去充分放松和休息的心理而开发的旅游产品。

尽管度假旅游产品和观光旅游产品同属于休闲旅游产品范畴，但是两者之间存在着较大的差异。首先，度假旅游者不象观光旅游者那样到处游动，而往往是选择一个度假地，在那里住上一段时间；其次，度假者多采用散客旅游的方式，特别是父母子女一起外出的家庭旅游方式，而不象观光旅游者那样组成团队进行旅游；最后，度假旅游者的消费水平比较高，对旅游度假区的设施要求也往往高于普通的观光旅游者。

2. 事务旅游类产品

一般来说，事务旅游者对季节和气候等因素考虑的较少，他们能够在一年四季中的任何时间前往目的地。由于其旅行经费多由所在单位提供津贴或补助，其消费水平往往高于其他类型的旅游者。事务旅游类产品包括商务旅游产品、公务旅游产品、会议旅游产品和奖励旅游产品。

商务旅游产品是指旅行社将商业经营活动与旅行游览结合起来，组织来旅游目的地经商的人士在完成商业活动后抽出时间到附近的旅游景点去观光游览的一种旅游产品。

公务旅游产品与商务旅游产品相似，只是消费此类产品的主要是前往目的地进行公务活动的政府工作人员。

会议旅游是指旅行社在会议期间或会后组织会议参加者进行参观游览活动的一种产品。参加会议旅游的旅游者不仅消费水平比较高，而且停留的时间也比较长，因此一般能够给生产此类产品的旅行社带来较好的经济效益。

奖励旅游是近年来发展很快的一种旅行社产品。企业为了奖励优秀员工或成绩斐然的销售代理，委托旅行社组织这些员工或销售代理进行观光旅游或度假旅游活动，并由企业承担全部或大部分旅游费用。在旅游过程中，旅行社根据企业的要求为奖励旅游者安排高档饭店住宿，并提供高标准的饮食和具有新奇独特的内容的游览项目。

3. 专项旅游类产品

除了休闲和事务类旅游产品外，还有以探亲访友、宗教朝圣、修学、探险等为主要目的的专项旅游产品。

探亲旅游是旅行社为旅游者到旅游目的地走访亲友提供服务的一种旅游产品。探亲旅游产品具有定向性和客源稳定的特点。参加探亲旅游的旅游者前往的旅游目的地一定是其亲友的居住地，而且一般受政治、经济等因素的影响相对较小。

修学旅游是以外出学习为主要目的的一种旅游活动。修学旅游产品的主要购买者是青年学生。另外，也有一部分中年人和少数老年人会参加修学旅游。修学旅游的时间一般比较长，短期修学旅游至少为一至二周，长期修学旅游的时间可达到数月甚至一年。修学旅游者在旅游目的地学习的同时，还会利用周末、寒、暑假的时间在到旅游景点游览观光。修学旅游的种类很多，如针灸修学旅游、书法修学旅游、绘画修学旅游等。

宗教旅游是旅行社利用信仰宗教的人士前往宗教圣地进行朝拜活动而开发的产品。旅行社在为宗教旅游者的朝拜活动提供便利性服务的同时，也在旅游过程中提供游览某些沿途的景点的服务，并将两者结合起来组合成宗教旅游产品。

探险旅游是旅行社利用人们的好奇心理和寻求新鲜事物的欲望而设计和开发的特殊旅游产品。参加探险旅游的多为富于冒险精神的青年旅游者，他们一般在旅游目的地停留的时间较长。

（三）按照旅游活动的内容分类

1. 全包价旅游产品

全包价旅游产品是指参加旅游团的旅游者采取一次性预付旅费的方式，将各种相关旅游服务全部委托一家旅行社办理。通常，全包价旅游产品包含旅游目的地内的城际交通、住宿、餐食、饮料、游览用车、导游服务、交通集散地接送服务、每人20公斤的行李服务以及游览场所门票和文娱活动入场券等内容。全包价旅游产品对旅游者来说比安全方便、经济实惠，就旅行社来说，经营团体全包价旅游产品的优点是操作方便。然而，团体全包价旅游也存在一些缺点，就旅游者方面而言，团体全包价旅游活动缺乏个性；从旅行社方面来看，经营团体全包价旅游产品会使直观价格高，而且不易提供个性化的服务，很难让每个人都满意。

2. 半包价旅游产品

半包价旅游是在全包价旅游的基础上扣除中、晚餐费用的一种包价旅游方式。它降低了产品的直观价格，提高了产品的竞争能力，并使旅游者在用餐环节的自由性加强。

3. 小包价旅游产品

小包价旅游又称可选择性旅游，是一种选择性很强的旅行社产品。小包价旅游由非选择性部分和可选择性部分构成。非选择性部分包括住房及早餐、机场（车站、码头）至饭店的接送费用。非选择性部分的费用由旅游者在旅行前预付。可选择性部分包括导游服务、午、晚餐、风味餐、文艺节目欣赏、游览参观等内容。可选择性部分的旅游费用既可以由旅游者预付，也可以由旅游者现付。

4. 零包价旅游产品

零包价旅游是指旅游者必须随旅游团前往和离开旅游目的地，到达目的地后旅游者可以自由活动的旅行社产品。旅游者通过参加零包价旅游可以享受到团体机票的优惠价格和由旅行社统一代办旅游签证手续的便利。

5. 单项旅游服务产品

单项旅游服务是旅行社根据旅游者的具体要求而提供的各种有偿服务。旅行社的单项旅游服务种类繁多，其中常规性的产品有导游服务、交通集散地接送服务、代办交通票据和文娱票据、代订饭店客房、代客联系参观游览项目、代办签证、代办旅游保险等。随着旅游业的发展和旅游者消费需求的变化，旅行社应不断开发出新的单项旅游服务产品，以顺应全球性的散客旅游发展潮流。

任务二 旅行社产品开发

一、影响旅行社产品开发的因素

任何产品的设计都要受到各种因素的影响和制约，旅行社产品也不例外。旅行社产品开发要以旅游地的资源条件、旅游市场和旅行社的情况为前提。

（一）旅游地的资源禀赋

资源禀赋是一个国家或地区拥有资源的状况。与旅行社产品开发密切相关的资源包括自然资源、人文资源、社会资源和人力资源等。这些资源条件按照旅行社产品开发的要求可以分解为旅游吸引物、旅游设施和可进入性。

1. 旅游吸引物

旅游吸引物是旅游业赖以生存和发展的物质基础。随着旅游业的发展，旅游者需求多样化、个性化的趋势明显增强，只有对现有的旅游资源进行深层次的开发或开发新的旅游资源才能不断满足旅游者的需求，才能确保旅行社在激烈的市场竞争中处于不败之地。

旅行社对自然吸引物的开发应建立在"生态旅游发展观"的基础上，尽量保持自然资源的原生态结构，追求人与自然的和谐共存，并突出地理空间的差异性；人文吸引物的丰富性及相关历史文化的魅力程度决定着所在地区的旅行社产品的开发潜力，在开发中，旅行社应突出人文吸引物的垄断性；旅行社应注重对社会吸引物的深层次开发和包装，并充分考虑当地居民的容忍度，创造友好的社会环境。

2. 旅游设施

旅游设施是旅游者实现其旅游目的的媒介，而且旅游设施也会增加旅游的乐趣，丰富旅游者的旅游生活。旅游地旅游设施的数量、规模和质量直接制约着旅行社产品的开发，是旅游地接待能力的集中体现。旅游设施相对健全的旅游地往往能吸引更多的旅行社推出更丰富的旅行社产品，旅游市场的繁荣反过来也会促进政府和企业加大对旅游设施的投入。

3. 可进入性

可进入性是指旅游者进入旅游目的地的难易程度，它决定了旅行社产品开发的难易水平，主要包括交通通讯条件、旅游地的社会承载力、政府的法律法规、出入境手续和旅游经营情况等。

交通是吸引大量旅游者的基本条件，它包括对外交通工具种类、对外交通联结程度、旅游景区内交通的种类、规模、能力、布局和景区外交通与景区内交通的连接情况等。通讯设施的配套状况、规模、能力以及布线状况直接影响旅游产品的质量。政府的法律法规在很大程度上决定了旅游业的发展导向和发展模式。出入境手续办理的难易程度也会影响旅游者的数量和旅游产品开发的成本。

（二）旅游市场状况

旅游市场包括旅游产品需求和旅游产品供给两方面。

1. 旅游需求

旅游需求是指消费者在一定时期内愿意以一定的价格购买的旅游产品的数量和质量。旅游需求不仅与人们的消费水平有直接的关系，而且也反映出旅游者的兴趣。从某种意义上说，旅游需求决定着旅游产品开发的方向。

不同类型的旅游者对旅行社产品需求的侧重点是不同的。受到价格、特殊事件以及季节等因素的影响，旅游消费者的需求也会发生变化。例如，"告别三峡"这个产品的推出明显地抓住了游客想看到原汁原味的三峡风光的心理；2008 年底，受美国金融危机的影响，冰岛克朗急剧贬值，从而刺激了国外客人的旅游购买需求。春天樱花盛开的武汉大学、夏季凉爽宜人的北戴河、秋天枫叶红遍的香山、冬季白雪覆盖的长白山都会受到众多旅游者的关注。

2. 旅游供给

在这里，旅游供给特指旅行社的行业竞争。深入了解竞争者对产品的开发以及市场的实现非常重要。旅行社在选择产品开发方向之前，必须先将本身的各方面条件与最接近的竞争者加以比较，这样才能辨别竞争优势与劣势的所在。

（三）旅行社的自身状况

在开发产品时，旅行社还应立足于自身综合竞争能力，企业的经营目标、人力资源状况、经济实力、在市场上的知名度和美誉度、协作网络的广度和稳定程度等都是要考虑的因素。

人力资源是企业发展的核心动力。旅行社的企业特征（知识密集型）决定着旅行社必须拥有专业能力很强的各类创新人才才可以开发出独具特色的旅游产品。经济实力在很大程度上决定了产品的规模强度，也决定了产品开发与竞争对手相抗衡的能力。旅行社市场营销能力包括市场调研能力和产品销售能力两个方面，它的强弱决定了产品开发市场实现的质量，是产品开发市场实现的关键。

二、旅行社产品的开发原则

旅行社产品开发是在已开发的旅游吸引物、旅游目的地的服务设施和交通运输能力的基础上，根据旅游市场的需求，通过科学、缜密的市场调研和分析，对原有的资源进行重新编排组合，融入各种服务后创造出产品的初步形式，并经过调整、质量改进和更新等，使之更符合市场需求的新产品的过程。旅行社产品的开发一般应遵循以下原则。

（一）市场导向原则

市场导向原则是指旅行社在产品的开发与设计中必须进行充分的市场调研，了解旅游者现在和将来的需求，始终坚持以旅游者需要为出发点。旅行社一定要杜绝闭门造车、凭空臆测的产品开发过程。

尽管旅游者的需求是千差万别的，但也不乏相对稳定的因素。旅游者要求产品具有“新”和“奇”的特点，具有鲜明的特色，例如，针对欧美地区在文化方面同我国存在较大差异的特点，设计具有浓厚中国文化特色的产品；针对我国南北方在自然风光方面的差异设计出江南水乡风光游或塞北草原游等产品；针对毗邻我国的东南亚和东亚地区在文化传统方面同我国有着较大的相似之处的特点，设计出佛教寺庙游、书法修学游等产品。另外，旅游者还要求旅游产品能有效地利用时间且不太劳累。

旅行社产品开发设计人员要及时掌握市场信息，按照旅游者的需要开发旅游产品，使目标市场的旅游者感到满意。

（二）经济原则

经济原则是指以相对低的消耗获得较高的效益。一方面，作为以营利为目的的企业，旅行社产品必须能为旅行社带来一定的经济效益；另一方面，旅行社产品的价格应该符合目标市场的消费水平，不能超过旅游者的经济承受能力。

在竞争日趋激烈的市场中，产品获利不是一件容易的事，产品设计必须考虑成本核算。一方面，旅行社在开发产品的过程中应加强成本控制，降低各种消耗。例如，通过建立完整的经济供应链并充分发挥协作网络的作用来降低采购价格。另一方面，旅行社产品的总体结构应尽可能保证旅行社的接待能力和实际接待量之间的平衡，通过产品的优化组合和必要的辅助手段，减少因接待能力闲置造成的经济损失。

（三）布局合理性原则

旅行社产品的开发既要突出主题，又要围绕主题对住宿、餐饮、交通、游览、购物等环节进行合理的时间安排、数量控制和顺序调整，即应对吃、住、行、游、购、娱进行科学合理的优化。具体来说，应注意以下几点：

1. 避免重复

旅行社设计的产品有很多是旅游线路，在设计这些产品时，既要突出各地的特点，也要照顾到整条线路的布局，避免在同一条线路上安排风格相似或相同的旅游景点和旅游项目，从而影响游览效果。

2. 游览顺序

旅行社产品的游览顺序包括时间顺序和空间顺序。目前，我国还没有以时间为核心顺序的线路，都是以空间顺序为根本指导的线路。

从顺序考虑，对于线路中热点、温点、冷点通常以两种方式进行处理。第一，起始点和终结点往往选择比较热的点，而中间的节点则由各种类型的点交错组织；第二，由一般的旅游点过渡到吸引力较大的点，使游客感觉到高潮迭起、有张有弛。

3. 游览距离

各个景点之间的距离要适中，如果两个相邻的景点之间距离太长，不仅会增加旅游者的经济支出，造成产品价格的提高，也会增加游客的精力消耗，造成旅游体验的下降。一般来说，城市间交通耗费的时间不能超过全部旅游时间的三分之一。

4. 节点适量

在旅游线路设计时，旅游节点的选择必须适量。若线路安排得太满，旅游者则走马观花、疲于奔命，无法真正领会轻松旅游的乐趣；节点太少，旅游者则会有上当的感觉。节点适量要求在不增加旅游者额外的负担、不减少对主要目的地的游览时间的情况下，用有限的时间多游些景点。

（四）差异化原则

由于旅游资源公共物品的属性以及我国旅行社产品在知识产权上的缺失，旅行社产品在短时间内很容易被模仿，许多旅行社在看到市场畅销产品时都希望搭便车。在高雷同性的市场上保持产品的独特性并进行产品创新是旅行社在产品设计中要解决的问题。一方面，坚持按照“人无我有、人有我优、人优我新”的思路开发新产品，产品开发的差异性要求在产品名称、广告语、线路宣传单以及产品销售场地、销售手段、行程服务等各方面都能寻找到适合旅行社需要的、能形成市场卖点的信息。另一方面，树立旅行社的品牌或产品的品牌。品牌相当于旅行社的名片，不断向消费者传达关于企业和产品的信息，从而加深游客对旅行社和产品形象的认知。

三、旅行社现有产品的筛选

筛选现有产品，是旅行社产品设计中的一项重要内容，也是开发新产品的基础。对现有产品进行分类和比较，从中选出畅销产品、经济效益好的产品和具有发展前途的产品，并淘汰滞销产品、经营亏损的产品和没有发展前景的产品。旅行社在对现有产品进行分析和评价时，一般采用产品生命周期法和波士顿矩阵法。

（一）产品生命周期评价法

任何事物都存在着一个由兴盛到衰落的过程，旅行社产品也是如此，它有一个从生到死的过程。旅游产品生命周期理论是旅游学中的一个重要理论，它对于旅游企业或有关部门在激烈的市场竞争中，根据现代旅游消费的特点有效利用旅游资源、开发具有特色的旅游产品、制定营销策略具有重要的指导意义。所以，旅行社产品设计人员对旅游产品生命周期理论的内涵必须有一个深刻的认识。

1. 旅游产品生命周期理论的内容

产品生命周期原是市场营销学中的一个重要概念，它是指一种产品从投入市场到被淘汰退出市场的过程。20 世纪 80 年代初，该理论被引入到旅游研究领域，从而形成了旅游产品生命周期理论。旅游产品生命周期理论认为旅游产品的发展过程要经历开发、发展、繁荣、衰退四个阶段，如图 2－1 所示。

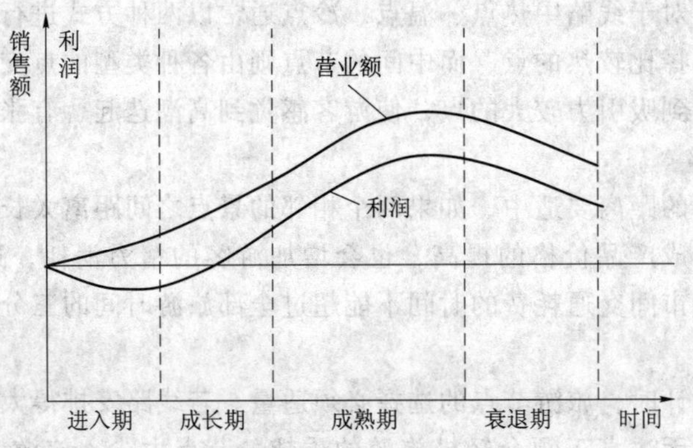

图 2－1 旅游产品生命周期曲线

（1）开发期。也称引入期。在开发阶段，旅游产品还未被广大消费者所认识，产品在旅游市场上知名度较低，旅游者对产品了解较少，只有少数消费者购买和使用。对于旅行社而言，它是投入阶段。这一时期产品的市场特征表现为：成本大，销量少；促销成本高，销售渠道少；竞争者少，企业风险大。旅行社市场经营重点是通过修建旅游设施、改善交通条件等方法来加强宣传促销，提高产品的知名度和美誉度，逐步打开市场。旅行社可以以优惠的措施给予中间商一系列好处，营造一个良好的营销网络，为产品的进一步发展打下基础。

（2）发展期。也叫成长期。产品逐渐为消费者熟悉，旅游消费者大大增加，游客增长速度趋于平稳。对旅行社而言，产品基本定型，服务日趋规范，生产成本大幅度下降，开始产生利润。与此同时，替代产品和仿制产品开始出现。这一时期的市场特征是：产品知名度提高，销售量明显增长；产品销售渠道增多；市场竞争加剧。处于发展期的产品来说，其市场竞争的重点是扩大市场占有率。为此，旅行社应优化旅游产品组合，改善产品品质，如增加产品的新功能或降低产品价格等。

(3) 成熟期。旅游产品的特色逐渐为更多的人所熟悉，市场占有率趋于稳定，产品的销售量还在缓慢攀升，但其吸引力会随之逐渐下降，具体表现为游客人数在达到峰值后开始出现缓慢下降趋势，同质产品大量涌现，市场竞争加剧。这一时期的市场特征是产品销量呈下降趋势，竞争者增多，竞争程度更加激烈。面对这一状况，旅游企业或有关部门应在稳固目标市场的同时，通过产品差别化寻找新的细分市场，特别是争取那些对产品反应比较滞后的旅游者，同时，通过改善旅游设施、增加产品内容等方法来改进产品质量，采用富有竞争性的价格策略。成熟期是旅行社产品的主要销售阶段，维持的时间越长，旅行社获利就越高。

(4) 衰退期。在衰退阶段，旅游目的地的社会和环境承载力已达极限，由于市场竞争和新的旅游产品的吸引，加上严重的环境和社会问题，游客人数明显回落，特别是长线的团队游客下降，一些旅游设施闲置或用做它用。这一时期的特征是产品价格可能以低于成本的价格出售，各种促销手段效果不明显，企业获利减少。旅行社可采取调低产品售价或进行产品改造等方式延长旅游产品生命周期的策略，以争取最后的市场机会，也可以适时退出市场，将其所占用的资源转向其他产品，以减少风险。

任何一项旅游产品的吸引力都会随时间的推移而发生变化，其市场需求也会发生变化，即任何一项旅游产品都有一个发现与开发、成长与巩固、衰退和淘汰的过程，只不过这个过程所经历的时间长短不同而已。只有了解旅游产品生命周期的变化趋势，了解市场需求的变化，采取正确的策略和措施，才可能延长产品的生命周期。

2. 影响旅游产品生命周期的主要因素

(1) 旅游产品的吸引力，即旅游吸引物的吸引力。一般来说，吸引力越大，其生命周期越长。如中国悠久的历史和秀丽的山河对海内外游客具有很大的吸引力，一些具有深厚文化底蕴的人文景观和自然景观长盛不衰。而一些近几年刚建成的“宫”、“庙”、“城”，由于雷同和缺乏特色及相互间地理位置又相距太近以致门可罗雀。

(2) 目的地的自然环境与社会环境。因为旅游产品的吸引力不仅来自于产品本身的吸引力，而在更大程度上依赖于目的地的自然环境和社会环境，如居民的友好态度、优美的环境、安全、卫生、便捷的交通等。正是从这个意义上说，目的地政府必须树立大旅游的观念，用系统工程的方法来统一规划，不仅要重视旅游景点的物质文明建设，更要重视精神文明建设，这样才可能使本地区的旅游业持续、高速地发展。

(3) 消费者需求的变化。消费者的需求可能因时尚潮流的变化而发生变化，从而引起客源市场的变化并导致某地旅游资源吸引力的衰减。消费观念的变化、收入的增加、新的旅游景点的出现、目的地的环境污染或服务质量下降都会影响消费需求的变化。

(4) 正确的经营策略和方针。在旅游业市场竞争日趋激烈的今天，改变经营观念、加大促销与宣传力度、实施正确的产品组合策略和市场细分战略才可能保持可扩展的客源市场，才能延长旅游产品的生命周期。

3. 对旅游产品生命周期理论的几点说明

(1) 旅游产品生命周期是指旅游产品一般的发展规律，并不是指所有旅游产品都具有相同的变化趋势或具有相同的生命周期。不同的产品其生命周期是不同的，其生命周期所经历的阶段也可能不同。一些自然景观和人文景观，由于其特定的文化内涵以及不可复制性等特点，其生命周期可能较长；而一些人造景观其生命周期可能相对较短；有些旅游产品、服务项目由于种种原因甚至未经历繁荣阶段就被淘汰。

（2）旅游产品生命周期是客观存在的，但不是固定不变的，人们可以通过采取各种措施来延长其寿命。旅游产品，特别是一些自然景观和人文景观，由于其独特的文化内涵而无法被完全仿制，从而具有垄断性特点，如到一些缩微景观游览和到实地旅游的感觉是不同的。另外，人文景观或自然景观在美感主观体验上具有客观的稳定性。绝大多数优秀的精神和文化产品具有恒定的审美价值，使得一些旅游产品，特别是一些名胜古迹，年代愈久，其吸引力越大。上述观点并不能证明旅游产品生命周期理论是错误的，因为旅游产品生命周期是一个与市场有关的概念，一方面，随着时间的推移，旅游产品本身也会磨损，随着游客的增加，其环境也不可避免地受到污染，并会产生一些社会问题；另一方面，游客到过某旅游景点后，该旅游景点对其吸引力将有所下降，加上市场竞争加剧、新的旅游资源开发和消费习惯改变，游客的需求也会发生变化，旅游产品的吸引力也会不断下降。但通过开发新的旅游项目、更新改善旅游设施、扩大宣传促销的范围、重新包装产品、开拓新的市场则可延长旅游产品的生命周期。一些旅游名胜长盛不衰的奥秘就在于此。

（二）波士顿矩阵分析法

波士顿矩阵又称市场增长率 - 相对市场份额矩阵、波士顿咨询集团法、四象限分析法、产品系列结构管理法等。

波士顿矩阵是由美国大型商业咨询公司——波士顿咨询集团首创的一种规划企业产品组合的方法。这一方法的关键在于要解决如何使企业的产品品种及其结构适合市场需求的变化，只有这样，企业的生产才有意义。同时，如何将企业有限的资源有效地分配到合理的产品结构中去以保证企业收益，是企业在激烈竞争中能否取胜的关键。

在本方法的应用中，企业经营者的任务是通过四象限法的分析来掌握产品结构的现状及预测未来市场的变化，进而有效地、合理地分配企业经营资源。在产品结构调整中，企业的经营者不是在产品到了瘦狗阶段才考虑如何撤退，而应在金牛阶段时就考虑如何使产品造成的损失最小而收益最大。

1. 波士顿矩阵的内容。波士顿矩阵认为，一般决定产品结构的基本因素有二个，即市场引力与企业实力。市场引力包括企业销售量（额）增长率、目标市场容量、竞争对手强弱及利润高低等。其中，最能反映市场引力的综合指标——销售增长率是决定企业产品结构是否合理的外在因素。企业实力包括市场占有率及技术、设备、资金的利用能力等，其中市场占有率是决定企业产品结构的内在要素，它直接体现企业的竞争实力。销售增长率与市场占有率既相互影响，又互为条件——市场引力大，销售增长率高，可以显示产品发展的良好前景，企业也具备相应的适应能力，实力较强；如果仅是市场引力大，而没有相应的高销售增长率，则说明企业尚无足够实力，则该种产品也无法顺利发展。相反，企业实力强，而市场引力小的产品也预示了该产品的市场前景不佳。

通过以上两个因素相互作用，会出现四种不同性质的产品类型，形成不同的产品发展前景，如图 2－2 所示。矩阵的横轴表示相对市场份额，是指企业或企业某产品相对于市场上的最大竞争对手所占的市场份额，相对市场份额的分界线为 1.0 至 1.5，划分为高、低两个区域。纵轴表示市场增长率，是指企业所在行业某项业务或产品所在市场的年销售增长率，在分析中通常用 10% 的市场增长率作为增长高、低的界限。如图所示，根据有关业务或产品的行业市场增长率和企业相对市场份额标准，波士顿矩阵可以把企业全部的经营业务定位在四个区域中。

（1）问题业务。大多数产品都是从高增长、低竞争地位的问题业务开始的。这类业务通常处于最差的现金流量状态。一方面，新创业的市场增长率高，企业需要大量的投资支持其生产经营活动；另一方面，其相对份额地位低，能够生成的资金很小。因此，企业在对于问题业务的进一步投资上需要进行分析，判断使其转移到明星业务所需要的投资量并分析其未来盈利。

（2）明星业务。高增长、强竞争地位的明星业务处于迅速增长的市场，具有很大的市场份额。在企业的全部业务当中，明星业务在增长和获利上有着极好的长期机会，但它们是企业资源的主要消费者，需要大量的投资，为保护或扩展明星业务在增长的市场中占主导地位，企业应在短期内优先供给它们所需的资源，支持它们继续发展。

（3）金牛业务。低增长、强竞争地位的金牛业务处于成熟的低速增长的市场之中，市场地位有利，盈利率高，本身不需要投资，反而能为企业提供大量资金，用以支持其他业务的发展。

（4）瘦狗业务。低增长、弱竞争地位的瘦狗业务处于饱和的市场当中，竞争激烈，可获利润很低，不能成为企业资金的来源。如果这类经营业务还能自我维持，则应该缩小经营范围，加强内部管理；如果这类业务已经彻底失败，企业应及早采取措施清理业务或选择退出经营。

2. 波士顿矩阵的应用法则

按照波士顿矩阵的原理，产品市场占有率越高，创造利润的能力越大；另一方面，销售增长率越高，为了维持其增长及扩大市场占有率所需的资金亦越多，这样可以使企业的产品结构实现产品互相支持、资金良性循环的局面。按照产品在象限内的位置及移动趋势的划分，形成了波士顿矩阵的基本应用法则。

（1）第一法则：成功的月牙环。在企业所从事的事业领域内各种产品的分布若显示月牙环形，这是成功企业的象征，因为盈利大的产品不只一个，而且这些产品的销售收入都比较大，还有不少明星产品，而问题产品和瘦狗产品的销售量都很少。若产品结构显示分布散乱，说明其事业内的产品结构未规划好，企业业绩必然较差，这时就应区别不同产品采取不同策略。

（2）第二法则：黑球失败法则。如果在第四象限内一个产品都没有，或者即使有，其销售收入也几乎近于零，可用一个大黑球表示。该种状况显示企业没有任何盈利大的产品，说明应当对现有产品结构进行撤退、缩小的战略调整，考虑向其他事业渗透，开发新的事业。

（3）第三法则：东北方向大吉。一个企业的产品在四个象限中的分布越是集中于东北方向，则显示该企业的产品结构中明星产品越多，越有发展潜力；相反，产品的分

图 2－2 波士顿矩阵分析法

布越是集中在西南角，说明瘦狗类产品数量大，说明该企业产品结构衰退，经营不成功。

（4）第四法则：踊跃移动速度法则。从每个产品的发展过程及趋势看，产品的销售增长率越高，为维持其持续增长所需资金量也相对越高；而市场占有率越大，创造利润的能力也越大，持续时间也相对长一些。按正常趋势，问题产品经明星产品最后进入现金牛产品阶段，标志了该产品从纯资金耗费到为企业提供效益的发展过程，但是这一趋势移动速度的快慢也影响到其所能提供的收益的大小。

如果某一产品从问题产品（包括从瘦狗产品）变成现金牛产品的移动速度太快，说明其在高投资与高利润率的明星区域时间很短，因此对企业提供利润的可能性及持续时间都不会太长，总的贡献也不会大；相反，如果产品发展速度太慢，在某一象限内停留时间过长，则该产品也会很快被淘汰。

四、旅行社产品开发程序

旅行社的产品生命周期及不断变化的旅游市场需求等都要求旅行社不断开发新产品。开发新产品是旅行社生存与长期发展的重要保证。旅行社的产品开发由 5 个阶段构成，即市场调研、产品创意、产品设计、产品试销和产品商业化阶段。

（一）市场调研

旅行社产品受环境因素的影响较大，市场调研在很大程度上降低了这种不确定性。市场调研能使旅行社对市场的规模、社会和人口统计因素、经济因素以及竞争状况等作出判断，从而找准产品开发的切入点。

1. 旅游者的消费趋势调研

旅游消费趋势调查的主要内容包括旅游者对目的地的偏好、交通工具与住宿选择、假期长短及度假方式等。

不同的旅游者在不同时期对目的地的偏好往往会有所不同，其一般受到旅游者的经济能力、旅游消费时尚、旅游目的地设施状况及法律法规、特殊事件等的影响。随着个性化消费趋势的兴起和经济水平的提高，文化旅游、特种兴趣旅游、参与性旅游、自驾游等已成为人们喜爱的旅游方式。

旅行社对旅游者消费趋势的了解主要来自问卷调查、一线员工、产品销售数据以及各类组织提供的信息等。

问卷调查是市场调查中最重要的手段之一。通过科学的设计和实施，这种方法可以极好地调查出顾客的旅游偏好，为旅行社提供大量的信息。旅行社一线员工是直接和旅游者接触的专业人员，他们提供的第一手资料往往反映了旅游者的真实想法。对旅行社以往的产品销售数据进行分析，能预测未来产品的生产与销售趋势。各种专业杂志、协会刊物以及各类组织提供的信息与评价也是旅行社进行产品决策的重要依据。

2011 年康辉国旅出境旅游市场调查问卷

广西康辉国际旅行社是中国康辉集团旗下 108 家分社之一，具备出境经营资质，是广西首批五星级旅行社之一，南宁市十佳旅行社，专业的出境游旅游公司。为了能更准确地掌握市场客户对出境旅游的需求，也为了让广西康辉国际旅行社能及时向您传达最新旅游资讯、提供更优质、更优惠的出境旅游产品，我们特此制作了调查问卷征集您对出境旅游的意见。

凡参加调查问卷的市民将有机会获得免费出国旅游的机会。机不可失！欢迎加入我们的活动。

您的姓名：　　性别：　　手机号码：　　电子邮箱或 QQ：

1. 您的年龄层次是：20 岁以下____；20 ~ 35 岁____；35 ~ 50 岁____；50 岁以上____。

2. 您的职业是：学生____；白领____；商人____；公务员____；退休人员____；其他____。

3. 您过往的旅游经验：没有出游经验____；区内游____；国内游____；国际游____；其他地方____。

4. 您一般从什么渠道能了解旅游信息？

A. 报纸　B. 电台　C. 网络　D. 街头派发的广告　E. 亲友介绍　F. 旅行社柜台咨询

5. 您喜欢以什么形式旅游？

A. 参团　B. 自由行　C. 网络自助　D. 单位组织　E. 全家出游

6. 您外出旅游的消费水平一般是多少？

A. 500 元以内　B. 1 000 元以内　C. 5 000 元以内　D. 5 000 元以上

7. 您一般计划出境旅游的时间有多长？____

A. 1 ~ 3 天　B. 4 ~ 6 天　C. 7 ~ 9 天　D. 9 天以上

8. 您知道到应该到哪里申请办理出境证件吗？____

A. 人民政府外事机关　B. 公安局出入境管理机关　C. 有出境权的旅行社

9. 您已经办有何种出境旅游证件？____

A. 公民护照 B. 港澳、台湾通行证+签注 C. 外国签证

10. 如果第一次出境旅游，您先考虑的出境旅游线路是哪条？____

A. 港澳台 B. 东南亚、太平洋岛国线路 C. 日本、韩国线 D. 欧洲、澳洲线 E. 中东、非洲线

11. 您最有可能选择出境旅游的时间是____

A. 周末 B. 公众节假日 C. 寒暑假 D. 工休假期 E. 退休以后

12. 您在参加出境旅游时最关心的问题是____

A. 价格高低 B. 安全保障 C. 服务质量 D. 购物消费 E. 售后服务

13. 您去过哪些国家及地区旅游？________________

14. 请说说您最想去的国外旅游目的地是哪里？理由是什么？

15. 您知道今年暑期热推的南宁/珠海/澳门3日品质游价格是____元。

16. 您对于出国旅游的强迫自费和强迫购物有什么看法？如果因为价格便宜，您愿意接受这样的压力吗？________________

再次感谢您的参与和支持！

有您的支持将会使我们的服务更加优质，我们将继续向您提供更优惠、更优质的旅游产品信息。为感谢您的参与与支持，凡参与本次调查并按规定留下联系方式的客户，将有机会获得我公司提供的免费旅游大奖，详情我公司会以邀请部分获奖者现场参与抽奖，并用短信形式向全部参与问卷调查的客户公布抽奖结果！

2. 外部环境趋势调研

旅行社对外部环境趋势进行调研的目的是为了明确其产品在现在与未来发展的趋势，找出现在与潜在的问题，以确定未来的发展目标。外部因素包括社会、政治与法律、经济环境、竞争对手情况等。

旅游客源地和目的地的人口特点、风俗习惯和生活方式等社会因素相当于产品开发的大背景，旅行社需要尊重目的地的习俗，了解客源地的爱好以及顾客需要什么样的产品。国内外的政治状况、相关政策和法律规定等也会影响旅游者对旅游目的地的选择。受社会安定性的影响，我国去中东旅游的人数相对较少。经济因素如通货膨胀率、汇率和利率的变化直接影响旅行社产品的价格和产品组合。竞争对手是谁，主要产品是什么，产品价格如何，市场份额的大小等都是旅行社在开发产品时应熟知的因素。

（二）产品创意

在市场调研的基础上，把握市场需求，寻求市场亮点，找准产品创意点。

1. 寻求创意

创意是开发新产品的设想。虽然并不是所有的创意都能变成产品，但寻求尽可能多的创意却能为开发新产品提供更多的机会。旅行社产品的创意来源有旅游消费者、竞争对手、旅游供应商、旅行社内部员工等。旅行社也可以从旅游院校、旅游咨询公司、旅行社行业的团体协会以及相关的媒体等处寻求新产品的创意。

2. 甄别创意

产品设计人员获得足够的创意之后，要对这些创意加以评估，研究其可行性。甄别

创意的目的是淘汰那些不可行或可行性较低的创意，使旅行社有限的资源集中于成功机会较大的创意上。筛选创意时主要有两个标准：一是该创意是否与旅行社的战略相适应，具体表现为利润目标、销售目标、形象目标等；二是旅行社有无足够的能力去开发这种创意，这些能力表现为资金能力、技术能力、销售能力等。

（三）产品设计阶段

1. 制定新产品开发草案

产品开发草案是产品的雏形，主要内容有：

（1）为新产品拟定名称，分析产品的需求量和需求时间、该产品的销售范围和目标市场、潜在的旅游者数量和旅游者实际购买能力、季节变动对新产品的要求和期望、与旅行社现有产品的关系、产品的销售渠道等。

（2）分析生产销售同类产品的竞争对手的数量、同类产品的销售数量、产品系列、产品特点及差异性程度、各竞争对手采用的竞争策略、竞争手段、潜在竞争对手情况及他们加入该种新产品市场的概率。

（3）本旅行社开发该类产品的保障，如旅行社设计新产品所需的人力、财力和物力的保障程度、旅行社的信誉和管理水平及所需各种服务设施的供应能力和服务质量等。

2. 编定产品详细计划

在产品开发草案确定之后，需要进一步落实旅行社产品的行程安排，制定详细的产品计划，包括每个团接待量的确定、行团时间、行程设计、城市间的交通方式、交通工具、住宿设施、产品期限、价格的制定、宣传手册的制作等。

（1）确定线路名称。线路名称是线路的特征、内容和设计思路等的概括。确定线路名称应考虑多方面的因素，应做到文字简练、主题突出、富有号召力和吸引力、读来朗朗上口，如旅顺近代史一日游、缅怀革命先辈——重走长征路、成都九寨沟—牟尼沟四飞五日游等。

（2）线路编排。线路编排要求合理安排吃、住、行、游、购、娱等环节，具体内容如下：

第一，策划旅游线路。从形式上看，旅游线路是以一定的交通方式对线路上的各个节点进行合理的连接。在策划旅游线路时应进行实地考察，实地考察时旅行社人员应站在旅游者和旅行社的双重立场上，对吃、住、行、游、购、娱各个方面进行全面、细致的考察。通过敏锐、细致的考察，力求在最短的时间内实现最大的利益。安排线路时一方面是对符合主题特色的节点的选择，另一方面是对节点顺序的安排，应本着效率化和效益化的原则进行综合平衡。

第二，计划活动日程。活动日程是指旅游线路中具体的旅游项目内容和地点以及各项活动进行的日期，应遵循劳逸结合、丰富多彩、节奏感强、高潮迭起的原则。

第三，选择交通方式。交通方式的选择应遵循“安全、舒适、经济、高效”的原则。首先要了解各种交通方式的特征、适用旅程及游览效果，其次要了解旅游目的地和客源地的交通现状及之间的连接方式。旅行社应综合利用各种交通方式与工具，扬长避短，合理衔接。

第四，安排住宿餐饮。吃、住是旅游活动得以顺利进行的保证，其选择要体现经济实惠、环境优雅、交通便利、物美价廉、有特色等原则，同时要注意安排体现地方或民族特色的风味餐。

第五，安排适度的购物时间。购物在旅游者总花费中约占30%左右。购物应遵循时间合理、不重复、不单调、能满足大多数旅游者需要的原则，可以适当安排在旅游行政管理部门评定的旅游定点商店购物。

第六，安排适当的娱乐活动。产品设计时，可根据团队的需要和线路的性质安排适当的、有旅游地特色的娱乐活动，满足旅游者参与娱乐、放松身心的目的。

(四) 产品试销阶段

旅行社试销新产品的目的在于将新产品及其有关的营销策略付诸实施，以观察顾客的反应。产品试销是产品大量上市前的一项实验，其目的在于了解消费者购买这种产品的实际情况及市场大小，然后再酌情采取适当政策。试销工作的成败对日后该项产品的命运具有决定性的影响。

在产品投入市场进行试销后，旅行社应从市场反应、产品发展趋势、竞争态势、价格和损益平衡等方面对试销产品进行调查分析，其中重点放在损益平衡分析和价格分析两个方面，如图2-3所示。损益平衡分析的目的是通过对产品的销售量、销售成本和经营利润等三个要素进行分析，明确旅行社的赢亏状况。如果发现亏损，应设法找出原因，及时予以纠正、改进或停止该产品的销售。产品价格分析则主要是根据产品质量和产品需求的价格弹性等因素对产品的价格水平进行测量。如果产品价格偏高，则往往会失去大量客源，使产品滞销；如果价格偏低，则会影响旅行社的赢利水平。

(五) 产品商业化阶段

经过市场试销，旅行社管理者已经占有了足够的信息资料。如果决定推出，应在目标市场的基础上，根据市场销售反馈的信息对旅游新产品加以修整和改进，并选择好推出时间，以销售渠道策略、促销策略和价格策略等最佳的市场组合将旅游产品推向市场，尽量扩大产品在市场上的份额，提高产品的销售量和利润率。

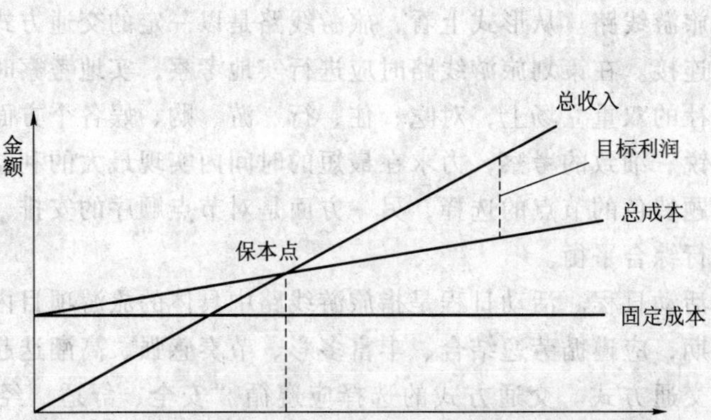

图2-3 旅行社的损益平衡分析

任务三 旅行社产品采购

旅行社产品是一种特殊的产品。在旅行社产品中，除了诸如导游服务等少数服务项目由旅行社直接提供外，其余多数服务项目均购买于其他服务部门和行业。旅行社按照产品的设计要求，将这些从其他行业或部门购买的服务项目按照市场的需求组合成各种各样的产品，向旅游者出售。

一、旅行社采购概述

旅行社的采购是指旅行社为组合旅游产品，以一定的价格向相关企业（旅游企业或其他行业和部门）购买旅游服务项目的行为。应该注意的是，旅行社采购的不是具体的商品或实物，而是某种设施或服务在特定时间内的使用权。

（一）旅行社采购的原则

旅行社采购要求在需要的时间和地点，以最低成本、最高效率获得最适当的数量和品质的服务，即旅行社采购的原则是供给保证原则、质量保证原则和成本领先原则。

1. 供给保证原则

旅行社产品是一项综合性产品，它主要由采购自其他企业的旅游服务项目构成。旅行社采购的首要任务是为旅游者提供所需要的各种服务。

由于旅行社的产品多数采用预售的方式，所以一旦旅行社不能从有关的部门或企业购买到已经预售出去的产品所包含的服务内容，就会造成无法履约的恶果，引起旅游者的不满和投诉，并给旅行社带来经济损失和声誉损害，致使旅行社的业务无法顺利开展，甚至会造成旅行社的倒闭。因此，旅行社在采购工作中，必须保证采购到的已售出的产品中所包含的全部内容。例如，旅行社在旅游旺季如果未能购买到旅游计划上的住房，若不采取措施，必然招致游客的不满和索赔，此时，旅行社只能采取赔偿经济损失或购买更好的住房等措施来安抚游客。

2. 质量保证原则

旅行社在采购各项目旅游服务时，不仅要保证需求的量的满足，还要保证其购买的旅游服务具备理想的质量。如果旅行社只关心购买的旅游服务项目的数量，而忽视这些项目的质量的话，同样会造成旅游者的不满，甚至投诉。例如，某旅行社在选择餐馆时未对饭菜质量进行细致的调查，导致旅游者在用餐时发现菜肴不卫生，拒绝食用，并到当地的旅游行政管理部门提出投诉和索赔要求。旅行社予以赔偿后，大多数旅游者仍对旅行社感到不满，表示再也不信任该旅行社了。

旅行社在采购旅游服务项目时，必须按照保证质量的原则为旅游者购买到与旅游计划中相符合的产品。

3. 成本领先原则

在旅行社的产品成本中，直接成本占大部分，因此，旅行社降低成本的主要目标应放在决定直接成本高低的关键性因素——采购价格方面。也就是说，旅行社经营的成败在很大程度上取决于旅行社采购来的各种旅游服务项目的价格。如果旅行社采购的服务项目低于竞争对手，则旅行社在产品价格上能占据有利地位，争取更多的客源，并能在市场竞争中获得较多的利润，从而击败对手；反之，若旅行社不能做到低成本的采购，即实现成本领先的原则，就会大大降低旅行社的竞争力。

（二）旅游服务采购的策略

旅行社在其服务采购的过程中应该根据具体情况采用不同的采购策略，设法以最低的采购成本从其他旅游服务供应部门或企业那里获得其所需的各种旅游服务项目。这就要求采购人员了解市场上的供需情况，善于同各种旅游服务部门和企业沟通，采用各种确实可行的采购策略以获得最大的经济效益。旅行社的采购策略包括集中采购、分散采购和建立采购协作网络三种。

1. 集中采购

集中采购是指旅行社在采购中将旅游者的需求集中起来向旅游产品供应商进行批量采购，从而产生规模效应，即旅行社在集中采购中批发量越大，还价能力也就越强，所获得的价格也就越低。集中采购的主要目的是通过扩大购买批量，减少购买次数，从而降低采购成本和采购价格。

旅行社的集中采购一般有两种方式：一是将旅行社各部门的订单全部集中起来，选择一个渠道统一对外采购；二是将在一个时期的营业中所需要的某一个或某几种旅游服务项目集中起来，用最大的购买量来获得最优惠的价格和供应条件。

2. 分散采购

分散采购与集中采购恰好相反。分散采购具有两种方式：一是所谓近期分散采购，就是一团一购的采购方式；二是分散采购就是旅行社设法从许多同类型旅游服务供应部门或企业获得所需的旅游服务的一种采购方法。

采取零散采购的方式，一般用于两种情况：一是旅游市场出现供不应求的现象，旅行社无法从旅游供应商那里获得大批量的热门产品；二是旅游市场出现严重供过于求的现象，旅行社利用旅游产品不能贮存和转移的压力，从而压低采购价格。

武汉 215 家旅行社集体采购景点门票

2008 年，武汉市民到省内或周边几省市游玩，至少可少掏一二十元。武汉地区旅行社协会门票团购大会 7 月 5 日传出消息，武汉 215 家旅行社将联合起来集体采购景点门票，市民出游将更便宜。

5 日，该协会已成立门票洽谈小组，初期将向省内及周边 20～25 个景点伸出“橄榄枝”，如神农架、武当山及江西、湖南、安徽等地的中短线游景点。今后，还将向国内其他热门景点延伸。过去，单个旅行社从一些知名景区只能拿到 8 折、8.5 折的门票。215 家旅行社共有约 600 多个门市，联合起来，向景区要价的底气会更足，预计部分景点门票最低可打 6 折。

此外，年底时景区一般会根据组团量向旅行社返利。过去，单个尤其是中小旅行社因组团人数达不到标准，无法享受此项补贴。整体采购后，景区将集中向协会返利，由协会根据各自组团量分配给旅行社，“哪怕一年只给景点送一个人也能拿到返利”，使得旅行社利润空间增加。

业内人士表示，两项优惠叠加，旅行社利润空间增大，游客也能受惠，将会享受到更便宜的出游价格。

3. 建立采购协作网络

建立采购协作网络也是旅行社采购活动中经常使用的一种采购策略，它是指旅行社通过与其他旅游企业以及与旅游业的相关各个行业、部门洽谈合作内容与合作方式，签订经济合同书或者协议书，明确双方权利义务和违约责任，从而保证旅行社所需要的旅游服务的供给。

建立采购协作网络必须坚持三个原则：第一，旅行社应根据自身的需要和经营能力确保协作网络比较广和覆盖面比较广；第二，运用经济规律，在互利互惠的基础上长期合作；第三，加强公关活动，建立良好的人际关系。

王经理的眼光

导游小毛从王经理手里拿过团队运行计划表时，王经理还递给她一个精致的礼包，并告诉她内装一条从上海带回来的高级真丝丝巾，嘱咐她一定要转交给当晚团队所住饭店营销部的唐经理。小毛不解地问："我们的团队入住唐经理的饭店，是给饭店送生意上门，您干嘛还要给她送这么好的礼物?"王经理对小毛解释道："虽然我们社组织的旅游团队多，而且我也长期将团队安排入住唐经理的饭店，但与饭店建立良好的私人关系对经营旅行社来说是至关重要的。也许唐经理并不看重我给她的礼物，但她一定会看重我对她的尊重、对她长期给予我支持的感谢。"小毛于是明白了王经理的一番良苦用心。

二、旅行社采购的内容

旅行社旅游服务采购的内容主要包括交通服务的采购、住宿服务的采购、游览景点和参观单位服务的采购、购物和娱乐服务的采购、旅游接待服务的采购等。

（一）交通服务

旅游交通服务的采购业务包括航空、铁路、公路和水运交通服务采购。

1. 航空交通服务采购

航空交通服务采购是指旅行社根据旅游团队的旅游计划或散客旅游消费者的委托，为旅游消费者和旅游团队的领队及全程陪同代购旅游途中所需的飞机票。它要求采购人员具备有关航空交通服务方面知识以及细心的工作态度，避免出现机票内容和实际不符的情况。

航空交通服务采购分为两种形式，即定期航班飞机票的采购和旅游包机的预订。

（1）定期航班飞机票的采购。定期航班飞机票的采购业务包括飞机票的预订、购买、确认、退订与退购及补购与变更5项内容。

无论是团体还是散客旅游者，旅行社采购人员在预订其飞机票之前，必须了解两个方面的信息：一是旅游消费者方面的信息，包括旅游者姓名的全称、同行人的有关信息、旅游者的联系电话、旅游目的地、日期、支付方式、特殊要求等；二是航空公司方面的信息，有飞机设施设备方面的信息、机票价格方面的信息、航空公司关于行李托运和手提行李携带方面的规定等。

① 飞机票的购买。采购人员应按照航空公司规定的时间到航空公司的售票处购买飞机票，同时应携带现金或支票及乘机人的有效身份证或旅行社出具的带有乘机人护照号码或身份证号码的乘机人名单。取票时，采购人员应仔细核对机票上的乘机人姓名、航班、起飞时间、票价金额、前往目的地等内容。

根据旅行社的经营业务，旅行社采购的机票主要为国内客票和国际客票两种。国内客票是指旅游者乘坐国内航班飞机旅行的客票，有效期为一年。国际客票包括国际间旅行的单程客票、来回程客票和环程客票，有效期均为一年。

② 飞机票的确认。有些旅游者事先已自行购买了飞机票，对于这类旅游者，旅行社提供的服务是为旅游者确认飞机上的座位。我国民航部门规定，在国内旅行中，旅客持有定妥座位的联程或来回程客票，如在该联程或回程地点停留 72 小时以上，须在该联程或回程航班飞机离站前两天中午 12 时以前，办理座位再证实手续，否则，原定座位不予保留。如旅客到达联程地点的时间不超过 72 小时，可不需办理座位再证实手续。在国际旅行中，已定妥联程或回程座位的旅客，如在上机地点停留 72 小时以上，应在航班起飞前 72 小时对所订座位予以再证实。

③ 飞机票的退订与退购。旅行社采购人员在为旅游团队或旅游者预订或购买飞机票后，有时会遇到因旅游计划变更造成旅游团队的人数减少或旅游者（团队）取消旅行计划等情况。遇到此类情况，采购人员应及时办理退订或退票手续，以减少损失。

旅行社退订飞机票，一般按照旅行社事先同有关的航空公司之间达成的协议或口头谅解所规定的程序办理。旅行社退购飞机票，则应按照民航部门的规定办理。我国民航部门规定，旅客在航班离站 24 小时前提出退票，收取全票价 5% 的退票费；在航班规定离站时间 24 小时之内、两小时以前，收取全票价 10% 的退票费；在航班规定离站两小时之内，收取全票价 20% 的退票费；在航班规定离站时间后要求退票，收取全票价 50% 的退票费。

要注意的是，团体游客机票的购票一般只开一张团体客票。团体游客误机，客票作废，票额不退。

④补票与机票变更。在旅游过程中，因为各种原因，会发生机票丢失的情况。此时，应以书面形式向航空公司或其销售代理人申请挂失。。

购票后，如果要求改变航班、日期、舱位等级，必须在航班飞机离站 24 小时前通知航空公司，航空公司根据实际可能和运输条件给予办理。按照规定，每张机票只能变更一次。

（2）旅游包机业务。旅游包机是旅行社因无法满足旅游者乘坐正常航班抵达目的地的要求而采取的一种采购方法。这种情况多发生在旅游旺季、旅游热点地区或正常航班较少的地区。另外，旅行社在接待过程中发生误机事故时也可能采取包机的方式以减少事故的影响。

凡需要包机的旅行社，采购人员应事先与民航联系，说明任务的性质、游客的人数和身份、前往日期和地点及其他航程事项等，并询问租赁飞机的费用、所能提供飞机的机型、起飞和降落地点等信息。一旦条件合适，采购人员应立即填写包机申请书。旅行社的包机申请经民航同意后，应签订包机合同。包机合同签订后，如果包机的旅行社要求取消包机，需按规定交付退包费。按民航规定，包机费用根据包用机型的每公里费率和计费里程或包用机型的每小时费率和飞行时间计收。

航空交通小知识

一、国内部分航空公司代码及标志

中文名称	英文名称	2位代码	3位代码
中国国际航空公司	Air China	CA	CCA
中国北方航空公司	China Northern Airlines	CJ	CBF
中国南方航空公司	China Southern Airlines	CZ	CSN
中国西南航空公司	China Southwest Airlines	SZ	CXN
中国西北航空公司	China Northwest Airlines	WH	CWN
东方航空公司	China Eastern Airlines	MU	CES
厦门航空公司	Xiamen Airlines	MF	CXA
山东航空公司	Shandong Airlines	SC	CDG
上海航空公司	Shanghai Airlines	FM	CSF
深圳航空公司	Shenzhen Airlines	4G	CSJ
中国新华航空公司	China Xinhua Airlines	X2	CXH

二、飞机类型

我国民航总局是采用按飞机客座数划分大、中、小型飞机，飞机的客座数在100座以下的为小型，100~200座之间为中型，200座以上为大型。航程在2 400km以下的为短程，2 400~4 800km之间为中程，4 800km以上为远程。但分类标准是相对而言的。

三、客票

客票只限票上所列姓名的旅客本人使用，不得转让和涂改，否则客票无效，票款不退。

客票有效期：客票的有效期为一年，定期客票自旅客开始旅行之日起计算，不定期客票自填开客票之次日零时起计算。

儿童票：已满两周岁未满12周岁按成人全票价的50%购票。未满两周岁的婴儿按成人全票价的10%购票，不单独占一座位。每一成人旅客只能有一个婴儿享受这种票价。

四、机场建设费

每一个从中国国际机场出境的国际旅客，均要收取机场建设费人民币90元。对持有外交护照的旅客、24小时内过境的旅客及12岁以下的儿童，免收机场建设费。

五、航班不正常服务

因承运人的原因，造成航班延误或取消，承运人应免费向旅客提供膳宿等服务；由于天气、突发事件、空中交通管制、安检和旅客等非承运人原因，在始发站造成的延误或取消，承运人可协助旅客安排餐食和住宿，费用应由旅客自理。

六、行李

计重免费行李：头等舱客位乘客40公斤；商务客位乘客30公斤；经济客位乘客

20公斤。

不准做行李运输的物品：旅客的交运行李和自理行李内不得夹带易燃、易爆、腐蚀、有毒、放射性物品、可聚合物质、磁性物质及其他危险物品。旅客不得携带中华人民共和国和运输过程中有关国家法律、政府命令和规定禁止出境、入境或过境的物品及其他限制运输的物品。旅客乘飞机不得携带武器、利器和凶器。交通行李内不得装有货币、珠宝、金银制品、票证、有价证券和其他物品。

行李赔偿：托运行李如发生损失或丢失，由承运人负责赔偿。赔偿限额每公斤不超过人民币50元。按实际托运重量计算。

行李声明价值：托运行李每公斤价值超过人民币50元时，可以办理行李声明价值。承运人收取声明价值附加费。声明价值不能超过行李本身的实际价值。每位旅客的行李声明价值最高限额为人民币8 000元。如此项行李损失或丢失，承运人按声明价值赔偿。

2. 铁路交通服务采购

旅行社采购铁路交通服务的主要内容是各种火车票。

（1）火车及火车票的种类。目前，我国旅客列车的类型有多种，车次代码也不一样，车次开头字母的具体含义如下。

D：动车组列车（时速200公里~250公里）

Z：直达特快列车（时速约为160公里）

T：特快列车（时速约为140公里）

K：快速列车（时速约为120公里）

L、A：临时旅客列车（一般是普通列车，A为按需临时旅客列车）

Y：旅游列车（一般相当于特快列车）

G：高速列车（时速300公里~350公里）

C：城际动车组列车（时速300公里~350公里）

X：是专门集中装运某一方向行李、包裹的行包专列，亦属于旅客列车的范畴。

没有字母的四位车次——普通列车（普通快车时速约为120公里，普通慢车时速约为100公里）

火车票分为客票和附加票两个类型，其中客票包括软座、硬座、市郊（单程、往返、定期）、棚车客票；附加票包括加快票、卧铺票、空调票、变径票和补价票。

（2）火车票的采购业务。旅行社火车票的采购业务主要是火车票的预订与购买、改签及退票。

旅行社采购人员在采购铁路交通服务时应首先向铁路售票处提出计划，包括订购车票的数量、种类、抵达车站名称、车次等，然后去售票处购票。

若旅行社采购人员需要办理改签或退票手续，则应根据铁路部门的相关规定操作。

办理签证必须在车票有效期以内进行。在旅客不能按票面指定的日期、车次乘车时，旅行社采购人员可以在不延长客票有效期的前提下，办理一次提前或改晚乘车签证手续。办理乘车签证手续时，最迟不超过开车后2小时，团体旅客必须在开车48小时以前办理。往返票、联程票、卧铺票不办理改签。

旅客可要求变更高于原票等级的列车或铺位、座席。办理时核收变更区间的票价差额，核收手续费。变更低于原票等级的列车、铺位、座席时不予办理。旅客中途自行变更低于原票等级的列车、铺位、座席时，票价差额部分不予退还。

在始发站开车前，特殊情况也可在开车后 2 小时内，旅行社可以办理退票手续，铁路部门退还全部票价，核收退票费。团体旅客必须在开车 48 小时以前办理。网上购票且未换取纸质车票的，还可以于不晚于开车前 2 小时登录网站办理退票手续。退还带有（行）字戳迹的客票时，应先办理行李变更手续。自 2011 年 9 月 25 日零点起，全国铁路部门火车票退票费标准下调。新的退票费规定，开车前退票费由原来按每张车票面额的 20% 计收下调为按 5% 计收。

因病（包括同行人）旅客，在客票有效期间内，有医疗单位证明或经车站证实，在始发站退还全站车票票价，在中途站退还已收票价同已乘区间车票票价的差额。

3. 公路交通服务采购

旅行社采购公路交通服务主要是用于市内游览和近距离旅游目的地之间的旅行。在内陆航空交通服务和铁路交通服务欠发达的地区，公路交通服务则是主要的旅游交通方式。

旅行社在采购公路交通服务时应对提供此服务的旅游汽车公司或其他长途汽车公司进行调查，充分了解公司所拥有的车辆数目、车型、性能、驾驶员的技术水平、公司的管理状况、租车的费用等情况，并对这些信息加以整理和分析，从中选择适合旅行社需要的汽车公司作为交通服务的采购对象。最后，采购人员代表旅行社经过谈判同这些公司签订租车协议。

旅行社采购人员在每次接到旅游者或旅游团队用车计划之后，应根据旅游者的人数及收费标准向提供公路交通服务的汽车公司提出用车要求，并通报旅游者或旅游团队的旅游活动日程，以便使汽车公司在车型、驾驶员配备等方面做好准备。

4. 水上交通服务

旅行社采购人员在采购水运交通服务时，应根据旅游者或旅游团队的旅行计划和要求，向轮船公司等水运交通部门预订船票，并将填写好的船票订票单在规定日期内送交船票预订处。采购人员在取票时应根据旅行计划逐项核对船票的日期、离港时间、航次、航向、乘客名单、船票数量及船票金额等内容。购票后，如因旅行计划变更造成乘船人数增加、减少、旅行计划取消等情况时，采购人员应及时办理增购或退票手续，保证旅游者能够按计划乘船，同时减少旅行社的经济损失。

（二）旅游住宿服务

住宿服务是旅行社采购中的重要内容之一。旅行社能否通过采购活动获得旅游者所需的住宿服务，从一个方面反映了旅行社的接待能力。住宿服务的采购业务主要包括选择住宿服务设施、选择预订渠道、确定客房租住价格和办理住宿服务预订手续四项内容。

1. 住宿服务设施的选择

选择住宿服务设施是保证住宿服务质量的重要手段之一。旅行社采购人员应该从饭店位置、饭店市场定位、饭店设施设备、饭店服务类型和水平及停车场等方面考察住宿服务设施。考察饭店所处的位置有两方面的意义：所处地段不同，饭店的价格往往大不一样，交通的便利度也不同；不同类型旅游者对于饭店的位置有着不同的要求和偏好。采购人员同时还需考虑饭店的经营定位，即将要采购的饭店所接待的对象主要是哪类旅游消费者，从而针对不同旅游者的特点为其安排下榻之处。采购人员考察的第三个方面是饭店的设施设备情况，如饭店是否配备会议室、商务中心、多功能厅、宴会厅、健身设施等，安排适当类型的旅游者下榻。采购人员需要考察的第四个方面是饭店所提供的服务类型和水平，了解饭店能否提供旅行社产品所必须具备的服务及饭店的服务水平和整个旅行社产品的质量是否匹配。对于团队旅游来说，饭店是否拥有一定面积的泊车场地尤为重要。饭店拥有较大面积的停车场能为旅游者出入饭店提供方便。

2. 饭店预订渠道的选择

旅行社主要通过组团旅行社、地方接待社、饭店预订中心和饭店销售代表四个渠道预订饭店。

（1）组团旅行社预订又称直接预订，它是指组团旅行社直接向旅游目的地饭店提出预订要求。旅行社一般采用信函、传真等方式直接预订。这种预订渠道的优点是能够直接从饭店获得客房信息，及时掌握饭店客房的出租情况；能直接同饭店达成预订协议，既能保证旅游者的住宿需要，又能免去中间环节所需的费用，降低采购成本；直接订房能够不断地加强和饭店的联系，可以与之建立起密切的合作关系，可以为采购业务的进一步开展打下一个坚实的基础。缺点是采购人员必须同所要预订的各家饭店逐一打交道，不仅在预订时要同它们联系，还要在随后寄送预订申请、确认住房人数及名单、付房费等，占用大量时间和人力；有时，外地的饭店未必了解组团旅行社，因而不愿意向组团旅行社提供最优惠的价格，并可能在缴纳租房金、付款期限、客房保留截止日期等方面不给予优惠。

（2）委托预订是组团旅行社委托旅游目的地的地接社预订饭店，所以也叫代订。代订的好处是当地的接待社比较熟悉该地区旅游住宿服务的供应情况，并且同许多饭店建立了良好的合作关系，往往能够根据旅游者的特点和要求，比较称心地安排饭店；接待社比较容易察觉该地区旅游住宿设施的预订和出租情况，能以组团社心理范围内能接受的价格拿到足够数量的客房。缺点主要是地接社往往截留饭店给予的一部分折扣作为其代订的佣金；如果组团旅行社不是选择具有一定经济实力和信誉的接待社或者选错了地接社，容易造成代订失约，从而导致组团社工作的失误；接待社为了获得更多的折扣而迫使组团社接受一家它并不喜欢的饭店作为游客的下榻之处。

（3）一些知名的国际连锁饭店拥有一个共享的客房预订中心。如果旅游者要求住在连锁饭店集团所属的饭店，旅行社可以委托该集团的预订中心为其订房。委托饭店集团预订中心预订的优点是方便可靠，即旅行社可以通过预订中心以优惠的价格方便地得到所需要的客房，并得到饭店的正确信息。缺点是旅行社将它对饭店的选择限制在预订系统的饭店圈内，选择手段单一，此外，在预订被确认后，旅行社仍需要多次操作，如办理客房预订状况报告、预交订房预定金等。

（4）委托饭店销售代表订房的好处是饭店销售代表熟悉饭店的各种情况，能够向旅行社采购人员提供有关饭店设施设备、服务项目等详细信息，有利于饭店采购人员进一步了解该饭店，从而为旅游者选择最合适的入住场所。

委托饭店销售代表的缺点是许多饭店销售代表同时为多家饭店提供销售服务，难以对每一家饭店都十分熟悉。另外，饭店销售代表主要经营散客销售业务，对于旅游团队的订房程序比较陌生，有时不能胜任旅行社委托的团体客房预订任务。

3. 确定客房租住价格

饭店租住客房价格是旅行社在采购住宿服务时必须考虑的重要因素。饭店客房的价格主要包括门市价格、团体价格、协商价格等。采购人员必须熟悉这些价格，并根据旅游者的需要、旅行社同饭店的合作关系、市场上的供求关系以及旅游者的入住时间和天数等与饭店谈判，从而获得最优的价格。

4. 饭店客房预定程序

旅行社采购人员预订客房的程序如下：

（1）提出租房申请。申请时，采购人员应提供下列信息：旅行社名称、客房数量和类型、入住时间、离店退房时间、结算方式；旅游者国籍（海外旅游者）或居住地（国内旅游者）、旅游者姓名或旅游团队代号、旅游者性别、夫妇人数、随行儿童人数及年龄；旅游消费者的特殊要求，如楼层、客房朝向等。

如果饭店能按照旅行社的要求提供客房，则会向旅行社发出确认函。

（2）交纳预订金。每个饭店都有关于预订金缴纳的时间、缴纳预订金的比例、取消预定的退款比例等事项的规定。旅行社在接到饭店发出的预订确认函的一定时间内，向饭店交纳预订金以便饭店在规定的时间内为旅行社保留客房。否则，饭店则认为旅行社取消了预订。

（3）办理入住手续。旅游团（者）在预定时间抵达饭店后，凭团号、确认函等办理入住手续。

（三）餐饮服务的采购

餐饮服务采购是指旅行社为满足旅游者在旅游过程中队餐饮方面的需要而采购的业务。采购时，应根据旅游者的饮食口味、生活习惯、旅游等级等因素来选择卫生条件好、餐饮服务规范、价格公道、餐饮产品质量高的餐馆用餐。

国内旅行社在采购餐饮服务时一般采用定点的办法。所谓定点是指旅行社经过对采购的餐馆、酒店进行综合考察筛选后，和被选择的餐馆、酒店进行谈判，就旅行社的送客人数、各类旅游者、旅游团队的就餐标准、付款方式等达成协议。

（四）游览景点与参观单位服务的采购

旅游和参观是旅游者目的地进行的最基本和最重要的旅游活动。做好游览景点和参观单位服务的采购工作对于保证旅游计划的顺利完成具有举足轻重的作用。这部分的采购基本上是由各地的接待社承担的。

接待社在采购时，应先对本地区的重要游览景点和参观单位进行考察和比较，并根据各自的特点进行选择，在互利互惠的基础上建立长期合作关系，争取获得价格上的优惠。

（五）购物和娱乐服务

旅行社组织好旅游者的购物和娱乐活动，不仅能够满足旅游者的正当需求，提高他们对旅行社服务的满意度，而且能增加目的地的经济收益和就业机会。旅行社采购人员一定要树立正确的观念，全面认识购物、娱乐和旅游产品之间的关系。在购物和娱乐的采购中，需对当地的商店和娱乐场所进行详细的调查，筛选出信誉好、产品齐全、价格公道的商店和具有特色的娱乐场所。

（六）地接服务采购

地接服务采购是指组团旅行社向旅游目的地旅行社采购接待服务的一种业务，在行业内通常称之为选择地接社。一般说来，地接社应具有诚信、较强的接待能力、收费合理的特征。

（七）旅游保险的采购

旅行社应该为旅游者提供规定的保险服务，并为旅游者购买旅行社责任险。

办理旅行社责任保险能提高旅行社抗御风险的能力。由于自然力和非自然力的作用，旅行社存在着大量的经营风险。各种经营风险的存在，不但会给旅行社带来利益上的损失，甚至还会造成旅行社的破产。同时，旅行社投保责任保险，有利于转移和分散旅游活动中产生的各种意外事故造成的经营风险。此外，旅行社投保责任险能维护旅游者的合法权益，旅游者在旅游过程中如果遇到旅游事故，责任险能使其合法权益得到更大程度的保障。

总之，旅行社的采购业务涉及许多相关企业和部门，旅行社应在确保服务质量的前提下，同相关的旅游服务供应企业和部门建立起互惠互利的协作关系，正确处理旅游服务采购中的各种关系，为旅行社的经营和发展建立起一个高效率、低成本、优质的旅游服务采购网络。

××旅行社与××餐馆协议书

__________旅行社（以下简称甲方）与__________餐馆（以下简称乙方）就旅行团（者）用餐事宜经双方友好协商一致达成如下协议：

一、客人便餐用餐标准

1. 标准餐：10人以上______元/人；6～9人______元/人；2～3人，______元/人；1人______元。

2. 豪华餐：10人______元/人，6～9人______元/人；2～5人______元/人；1人______元。

3. 经济餐；10人以上______元/人。

4. 乙方须保证客人够吃，如菜不够吃，添菜不另收费。

二、客人风味用餐标准

最低标准：______元/人（酒水在外）。

三、陪同、司机用餐标准

1. 地陪、司机：______元/人（便餐）______元/人（风味）。

2. 全陪与客人一同用餐，按客人标准计付；与地陪一同用餐，按地陪标准计付。

四、酒水

便餐酒水提供啤酒______元/瓶；可乐______元/瓶；汽水______元/瓶，矿泉水________元/瓶。除上述饮料外，饮用其他酒水，其费用客人现付。风味酒水，除上述饮料外，可提供红、白葡萄酒及中档白酒（不提供茅台）。

五、结算

1. 甲方陪同以餐饮结算单向乙方结算每餐费用。

2. 甲方财务人员每次凭陪同填写的结算单核对发票向乙方结账付款。

六、报损

1. 两小时前退餐，不收损失费；

2. 两小时内退餐，收取50%费用；

3. 订餐后未去用餐，收取100%费用（饮料不计）。

七、本协议有效期自____年____月____日至____年____月____日。

八、本协议正式文本一式两份，甲、乙双方各执一份，签字或盖章后生效。

甲方：________旅行社（盖章）　　乙方：________餐馆（盖章）

____年____月____日　　____年____月____日

三、计划变更后的采购调整

因自身在产业链的位置及行业的特殊性，旅游计划极易受到相关要素以及突发事件的影响而发生变更，从而影响到旅游活动的进程，并影响到原先的采购，这就需要对采购工作进行调整。当外联部或接待部告知变更时，采购人员应给予积极协助，并根据团队人数的增减、行程变动等情况，作出修改行程、取消原定采购并重新采购等行动。

一般来讲，计划变更后的采购工作应遵循以下三条原则：

1. 变更最小原则。将因计划变更所涉及的范围控制在最小限度，尽可能对原计划不作大的调整，也尽量不引起其他因素的变动。

2. 宾客至上原则。旅游计划是旅游活动的依据，旅行社同旅游者一旦达成约定后，一般不随便更改，尤其是在旅游活动过程中。对于不可抗拒因素引起的行程变故，应充分考虑旅游者的意思，并求得他们的谅解。

3. 同级变通原则。变故后的服务内容应与最初的安排在级别、档次上力求一致，尤其是在饭店设施和服务方面。

变更后的采购一般可采取以下具体办法：如定期航班出现问题，可以考虑改用包机，但要注意控制成本；如果飞机改乘火车，尽量利用晚上时间，但距离不宜太长；火车软席有问题，争取加挂车厢；火车加挂不可能，可以考虑用汽车送行；住宿、餐饮出现问题，应选择就近同档次级别的饭店、餐馆；有时，也可采取加菜、赠送小纪念品的形式弥补因变故给旅游者带来的损失。

四、旅行社采购业务管理

旅行社采购业务的管理应当注重以下几个方面。

（一）建立广泛且稳定的采购协作网络

为了达到保证供应的目的，旅行社应该和有关的旅游服务供应企业，如饭店、餐馆、车船公司等建立起广泛且相对稳定的协作关系。在出现旅游服务供不应求时，协作网越广泛，旅行社取得这些紧缺服务的能力就越强。在出现供过于求的情况时，采购工作的重点应转向取得优惠价格方面，而为了得到最便宜的价格也同样需要有一个广泛的协作网。旅行社要建立和维持广泛的协作网络，一要善于运用经济规律，与协作企业建立互利的协作关系；二要善于公关，促进企业领导之间及有关购销人员之间建立良好的人际关系。

（二）正确处理保证供应和降低成本的关系

保证供应和降低成本是旅行社采购工作中同等重要的两大任务。在实际工作中，旅行社应该根据不同情况协调这两者之间的平衡。

当某种旅游服务供不应求时，旅行社采购工作的重点是保障供应；当旅游服务供过于求时，旅行社采购工作的重点是降低成本。如当航空运力十分紧张时，许多旅行社都无法采购到足够的机票，哪家旅行社能够得到比别人更多的机票，就可以接待更多的客人，从而获得更多的利润。在此情况下，为了获得紧缺的服务，即使比别人支付更高的价钱也是值得的。所以，在供应紧张时，旅行社采购工作应该以保证供应为采购的中心工作。反之，当某种服务出现供过于求，旅行社应力求获得最低的价格，以便通过降低成本来增加自己的竞争力和获得更多的利润。

（三）处理好“集中采购”与“分散采购”的关系

旅行社的采购是大批量进行的，在一般情况下，批发价格应该低于零售价格。所以，旅行社应该集中购买以增强在采购方面的还价能力。集中购买有两方面的含义，一是把旅行社各部门和全体销售人员接到的全部定单集中起来，通过一个渠道对外采购；二是把集中起来的订单投向一家或尽可能少的供应商进行采购，用最大的购买量获得最优惠的价格。但是，在供不应求的情况下，分散采购可能更易于获得客人需要的服务。

另一方面，在供过于求十分严重的情况下，分散采购又反而能够得到便宜的价格。因为集中采购数量虽大，但远期预定较多，而远期预定具有较大的不确定性，供应商会对买方计划的可靠性缺乏信心，也就不愿意以低价出售。对此，旅行社可采取两种策略，一是和卖方商定适当的数量折扣，采用这种办法，无论今后的实际采购量如何，双方都是有利的；第二，如果旅行社判定第二年将出现严重的供过于求，则可用分散采购的策略，把内部的购买力集中起来统一对外。

（四）正确处理预订和退订的关系

旅游属于预约性交易，旅行社一般在年底根据计划采购量和旅游服务供应商洽谈下一年的业务合作。计划采购量一般是由旅行社参照前几年的实际客流量，并根据对来年市场的预测确定的。计划采购量和实际采购量之间肯定会有差距，如果实际采购量小于旅行社的预计量，旅行社就要临时退订，而卖方对退订是有时间限制的。反之，如果实际到客数超过预订数，旅行社就要临时增订，卖方对增订一般也有数额限制，有时也要多收费用。当然，旅行社希望退订的限期越晚越好，增订的限额越高越好，罚款越少越好，而卖方的要求正好相反，这就要求双方通过协商，达成一致意见。买卖双方协商的结果不可避免地会受到市场供求状况的影响。

一般来说，供过于求的市场状况有利于旅行社获得优惠的交易条件，但双方协商的结果还取决于旅行社的采购信誉和实力等。如果在过去几年中旅行社的采购量一直处于稳定增长状态，其计划采购量与实际采购量之间的差距较小，卖方就愿意提供较为优惠的条件。

（五）加强对采购合同的管理

合同是指当事人之间为了实现一定的经济目的而明确相互权利、义务关系的协议。签订合同是当事人为避免和正确处理可能发生的纠纷而采取的行为，目的在于确保各自经济利益的实现。旅行社的采购业务不是一手交货一手交钱的简单交易，而是一种预约性的批发交易，是一次谈判、多次成交的业务，谈判与成交之间既有时间间隔，也有数量差距。这种采购特点使得旅行社与协作部门为预防各种纠纷而签订经济合同显得尤为重要。采购合同的基本内容包括五个方面：

1. 合同标的

是指合同双方当事人权利、义务指向的事物，即合同的客体。旅游采购合同的标的就是旅行社购买和旅游服务供应企业出售的旅游服务，如客房、餐饮、汽车运输等服务。

2. 数量和质量

由于旅游采购合同是预购契约，不可能规定确切的购买数量，而只能由买卖双方商定一个计划采购量，或者规定一个采购和供应幅度。关于质量，则由双方商定一个最低的质量要求。

3. 价格和付款办法

合同中应规定拟采购的服务的价格。由于价格常常随采购量的大小而变动，而合同中又没有确定的采购量，因此，可商定一个随采购量变动的定价办法，还要规定在合同期内价格可否变动及其变动条件。在国际旅游业中还要规定交易所用的货币以及在汇率变动时价格的变动办法。此外，还要规定优惠折扣条件、结算方式及付款时间等。

4. 合同期限

指签订合同后开始和终止买卖行为的时间，一般是一年签一个合同，也有的每年按淡季、旺季签两个合同。

5. 违约责任

是指当事人不履行或不完全履行合同所列条款时应负的法律责任。按照我国《经济合同法》规定，违约方要承担支付违约金和赔偿金的义务。

任务四　旅行社产品定价

价格是旅行社产品构成中重要的一环，旅行社的各类产品最终都必须以一定的价格推向市场。旅行社产品需求弹性较大，它的价格强烈影响到旅游者的购买行为，影响到旅行社的销售量及利润。同时，价格又是一种重要的竞争手段，尽管近年来非价格因素对旅游者选择产品的重要性日益突出，但价格是双方最具理性的行为指标，决定了旅行社的竞争能力。

一、旅行社产品价格的特点

企业定价有形产品时，主要考虑的是顾客的认知，因为顾客能根据其质量和自身的经验判断价格是否合理。但是，顾客在购买服务产品时，却不能客观、准确地检查。旅行社产品作为一种服务产品，其产品除拥有一般服务产品的共性，也有其独特的个性。

首先，旅行社产品的相关性强。旅行社的许多产品是由不同的的旅游服务供应商提供给旅行社的，尔后由旅行社加工而成的，具有综合性的特点。因此，对旅行社产品制定合理的价格并实现最终销售不仅仅是旅行社实现自身价值的方法，同时也是其他相关企业实现经营目标的途径。

其次，旅行社对产品价格的控制性较弱。由于旅行社产品的综合性，旅游业中的其他部门和其他相关行业中产品价格的变动都会直接或间接作用于旅行社产品的价格，因此，旅行社对产品价格的决策受到很多的约束，它只是在一定范围内的决策。

第三，旅行社产品的时间波动性较大。旅行社产品具有不可贮存性，如果不能在特定时间内销售出去，就永远失去了它的价值。因此，旅行社会在旅游淡季或其他需求较少的情况下，降低价格，使供求水平达到平衡，而到了旺季时，旅游需求增加，旅行社纷纷抬高价格，由此造成旅行社产品价格的时间波动性较大。

二、旅行社产品价格的影响因素

旅行社产品价格范围一般由三个因素确定：产品成本规定的最低价格、竞争对手的同类产品价格以及由旅游者购买力决定的产品的最高价格。合理的价格应在这三个因素间浮动。具体而言，影响产品价格的因素有5个方面，如图2－4所示。

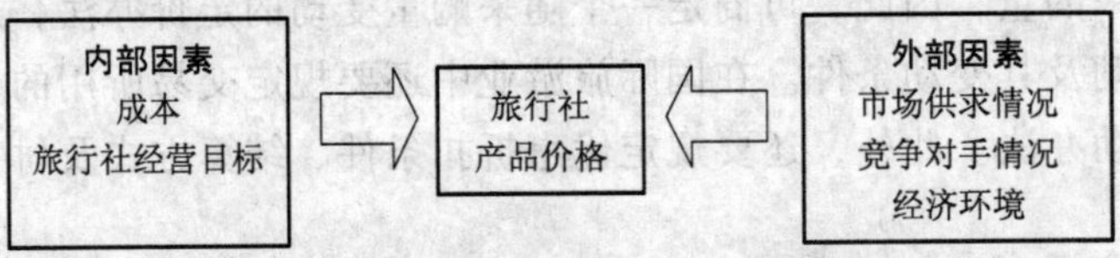

图2－4　旅行社产品价格的影响因素

（一）成本因素

产品成本是旅行社制定销售价格的直接依据，因为任何企业的经营都是以保证成本为起码前提的。以成本为前提和依据的产品价格，可以简单表述为产品成本、利润和税金之和。在旅游行业利润率和国家确定的税率相对稳定的情况下，成品成本的高低，直接决定了旅行社旅游产品售价的涨落。

（二）旅行社经营目标

一家旅行社往往在不同时期会确定不同的经营目标，而这种经营目标的确定会对产品价格的制定产生重大的影响。旅行社的经营目标具体表现为利润最大化、扩大产品销售量、维持企业生存、树立企业形象等。为了达到不同时期的阶段目标，企业会频繁地调整产品价格。

（三）市场供求状况

旅行社在确定产品价格时，必然会考虑供给量、需求量和价格之间的相互关系。当旅游市场上旅行社的某种产品需求量增加高于供给时，旅行社常常提高该产品的销售价格，以赚取更多的利润；反之，则往往采取降低产品的销售价格，以维持市场平衡。

（四）竞争对手情况

旅行社把旅游市场上的竞争状况作为制定产品价格的重要参考依据。如果市场上经营同类产品的旅行社数量众多且呈现出供大于求的局面时，旅行社通常会将价格定得较低或者下调价格，以在竞争中取得有利地位；反之，则定得较高或上调价格。

（五）经济环境

经济环境是指一个国家或地区的经济发展状况，它会从宏观上约束旅行社产品的定价，具体包括社会生产发展状况、汇率变动、货币发行量、政府价格政策等。

以汇率为例，经营国际旅游的旅行社在制定价格时必然关注货币的汇率因素。当本国货币贬值时，入境旅游产品的实际价格下落，而出境旅游产品的实际价格上涨；反之，入境旅游产品的实际价格上涨，而出境旅游产品的实际价格下落。

三、旅行社产品的定价方法

旅行社产品价格的 3 个最主要的影响因素是成本、需求和竞争，因此，定价方法也可分为 3 类。

（一）成本导向定价法

这是一种最简单的定价方法，它以旅游行业平均成本费用为基础加上规定的销售税金和一定的利润所组成。采用这种定价方式，一要准确核算成本，二要确定恰当的利润百分比（即加成率）。依据核算成本的标准不同，成本加成定价法可分为两种，即平均成本加成定价法和边际成本加成定价法。我国采用较多的是成本加成法。两者的计算公式如下：

成本加成法的单位产品价格 = 单位产品成本 ×（1 + 加成率）

目标利润定价法的单位产品的价格 =（预期总成本 + 预期总利润）/预期销售量

成本导向定价的优点是旅行社产品价格能保证旅行社的成本和费用得到补偿后还有一定利润，产品价格水平在一定时期内较为稳定，定价方法简便易行。缺点是忽视了市场供求和竞争因素的影响，忽略了产品寿命周期的变化，缺乏适应市场变化的灵活性，不利于企业参与竞争，容易掩盖旅行社经营中非正常费用的支出，不利于其提高经济效益。

（二）需求导向定价法

需求差异定价法就是通常所说的“看客下菜”，是指根据市场需求状况和游客对产品的感觉差异来确定价格的定价方法。

1. 理解价值定价法

理解价值定价法是以消费者对商品价值的感受及理解程度作为定价的基本依据。将买方的价值判断与卖方的成本费用相比较，定价时更应侧重考虑前者。因为旅游者在购买旅行社产品前，会将自己对产品的感知价值和旅行社或旅行社产品的知名度、美誉度等综合在一起来考虑自己能接受的心理价位。如果旅行社产品价格和旅游者的心理价位相吻合，旅游者就会顺利购买。

2. 需求差异定价法

需求差异定价法以不同时间、地点、商品及不同消费者的消费需求强度差异为定价的基本依据，针对每种差异决定其在基础价格上是加价还是减价。例如因时间而异，在五一、国庆、春节三个长假里，旅行社产品价格普遍较平时有一些增长。

实行差异定价要具备以下条件：市场能够根据需求强度的不同进行细分；细分后的市场在一定时期内相对独立，互不干扰；高价市场中不能有低价竞争者；价格差异适度，不会引起消费者的反感。

（三）竞争导向定价法

竞争导向定价法是企业通过研究竞争对手的生产条件、服务状况、价格水平等因素，依据自身的竞争实力，参考成本和供求状况来确定商品价格。在旅行社经营日趋激烈的今天，旅行社的定价不得不考虑到竞争对手的情况。

1. 随行就市定价法

为了避免竞争特别是价格竞争带来的损失，大多数旅行社都采用随行就市定价法，即将旅行社产品价格保持在市场平均价格水平上，利用这样的价格来获得平均报酬。此外，采用随行就市定价法，旅行社就不必去全面了解游客对不同价差的反应，这一方法也不会引起价格波动。

2. 产品差别定价法

产品差别定价法是指企业通过多种营销努力，使同种同质的产品在消费者心目中树立起不同的产品形象，进而根据自身特点，选取低于竞争者的价格以提高市场占有率，或高于竞争者的价格以树立形象的定价方法。因此，产品差别定价法是一种进攻性的定价方法。

四、旅行社的产品的定价策略

旅行社应根据不同的产品和市场情况，采取适当的定价策略，以期实现组织目标。

（一）新产品定价策略

新产品在开发后，旅行社应制定恰当的定价策略，以便及时打开销路、占领市场并取得良好的效益。

1. 撇脂定价策略

所谓撇脂定价是指在产品生命周期的最初阶段把产品的价格定得很高，以攫取最大利润。采取撇脂定价策略的旅行社认为，在竞争对手尚未推出同类产品之前，开发出的新产品在旅游市场上处于一种垄断地位，一部分迫切需要这种产品的消费者愿意支付较高的价格，所以旅行社乘此机会以较高的价格销售产品，从而获得较高的经济效益。

采取这种策略时，一般具备以下条件：市场有足够的购买者，他们的需求缺乏弹性，即使把价格定得很高，市场需求也不会大量减少；或者高价使需求减少，但不致抵消高价所带来的利益；高价使人们产生这种产品是高档产品的印象。

2. 渗透定价策略

所谓渗透定价是指企业把新产品的价格定得相对较低，以进行快速而深入的市场渗透，争取吸引大量顾客，提高市场占有率。如果旅行社有能力使成本低到竞争者无法抗衡的水平，那么更有实力采取这种策略。

采取这种策略时，一般具备以下条件：旅游市场需求对价格极为敏感，低价会刺激市场需求迅速增长；旅行社的生产成本和经营费用会随着旅行社产品销售量的增加而下降。值得一提的是，实施渗透定价，虽然能快速地占领市场，但也可能造成旅行社之间的恶性竞争。

（二）心理定价策略

心理定价是根据消费者不同的消费心理而制定相应的产品价格，以引导和刺激购买的价格策略。旅行社可以采取的心理定价策略有数字定价、声望定价、招徕定价、习惯定价等。

1. 数字定价策略

尾数定价策略，又称零数定价、奇数定价、非整数定价，指企业利用消费者求廉的心理制定非整数价格，而且常常以零数作尾数。例如将旅行社产品价格定价为999元而不是1 000元。使用尾数定价，可以使价格在消费者心中产生三种特殊的效应，即便宜、精确、中意。

与尾数定价相反，整数定价常常以偶数，特别是“0”作尾数，将产品价格有意定为整数。整数定价的好处是可以满足购买者的虚荣心，利用高价效应，在顾客心目中树立高档、高价、优质的产品形象。但是，在整数定价的方法下，价格的高并不是绝对的高，而只是凭借整数价格来给消费者造成高价的印象。

旅行社还可以采取愿望数字定价策略。由于民族习惯、社会风俗、文化传统和价值观念的影响，某些数字常常会被赋予一些独特的涵义，企业在定价时如能加以巧用，则其产品将因之而得到消费者的偏爱。如我国经常采用数字“8”作为价格的尾数。当然，某些为消费者所忌讳的数字，如西方国家的“13”、日本国的“4”，旅行社在定价时则应有意识地避开，以免引起消费者的厌恶和反感。

2. 声望定价策略

声望定价策略指根据产品在顾客心中的声望、信任度和社会地位来确定价格的一种定价策略。例如一些经典的产品，旅行社往往可以利用消费者仰慕名牌的心理而制定大大高于其他同类产品的价格。声望定价策略适用于一些知名度高、具有较大的市场影响、深受市场欢迎的驰名商标的产品。声望定价的目的可以满足某些顾客的特殊欲望，如地位、身份、财富、名望和自我形象，可以通过高价显示产品的品质。

3. 习惯定价策略

习惯定价策略是指根据消费市场长期形成的习惯性价格定价的策略。某些产品可能在消费者心理上已经定格，其价格已成为习惯性价格，并且消费者只愿付出这么大的代价，旅行社难于改变，即降价易引起游客对品质的怀疑，涨价则可能受到游客的抵制。旅行社定价时常常要迎合消费者的这种习惯心理。

（三）折扣定价策略

折扣定价是指对基本价格作出一定的让步，直接或间接降低价格以争取顾客、扩大销量。折扣定价在现实生活中比较常见。旅行社产品的优惠价主要包括数量折扣、现金折扣、季节折扣等。

1. 数量折扣

数量折扣指按购买数量的多少分别给予不同的折扣，购买数量愈多，折扣愈大。其目的是旅行社鼓励消费者大量购买或集中向本社购买。

2. 现金折扣

现金折扣是给予在规定的时间内提前付款或用现金付款者的一种价格折扣。旅行社给予按期付款的消费者一定的折扣，目的是鼓励旅游者尽早付款，加速资金周转。

3. 季节折扣

季节折扣是旅行社鼓励旅游者淡季购买旅游产品的一种减让。在淡季，旅行社常常遭遇客源不足的情况，为吸引旅游者，增加消费，旅行社往往会制定较低的价格以刺激消费者的消费欲望。

五、旅行社产品的定价步骤

价格是调节经济利益、传递经济信息、影响经济形象的重要因素。旅行社产品的定价主要包括下面几个步骤。

（一）明确定价目标

旅行社在为产品定价之前首先要确定自己的经营目标，即旅行社通过价格手段所希望达到的预期目的。旅行社的定价目标主要包括以下几种：

1. 生存导向

旅行社在面临激烈的市场竞争或其他危机时，以维持生存为主要目标，并以低价出售产品来维持市场占有率。

2. 收益导向

旅行社产品在市场上处于领先地位时，可以通过调整价格以产生最大的当期利润或现金流，在短期内实现利润最大化。

3. 销售导向

旅行社采取低价战略进行市场渗透，以期在较短的时间内取得较大的市场占有率。

4. 竞争导向

旅行社参照竞争对手的定价确定产品价格，以维护或达到竞争优势地位。

5. 形象导向

旅行社提供物美价廉的产品以期扩大影响，提高美誉度，从而增加企业价值。

（二）收集市场信息，确定市场需求

一般来说，旅行社产品的价格和需求是负相关的关系。旅行社可以通过数据统计法、价格试验法和询问法等来明确旅游市场的需求。

此外，旅行社还需考察旅游需求的价格弹性，即需求对价格的敏感程度。一般情况下，旅行社产品的价格弹性较大，但是在旅游市场内部，产品的价格弹性也存在着差异。例如，商务旅游的价格弹性弱于度假旅游，具有品牌优势的旅行社产品往往价格弹性较小。

（三）估计产品成本

在通常情况下，产品成本是价格的底线。旅行社所制定的价格必须包括经营活动中所发生的成本和费用。旅行社产品的成本是指旅行社在提供产品的过程中发生的直接支出，如房费、餐费、交通费、景点门票费等；旅行社的费用是指旅行社的各部门在运作过程中所发生的各项费用，如工资、办公费、水电费和广告费等。

（四）分析竞争对手

旅行社在定价时也应结合产品的定价目标和定价策略，考察竞争对手的产品类型、

质量和价格等因素。

（五）确定产品价格

根据以上的分析结果，在国家政策法规允许的范围内，确定产品的价格。值得一提的是，消费者更愿意为名牌产品、优质产品或高广告支出的产品支付高价格。

项目实训

一、单项选择

1. 自2011年9月25日零点起，全国铁路部门火车票退票费标准下调。新的退票费规定，开车前退票费按每张车票面额的（　　）计收。

A. 20%　　B. 15%　　C. 10%　　D. 5%

2. 我国旅客列车的类型有多种，车次代码也不一样，其中，车次D开头字母的具体含义是（　　）。

A. 动车组列车　　B. 直达特快列车

C. 特快列车　　D. 快速列车

3. 若是出境旅游，其价格也会受到汇率的影响，人民币升值后在国际市场的购买力（　　）。

A. 减弱　　B. 不变　　C. 增强　　D. 难以确定

4. 旅游者购买旅游产品是为了得到它提供的或观赏、或休闲、或求知等的实际利益，满足自己旅游经历和旅游体验的需要。这种产品属于（　　）层次。

A. 形式产品　　B. 实质产品　　C. 延伸产品　　D. 软件产品

5. 1月和5月去黄山旅游，即使是同一个旅游者购买了同一家旅行社的旅游产品，陪同的是同一个导游，入住的是同一家饭店，所获得的旅游体验也是不同的。这属于旅行社产品的（　　）。

A. 异质性　　B. 产品的不可感知性

C. 生产与消费同步性　　D. 不可储存性

6. （　　）对季节和气候等因素考虑的较少，他们能够在一年四季中的任何时间前往目的地。

A. 观光旅游者　　B. 度假旅游者　　C. 事务旅游者　　D. 以上都不是

7. （　　）是指旅游者必须随旅游团前往和离开旅游目的地，到达目的地后，旅游者可以自由活动的旅行社产品。

A. 半包价旅游产品　　B. 小包价旅游产品

C. 零包价旅游产品　　D. 单项旅游服务产品

8. 针对我国南北方在自然风光方面的差异设计出江南水乡风光游或塞北草原游等产品，这是遵循旅行社产品开发的（　　）。

A. 市场导向原则　　B. 经济原则　　C. 差异化原则　　D. 布局合理性原则

9. 下列不属于旅行社采购原则的是（　　）。

A. 供给保证原则　　B. 质量保证原则　　C. 成本领先原则　　D. 舒适服务原则

10. 将在一个时期营业中所需要的某一个或某几种旅游服务项目集中起来，用最大的购买量来获得最优惠的价格和供应条件属于（　　）。

A. 集中采购　　B. 分散采购

C. 建立采购协作网络　　D. 以上都不是

二、判断

1. 旅游服务设施是指为了满足当地居民以及旅游者的基本生活需要而提供的公共设施，包括交通运输、邮电通信、环境保护、治安管理等公共服务设施。（　　）

2. 旅行社的生产过程也就是消费过程，即是生产与消费的同时性。（　　）

3. 团体旅游是旅行社将购买同一旅游路线或旅游项目的10名以上（不含10名）游客组成旅游团队进行集体活动的旅游形式。（　　）

4. 度假旅游者的消费水平比较高，对旅游度假区的设施要求也往往高于普通的观光旅游者。（　　）

5. 旅游地旅游设施的数量、规模和质量直接制约着旅行社产品的开发，是旅游地接待能力的集中体现。（　　）

6. 春天樱花盛开的武汉大学、夏季凉爽宜人的北戴河、秋天枫叶红遍的香山、冬季白雪覆盖的长白山都会受到众多旅游者的关注。这说明受季节因素的影响，旅游消费者的需求也会发生变化。（　　）

7. 目前，我国还没有以空间为核心顺序的线路，都是以时间顺序为根本指导的线路。（　　）

8. 在旅游线路设计时，旅游节点的选择必须多多益善，这样旅游者才会觉得物有所值。（　　）

9. 损益平衡分析的目的是通过对产品的销售量、销售成本和经营利润等三个要素进行分析，明确旅行社的盈亏状况。（　　）

10. 撇脂定价是指企业把新产品的价格定得相对较低，以进行快速而深入的市场渗透，争取吸引大量顾客，提高市场占有率。（　　）

三、案例讨论

天津观光旅行社在西柏坡村包租客房的策略

2001年初，天津观光旅行社的周凯总经理在做市场分析时发现，当年是中国共产党成立80周年，一些高等学校打算组织学生到革命老区进行革命传统教育。周总经理认为，应该抓住这一契机，设计和开发“革命传统教育游”产品。由于这种产品以前未曾面市，究竟能否成功与否，周总经理并非十分有把握。于是，他首先到革命老区——河北省平山县西柏坡村进行实地考察，了解当地的景点、参观线路、接待设施、导游水平以及往返于天津和西柏坡所需的时间。同时，他还与当地的乡、村干部及接待单位的负责人座谈，了解景点门票、食宿的价格。通过实施考察，周总经理认为新产品有较大的市场需求，能够吸引较多的旅游者前来，但由于西柏坡村及附近地区可用于接待旅行者的住宿设施数量较少，必须提前预定，以保证在旅游旺季时的供给。于是，他便同当地的旅馆和招待所签订了客房包租协议，以较低的价格包租了当年的全部客房。

同年4月，新产品开发成功后，观光旅行社并没有立即大张旗鼓地进行宣传促销，而是先在较小范围进行试销。到了6月底，市场上一些旅行社已经开始推出同类产品时，周总经理认为时机成熟，决定大规模地进行促销宣传。广告刊出后，由于该旅行社在价格、线路、包含的内容方面均具有较大优势，因此吸引了大量旅游者。此时，由于北京、天津等地的旅游者报名踊跃，各家旅行社应接不暇。但是，由于西柏坡村极其附近地区的住宿设施已经被天津观光旅行社全部包租，其他旅行社只好将旅游者安排到平山县，甚至石家庄住宿。这样既增加了往返的交通费用，也减少了旅游者在西柏坡的停留时间，从而引起一部分旅游者的不满。

周总经理及其同事们充分利用了这种对本旅行社十分有利的市场形势，一方面，他们向前来咨询的旅游者介绍该旅行社在提供旅游者住宿方面的优势，以吸引更多的旅游者报名参加由该旅行社组织和接待的团队；另一方面，他们又在其包租的旅馆和招待所出现空闲客房时，将其转租给其他旅行社，从而增加收入。这一年，观光旅行社由新开发的“革命传统教育游”产品获得了丰厚的经营收入，为来年的经营和企业的进一步发展准备了更多的资金。

阅读案例后讨论：

该产品开发成功的原因有哪些？

四、项目思考

1. 旅行社产品的综合性体现在哪些方面？
2. 简述旅行社产品的开发程序。
3. 从吸引力本源看，旅游吸引物具有哪些类型？
4. 简述产品生命周期法和波士顿矩阵法的主要内容。
5. 旅行社采购业务管理应当注重什么？
6. 怎样确定旅行社产品的价格？
7. 旅行社产品的定价方法有哪些？

项目总结

本项目任务主要包括旅行社产品概述、旅行社产品设计、旅行社产品采购和旅行社产品定价四个方面。通过四个任务的学习，学生对旅行社产品的特点有了更充分和直观的认识，并能有效地进行旅行社产品的开发和设计；能运用所学知识分析旅游服务的构成部分，并具备采购各项旅游服务的能力；能运用定价方法和策略结合具体旅行社产品进行定价。

本项目的四个任务是旅行社经营和管理的基本前提和基础。

项目二 旅行社产品销售

项目目标

掌握旅行社产品销售渠道的概念和类型

掌握选择旅游中间商的原则
掌握旅行社产品销售渠道的选择策略
掌握旅行社产品促销的概念及作用
掌握旅行社产品促销组合及促销策略

项目能力

具备分析旅行社产品销售渠道的能力
能运用旅行社产品促销组合及促销策略进行促销
结合现实状况进行旅行社产品销售的创新

案例引入

旅游团购网的横空出世

最近几年，随着世界范围内电子商务的迅猛发展，网络团购作为一种新兴的商业零售业态横空出世，在消费领域创新了电子商务的渠道模式。旅游团购作为消费领域的一个重要部分，不但成为团购的热点产品，更发展出垂直领域的旅游产品团购，成为旅游电子商务中的热点。2008 年 11 月，美国团购网站 Groupon 成立，相对于传统团购网站而言，Groupon 以其清晰、简单、直接的商业模式受到了广大消费者和创业者的追捧。目前，国内模仿和跟进 Groupon 模式的团购网站数量众多，据中国互联网协会的数据显示，自 2010 年 3 月开始，国内团购网站经过短短 8 个月的发展已达 1 664 家，业内称之为“千团大战”，团购已成为时下年轻白领最为流行的网络消费方式。与此同时，团购网站高速发展的态势也使其成为 2010 年颇受风险投资关注的新型电子商务模式。在我国，从 2010 年至今，旅游团购集中爆发。2010 年 8 月，国内旅游搜索网站——搜旅网旗下团购网站搜旅团正式上线。上线之初，该网站以免费团购背包客所青睐的红牛饮料为噱头，赚足了眼球，销售情况良好。目前，该旅游团购网站主要以温泉团购和滑雪团购为主。2010 年 9 月，国内团购网站满座网与旅游卫视携手推出优惠团购价 99 元，就可换取旅游卫视久久畅游卡（捷达假期旅行社旅游代金券）的“团购出国游”活动。2011 年 1 月，国内知名旅游垂直搜索网站去哪儿网正式宣布涉足团购领域，1 月 6 日其团购频道正式上线。去哪儿网团购频道目前主打酒店客房、餐饮和 SPA 等酒店类团购产品，日后还将引入机票、度假产品等团购项目。去哪儿团购频道推出的北京鑫海锦江大酒店高级客房在春节淡季期间上线 7 天完成支付上千间夜，相当于传统旅行预定网站一个季度的间夜数。事实上，团购网站对商家而言，主要有两大功能：一是扮演了一个销售渠道的角色。在某些情况下，商家可以通过直接出售商品或服务获利。此时，虽然商家给出的产品或服务的价格极低，但因为销售量大仍然可以获利；二是团购网站本身也是一个拥有巨大广告价值的媒体平台，商家可以通过各种活动吸引眼球，打造品牌。

任务一　旅行社产品销售渠道

旅行社产品销售渠道是个完整的系统，所要解决的问题是由谁、在什么地方把旅行社产品销售给目标市场旅游者。在渠道的流程中，我们可以看到各方参与者即生产者、中间商、旅游者之间的相互关系。

一、旅行社产品销售渠道

（一）定义

旅行社产品销售渠道又称为分销渠道，是指旅行社产品从旅游生产企业向旅游消费者转移过程中所经历的一切取得使用权或协助使用权转移的中介组织和个人。一般而言，根据旅游产品在流通过程中是否经过中间商转卖来划分，可将旅游产品的销售渠道划分为直接销售渠道和间接销售渠道。

（二）旅行社产品销售渠道的作用

1. 简化交易程序

旅行社产品销售渠道为旅游者、旅行社双方都提供了极大的便利。从旅游者的角度看，旅行社通过形式多样的销售渠道把旅行社产品带到旅游者面前，从而为旅游者节省了大量的购买时间和精力。

2. 直接影响其他市场营销策略的实施效果

产品、价格、渠道、促销是一个整体营销的过程，只有每一个环节都顺利完成才能使得旅游市场营销策略效果最大程度地体现出来。

3、承担风险

由于大部分旅行社产品在价值上具有不可贮存性，如果不能及时把旅行社产品销售出去，那么尚未售出的旅行社产品价值可能会完全损失，因此旅行社产品销售渠道还具有承担风险的作用。

4. 保证旅行社再生产过程顺利进行

旅行社产品销售渠道加速了旅行社产品的销售速度，使得旅行社再生产过程得到顺利的进行。

5. 提高旅游经济效益

加速旅行社再生产的过程本身就可以使得旅行社在最短的时间内获得更多的经济收益。

（三）旅行社产品销售渠道长度与宽度

旅行社产品销售渠道长度是指旅行社产品从生产者到旅游者所经过的中间环节的多少，旅行社产品中间环节的数量不同，渠道的长度也不同。所经过的中间环节越多，销售渠道就越长；反之，销售渠道就越短，其中企业直销渠道最短。

旅行社产品销售渠道宽度是指一个时期内营销网点的数量，包括旅行社自设的营销网点和旅游中间商的数量。一些规模较大的跨国公司其旅游营销网点遍布全球、渠道较宽，而一些小型旅行社营销网点很少、渠道较窄。

（四）旅行社产品销售渠道的功能

1. 承担营销职能，促进产品销售

旅游中间商介入旅行社产品的营销可以为旅行社产品供应商在市场调查、广告宣传、产品销售和为购买者服务等方面分担部分营销职能，从而使旅游生产企业有更多的精力用于产品的改造及扩大再生产。

2. 提供多种产品组合，满足市场需求

为满足旅游者多方面的需要，旅游中间商能够将各种旅行社产品组合起来，形成完整的系列化产品提供给旅游者。

3. 联系供求双方，促进信息交流

旅游中间商是联系旅行社产品供给者和购买者的纽带和桥梁，可促使双方之间信息的交流。

二、旅行社产品销售渠道策略

（一）影响因素

1. 法律因素

旅游生产者或提供者要认真研究目的地国（地区）和客源国（地区）的有关法律和法规，在法律法规允许的前提下选择销售渠道。

2. 经济效益因素

旅行社还应该根据不同销售渠道带给旅行社的经济效益来决定选择哪种销售渠道。一般来说，旅行社通过旅游中间商销售其产品所获得的销售收入要低于由旅行社直接进行产品销售所获得的收入，因为旅游中间商要将产品销售的部分收入留下，作为他们帮助旅行社销售产品的报酬，因而使旅行社的产品销售利润降低。

3. 旅游市场因素

当旅游者分布较为集中时，可以选择在客源地建立直接营销网点；而当旅游者分布较为分散时，可利用中间商进行销售。与客源市场的距离是指旅行社所在地与目标客源市场所在地之间的距离，当目标市场距离旅行社较近或者与旅行社同在一个城市或地区时，旅行社应选择直接销售渠道，以达到节省销售费用、准确把握旅游者的需求变化动向和及时提高产品质量的目标；当目标市场较远时，旅行社应选择间接销售渠道。

4. 企业自身因素

企业的规模、形象、经营能力对销售渠道有较大影响。旅行社的自身条件包括旅行社的声誉、资金、管理经验和对销售渠道的控制能力等重要因素。如果旅行社拥有良好的声誉、丰富的管理经验、充裕的资金和较强的销售渠道控制能力，则应该选择直接销售渠道；反之，则应该选择间接销售渠道。

5. 旅行社产品因素

对于大众化的旅行社产品宜采取间接销售渠道、较宽的渠道，而对于高档、非大众化的旅行社产品，则宜选择较窄的销售渠道。

6. 中间商因素

理想的旅游中间商能便捷服务顾客，其职能与生产者的需要相符，熟悉生产者所提供的旅行社产品，在目标市场旅游者心目中形象较佳，合作意愿强，营销能力能达到生产者的期望且费用适中。

（二）渠道策略

在销售旅游产品的过程中，旅行社对销售渠道的选择过程也就是销售渠道的决策过程。

1. 专营性销售渠道策略

专营性销售渠道即为销售总代理制，即在一个客源市场（国家或地区内）只找一家旅游批发商作为自己在那里的独家代理或总代理。建立这种关系后，双方不再和对方的竞争对手发生合作关系。这种销售渠道比较稳定，彼此间的利害关系比较一致，可以建立起比较好的合作关系。这种销售渠道的缺点是只靠一家批发商销售产品，销售面和销售量都可能受到限制。这种策略一般用于开辟新市场之初或限于推销某些客源层不广泛的特殊旅游产品。

2. 直接销售渠道策略

直接销售中间没有销售环节，它的优点是所有利润一概归己，不需要与其他旅行社分享利润。但是直接销售的弊端是销售范围与销售量有限，销售成本高，一般需在客源地设立办事处或设立旅行社，会耗费较多的人力、物力。如果客源地有与该社合作的旅行社，直接销售可能会带来该社与合作伙伴的矛盾，进而合作伙伴不再与该旅行社合作，转而与其竞争对手合作，从而使该旅行社遭受巨大损失。即便要在客源地设立办事处，参与招徕，也必须以不低于合作伙伴的销售价格进行销售，以保持与合作单位的友好合作，或者只做一些宣传促销工作，销售仍由合作单位进行。

3. 选择性销售渠道策略

选择性销售渠道策略是指在一个市场上从众多的旅游批发商中选择几家信誉较好、推销能力较强、经营范围和自己对口的批发商，设法同他们建立比较稳定的合作关系。

4. 广泛性销售渠道策略

广泛性销售渠道策略是指通过旅游批发商把产品广泛分派到各个零售商以满足旅游者需求的一种渠道策略。它的优点是可以广泛委托各地旅行社销售产品和招徕客源。广泛性销售渠道策略可以把现实的和一部分潜在的消费者变成本公司的客源，但是旅游销售一般都供大于求，这种市场条件使得多数旅行社感到客源不足，都希望利用广泛性销售渠道与更多的零售商建立联系。这种情况势必加剧不同旅行社之间的竞争。

从上述分析可以看出，直接销售方式用于新产品投放市场之时或新市场开辟之初，但也有一些限制因素存在。专营性销售渠道也用于新市场开辟之初，在对新市场缺乏了解、缺少合作伙伴的情况下也都适用此法。广泛性销售渠道则用于市场发展之时。当推出的旅游产品需要寻找更多的买主时，往往采用此法。选择性销售渠道则用于市场发展成熟之时。当新开辟的市场发展到一定程度，而且合作伙伴众多的情况下，应该保留一些信誉好、发团多、合作关系稳定的合作伙伴；而对那些信誉差、付款不及时、发团量有限、合作得不好的经营者应果断与其终止合作。

三、旅游中间商

（一）旅游中间商类型

旅游中间商是处于旅行社产品生产者与旅游者之间专门从事旅行社产品交换的中介组织。

在旅游市场营销中，旅游中间商通常被划分为旅游经销商、旅游代理商、旅游批发商和旅游零售商。

1. 旅游经销商

旅游经销商是买进旅行社产品再转卖出去的旅游中间商，其显著特点是旅行社产品所有权在买卖双方的转移。经销商通过购买而取得旅行社产品所有权，经销商的收入来自于一买一卖的差价。旅游经销商由于取得了旅行社产品的所有权，因此产品再转卖的所有利益和风险都由其独立享受和承担。

2. 旅游代理商

旅游代理商是指受旅行社产品生产者或提供者的委托，在委托权限内代理销售生产者或提供者的旅行社产品的旅游中间商，其显著特点是旅游代理商不取得旅行社产品所有权，收入来自根据代理销售量多少所取得的被代理企业支付的佣金。旅游代理商不承担因旅行社产品销售不出去而产生的价值损失，其代理的积极性高低主要取决于从代理销售中所得到的佣金多少。

3. 旅游批发商

旅游批发商通常指经营包价旅游批发业务的旅行社，旅游批发商在销售渠道中一头连接旅行社产品生产者，另一头连接旅行社产品零售商。由于旅游批发商的直接客户是旅游零售商，因此其以零售商的需求为直接导向，根据零售商需要大量购入旅游生产者的产品，如景点观光门票、旅游交通运输工具的在一定时间的座位票、旅游饭店的客房、餐饮产品等，把它们组合成包价旅游线路，以一定批量，并以批发价销售给旅游零售商，再由零售商转卖给最终消费者（游客）。有的旅游批发商很有实力，销售网络遍布世界各地，也有的旅游批发商规模较小，只经营特定旅游市场的专项旅行社产品如修学旅游、体育旅游等，网点较少。

旅游批发商的作用主要有：

（1）组合旅行社产品的功能。根据市场需要通过大量购买旅游生产企业的产品，并按日程整合成有吸引力的包价旅游线路，以批量形式销售给旅游零售商，供旅游零售商转卖。

（2）分销功能。旅行社产品生产企业可借助旅游批发商的销售渠道，实现大规模、远距离的销售。

（3）分摊风险的功能。旅游批发商由于购买的是旅行社产品所有权，如果销售不出去将导致已购买的旅行社产品价值的全部损失，因此所要分担的风险大。要实现从旅行社产品到货币的惊险跳跃，旅游批发商需准确把握旅游者需求变化。旅游批发商通过市场调研，及时获得准确的市场信息，据此进行批量采购，并把旅行社产品组合成适销对路的包价旅游线路。

4. 旅游零售商

旅游零售商是指从事旅行社产品零售业务的旅游中间商，其特征是从旅行社产品生产企业或旅游批发商处批量代理旅行社产品，再以零售价格出售给旅游者。旅游零售商是旅行社产品销售渠道的最终环节。

旅游零售商处于旅行社产品生产者与旅游者之间、旅游批发商与旅游者之间，起着重要的交换媒介作用。其具体作用如下：

（1）方便购买。旅游零售商网点分布于大中小城市，触角很广，能带给旅游者购买上的便利。

（2）信息服务。旅游零售商直接面对旅游者，为旅游者购买和出行提供所需要的信息与咨询服务，同时将旅游者的意见和建议、需求变化等市场行情及时反馈给旅游产品生产者和旅游批发商，为他们的生产和经营提供信息导向。

（3）分配与促销。生产者和批发商可通过旅游零售商的网点进行销售。尽管旅游零售商不购买旅行社产品的所有权，但他们是以按销售额的一定比例返还的租金作为收入，因此旅游零售商会积极地进行宣传、展示、推广等促销活动。

（二）旅游中间商的作用

1. 组合加工，进行市场开拓

旅游中间商专门进行旅行社产品的购销工作。他们集中来自各个旅游供应商的数量众多、品种特色各异的旅行社产品，并能根据产品特点、市场需求特征组合出内容、线路、时间、价格、交通及旅游方式等各不相同的包价旅游产品，既能满足旅游者对一次旅游活动的整体需求，又能满足他们各不相同的需求倾向。同时，他们可以通过自身对市场的变化及走向的强烈的敏感性，把旅游供应商提供产品的生产优势与自己对市场开拓的营销优势结合起来，使旅游生产企业与旅游中间商都得以顺利成长。

2. 市场调研，加强供求双方的信息沟通

旅游中间商利用自己直接面向旅游消费者的有利地位，真实、客观、全面地调查、掌握消费者的意见和需要，从而为旅游供应商提供准确、及时的信息，帮助供应商对市场的变化作出及时的反应，使旅行社产品和服务的供应能不断适应旅游消费者的需求。

3. 促进销售，激发顾客的潜在需求

旅游中间商往往是旅行社产品促销的专门人才，各自拥有自己的目标群体，与社会各方有可能形成良好的公共关系，他们可以借助广告、宣传、咨询服务和名目繁多的促销活动，促使客户的潜在需求转化为现实的旅游需求。同时，他们还可以提供诸如代办旅游签证、旅游保险等其他相关服务，更好地为旅游者创造各种附加利益。

（三）选择旅游中间商的原则

旅行社产品销售渠道是旅游市场营销策略的重要组成部分，大多数旅行社都通过旅游中间商来销售产品，选择适合的旅游中间商对于那些规模大、目标市场范围广的旅行社尤为重要。尽管一些旅行社以接待散客和直接销售为主，但也会借助中间商来销售一部分旅行社产品。要选择适合的旅游中间商，首先要明确本企业所建立的销售渠道网络要达成的目标是什么、旅游市场需求如何、目标市场的地点在何处、市场竞争状况如何、选择什么样的中间商最有效益等，并在此基础上调研潜在的旅游中间商，了解其业务性质、市场推销能力、规模大小、信誉高低、是否接近本企业客源市场、是否经销同类竞争性产品、经销本企业产品的兴趣大小、是否有合作意愿等。在知己知彼的前提下，选择旅游中间商还应遵循如下原则：

1. 便捷性原则

选择旅游中间商的基本要求之一就是所选择的旅游中间商要有现代营销意识且最靠近目标旅游市场，这样的话，旅游者最容易找到他们并方便快捷地购买所需的旅行社产品并能得到所需要的服务。按照便捷性原则选择旅游中间商，就应考虑旅游中间商要有足够多的网点与目标市场适应，并且旅游中间商的服务态度、服务方式、服务内容、服务技术要令旅游者满意。

2. 效益原则

销售渠道的构建需要支付一定费用，销售渠道的维持也需要一定的费用开支。销售渠道的费用开支需要从销售渠道的收入中得到补偿，以收抵支取得经济效益。如果旅行社维持某中间商渠道的支出大于收入就会得不偿失，旅行社则会裁减这条中间商渠道。一般而言，旅行社产品生产者以批发价向经销商出售产品，或以一定差价作为佣金支付给委托代理商让其代理销售。

3. 控制风险原则

风险与利益往往是共生的关系，选择旅游中间商应尽可能规避风险、减少风险。旅游生产企业都十分重视对散客的招徕，因为对这类游客通常售价较高而且没有被拖欠的风险。目前旅游市场还不够规范，企业信誉评估体系尚未建立，信用缺失、诚信危机而导致的三角债现象较为普遍，由此导致旅行社产品交易成本提高。因此，防范中间商的拖欠风险成为旅行社风险控制的重要内容。一些旅行社因被中间商恶意拖欠而苦不堪言，甚至产生生存危机。

4. 效率原则

选择旅游中间商要考虑其对本企业旅行社产品的推销速度。推销速度快、效率高则有利于旅行社提高资本周转速度。

5. 可控性原则

旅行社有必要对销售渠道进行适当的控制，一旦销售渠道失控会导致销售渠道的混乱，旅游中间商会弃之而去，严重时生产者会被挤出市场。

（四）对旅游中间商的日常管理

对旅游中间商的日常管理包括建立客户档案、及时沟通信息、实施客户评价、采取折扣策略和适当调整客户 5 项内容。

1. 建立客户档案

旅行社在档案中记录每一个旅游中间商的历史和现状、输送旅游者的人数、频率、档次、付款时间、欠款情况等信息。

2. 及时沟通信息

旅行社及时向旅游中间商提供各种产品信息有助于旅游中间商提高产品推销的效

果。同时，旅行社也能够根据旅游中间商提供的市场信息改进产品的设计，开发出更多适销对路的产品。

3. 实施客户评价

客户评价包括客户的积极性、经营能力和信誉。

4. 采取折扣策略

折扣策略包括数量折扣策略、季节折扣策略和现金折扣策略三个类型。

（1）数量折扣策略。以旅行社产品的基本价格为基础，根据旅游中间商销售旅行社产品的销售额给予一定程度的折扣。

（2）季节折扣策略。是旅行社针对旅游淡旺季明显的特点，为了调整旅游中间商向旅行社输送旅游者的时间所采取的一种管理策略。

（3）现金折扣。是旅行社为了鼓励旅游中间商尽快向旅行社付款，避免减少拖欠款、呆账等不良债权的管理措施。

5. 适当的调整

当出现下列情形之一时，旅行社应该对旅游中间商进行调整。

（1）旅游市场发生变化，如市场的供求关系发生变化及旅游市场的微观环境或宏观环境发生变化等。

（2）旅游中间商发生变化，如旅游中间商经营状况不佳，旅游中间商出现信用危机等。

（3）旅行社自身发生变化，如旅行社产品的种类和档次发生变化、旅行社开辟新的市场或扩大产品销售范围及旅行社的客源结构发生变化等。

四、良好的旅行社产品销售渠道的主要特征

（一）使旅游购买更加便捷

便捷性是指方便目标市场旅游者购买、尽可能节省购买者的时间成本和精力成本。便捷性是对传统渠道理念的重大突破，是在现代销售渠道构建过程中落实以旅游者为导向的经营哲学的具体体现。目前旅游市场竞争十分激烈，新企业、新产品不断涌现，新时尚、新潮流层出不穷，旅游者选择的余地越来越大，渠道竞争已成为旅游市场竞争的重要手段之一，谁能给旅游者带来更多的便捷，谁就掌握了渠道竞争的主动权。

（二）连续性明显

销售渠道不宜经常更换，只有保持长期的连续性，才能获得更多的便利和优惠，这对旅游者、旅行社和旅游中间商都是非常重要的。

（三）费用省而效益高

对旅行社产品生产者而言，最佳销售渠道就是相对费用较省、经济效益较高的渠道。渠道费用省意味着交易成本的降低。不过渠道费用也不是越省越好，而是对生产者实现规模经济效益越高越好。有的销售渠道费用很低，但销售渠道能力弱，产品销售不出去，造成旅游生产者利润大幅下降。

（四）各环节衔接紧密且辐射能力强

旅行社产品生产者都不希望出现销售渠道阻塞或脱节而导致销售不畅的问题，因此，最佳销售渠道的基本特征之一就是销售渠道之间环环相扣、衔接紧密，渠道各成员配合默契，从而有利于顺利实现旅行社产品从生产者到旅游者的转移。旅行社产品销售渠道的辐射能力是指销售渠道在旅游市场的覆盖范围和渗透能力。能覆盖目标旅游市场并带来一定数量稳定的客源，同时可渗透到竞争对手领地夺走其部分市场，这样的销售渠道就是比较理想的渠道。

（五）合作意愿良好且配套全面

最佳销售渠道中的各成员既有合理分工又有良好合作。渠道成员与旅行社产品生产者真诚合作，自觉自愿为共同利益而努力，在实现旅行社产品的价值中获得各自的利益。渠道成员还应有一定配套能力，如组合旅行社产品能力、服务旅游者能力、市场调研能力和宣传推广能力等。

五、旅行社产品销售渠道调整决策

旅行社产品生产者有时需要随市场环境变化而调整销售渠道，使销售渠道保持活力；有时旅行社产品生产者为改进渠道而调整现有销售渠道。调整旅行社产品销售渠道的最终目的是方便购买、提高销售额、增加利润额，这也是衡量调整销售渠道成败得失的最关键因素。旅行社产品销售渠道调整有三种形式可供选择：增减某一销售渠道中的中间商数量、增减部分销售渠道、调整整个销售渠道。

（一）增减某一销售渠道中的中间商数量

旅行社产品生产者常常会发现，同样一条旅行社产品销售渠道，有的中间商营销积极性高、诚信高、营销能力强、销售数量和销售金额大，是旅行社产品生产者要努力挽留的旅游中间商，而同一渠道内有的旅游中间商营销热情低、营销能力弱、销售数量和金额较低，是旅行社产品生产者要考虑淘汰的中间商。旅行社产品生产者还发现，有的旅游中间商虽暂时尚未加入本企业的某一销售渠道，但十分符合本企业的要求，就会考虑把这类中间商纳入某一销售渠道。

（二）增减部分销售渠道

旅行社产品生产者有时会发现，仅靠增减某一销售渠道中的中间商数量效果不佳时就需要考虑增减整条销售渠道。对于不符合要求的销售渠道整条地大量裁减往往又会影响产品销售，于是生产者往往在削减现有销售渠道的同时又会增加新的销售渠道。有时为扩大产品销售，旅行社产品生产者即使不削减现有销售渠道，也会考虑增加新渠道。旅行社产品销售渠道的加宽或收窄要根据企业实际需要和渠道的具体状况而定。

（三）调整整个销售渠道

旅行社产品生产者对原有销售渠道进行全面变革，放弃旧渠道，构建新渠道。当原有销售渠道基本丧失功能或旅游市场发生重大变化、旅行社战略发生重大调整时才能弃旧建新。整个销售渠道的变革往往关系重大，旅行社需审慎决策。

六、旅行社产品销售渠道的发展趋势

（一）旅行社产品销售渠道由长宽并重向以宽为主的变革

当旅游需求发展到高度个性化时，"一对一"的营销战略必然要求生产者实现包括交易在内的与旅游者的直接接触，缩短销售渠道直至实现面对面的销售，旅游者需求的多样个性化趋势必然要求旅行社产品的生产和营销采取以宽为主的战略。增加旅行社自设的营销网点和旅游中间商的数量，从而为实现控制力的集中、信息的集约化管理、产品的产销弹性而将渠道策略推向以宽为主。

（二）垂直市场销售渠道由交易型向伙伴型转变

垂直营销系统是一种纵向联合方式，是由旅游生产者、旅游批发商和旅游零售商所组成的一种统一的联合体，它通过产权、契约、合作等关系将该渠道的成员联系在一起，可以由生产商支配，也可以由批发商或零售商支配，实行专业化管理，统一制定渠道计划，控制渠道的销售活动，加强渠道成员的合作，降低经营成本，扩大市场影响。在当前市场发展的情况下，伙伴型的关系更符合旅游生产者、旅游批发商和旅游零售商的根本利益，这对于良好市场环境的形成有着重要的意义。

（三）水平型市场销售渠道从单独生存向共生性转变

横向联合的水平式营销系统是由两个或两个以上的旅行社联合开发一个旅游市场机会。由于现在的市场日趋复杂多变，规模日益巨大但是比较分散，进行市场开发需要庞大的资金、技能、生产或营销资源，独立企业缺乏开发条件或不愿独自承担巨大的商业风险，与其他企业联合可以产生巨大的协同作用，其销售渠道于是向共生性转变。

（四）网络销售渠道日益受到人们的关注

网络营销是以互联网为依托，消费者直接参与，涉及企业运作的各个层面，其具有庞大的信息源和方便、快捷的支付手段等。旅游网络营销的特点具体表现为：旅游销售与消费的异地性；旅游交易是一种小额、多批次的服务贸易；旅行社产品促销的抽象性；旅游交易需要一个庞大的销售中介网络。旅游网络销售渠道的功能具体表现为：网络销售渠道是信息发布的渠道；网络销售渠道是销售产品、提供服务的快捷途径；网络销售渠道是旅行社之间洽谈义务、开展商务活动的场所，也是进行客户技术培训和售后服务的理想园地。

当前，全国主要的旅游网站已超过500家，网上旅游市场发展很快，现有的旅游网站电子商务模式主要有B to C与B to B两种，国内专业的旅游电子商务网站尚处于初级阶段。B to C是电子商务按交易对象分类中的一种，即表示商业机构对消费者的电子商务。其一般以网络零售业为主，主要借助于互联网开展在线销售活动。B to C经营模式是目前国内旅游电子商务的主流，相对来说起步比较早，以中国旅游资讯网、中华行知网、携程旅行网、艺龙旅行网、华夏旅游网等为代表。B to B指的是Business to Business，即商家（泛指企业）对商家的电子商务。B to B是旅游电子商务的后起之秀，起步较晚，但显然是旅游电子商务发展的趋势，以旅游交易在线为代表。

随着世界范围内电子商务的迅猛发展，旅游团购作为消费领域的一个重要部分，不但成为团购的热点产品，更发展出垂直领域的旅游产品团购，而且成为旅游电子商务中的热点。虽然国内团购行业呈现出“千团大战”的热闹场景，但涉足旅游团购的网站却为数不多，这主要是因为旅游需求更多的是一种异地消费，与团购立足于本地消费市场的特征有所冲突。其次，旅游产品是一个偶发性的消费，消费频率较低，难以和其他人均消费次数较高的产品相比。再者，与餐饮、美发等相对成熟的团购产品相比，旅游团购服务时间更长、专业性更强、涉及的服务机构也更多，而且对服务质量的要求也更高，所以一般团购网站鲜有涉足。在这些综合因素的共同作用下，旅游团购能否发展成为一种旅游分销的主要渠道，前景尚不明朗，其发展有待于团购网商对消费需求的进一步挖掘及旅游消费需求的持续提升。

网络销售渠道具有较大的优越性，但是目前使用该渠道的旅行社还不是很普遍，原因在于：

1. 用电子货币进行交易所面临的诚信缺失问题

在传统营销中，旅游者已经习惯了“一手交钱、一手交货”的面对面交易，或是用合同的方式约束交易双方，从而使产品与资金的不同步交易方式在较为规范的条件下进行。而使用网络销售渠道的前提是交易过程中产品的非实物化，因此在交易过程中就存在信用问题：其一是旅行社对产品描述的准确性，即旅游者对旅行社产品的预期和实际产品之间存在差距；其二是旅游者在支付手段上的安全性，现阶段用电子货币进行交易的安全性仍然不足，如旅游者的信用卡等私人资料在传输过程中可能被截取或被盗用，目前的加密技术仍不能完满地解决这一问题。

2. 部分旅游者对这种新型营销方式缺乏信心

由于使用网络销售渠道的旅行社在网上均表现为网址和虚拟环境，所以企业有更高的自由度，即使是小企业也可以利用电子信息工具武装自己，缩小与大企业的差距，而旅游者也因此增加了鉴别、选择企业或产品的难度。一些在实体世界中可有效判别和预见旅行社产品服务质量的方法和直觉，在网上将难有用武之地，旅游者必须学习新的或继续以现实途径进行辅助判别，这就增大了旅游者判别的难度并相应增加了判别成本。

3. 人际关系虚拟化

通过网络销售渠道进行交易使人际关系虚拟化。由于网络交易部分地替代了面对面的人际互动关系，旅游者和旅行社营销人员可以不再进行面对面对的直接交流。这种虚拟的人际关系无法满足旅游者在购物时的个人社交动机，例如家庭主妇或朋友间希望通过结伴去购买旅行社产品以保持朋友间的良好关系等。此外，借助网络售卖产品的旅行社无法使旅游者因购买旅行社产品而受到关注和尊重，旅游者无法通过购物过程来显示自己的社会地位、成就或支付能力，而且通过网络销售渠道分销的旅行社产品的价格其灵活性较为欠缺，会令某些喜欢在现场讨价还价的旅游者感到失望。

因此，构建网络销售渠道所必须具备的条件包括：

1. 构建约束营销的道德体系是基本前提

构建网络销售渠道并充分发挥它的作用，光靠法律法规的约束是远远不够的，构建约束旅行社和旅游者的道德体系是前提，要让旅行社和旅游者自觉地提高自身的道德素质，把诚信作为网络渠道中买卖双方的道德基础，从主观上杜绝网络渠道中的欺诈行为。

2. 构建规范网络营销的法律体系是根本保障

为了充分保障旅行社和旅游者的利益，首先要构建规范的网络销售渠道法律体系。如果没有强有力的法律规范作为保障，网络营销就不可能得到健康发展。目前通行的法律都是建立在传统经济上的，已经相当成熟和完善。但是，这些庞大、繁杂、严密的法律体系显然并不能完全适用于电子商务时代经济的新形势。国际经合组织近年来一直在讨论网络法律的基本原则和框架，但至今还未达成共识。在构建相关旅游法规时，政府和相关部门一方面要尽快从旅游经济安全的角度建立具有中国特色的、适用于电子商务的法律，另一方面要密切注意国际电子商务法律的动向，并加以学习借鉴，以赶上发达国家网络法律的建设步伐，使得旅行社的网络渠道营销工作和旅游者的网络购买行为有法可依、有规可循。

3. 增强人文关怀意识是网络营销成功的关键条件

传统的经营理念，要么是掠夺人，即把旅游者看成是旅行社的猎物，是猎取的对象；要么是利用人，即把旅游者看成是利用的对象，是旅行社借以赚钱的工具。即使一些旅行社提出了“顾客是上帝”的口号，但“顺应”、“服从”顾客需要的背后，难以兼顾“钱”与“情”的和谐统一。而人文关怀理念，则是“为了人”，不仅重视满足旅游者的物质需要，更重视满足旅游者的情感需要，做到旅游者在物质和精神两方面的全方位满意，最终在满足旅游者的需求中实现旅行社的利益。

4. 构建网络营销的舆论监督体系是基本条件

如果说法律体系的构建是一种政府强制力的体现，道德体系的构建是减少诚信危机的主观措施，那么构建规范旅游网络营销的舆论监督体系就是一个基本的外部条件，舆论监督是对法律法规监督不可缺少的辅助因素。电子商务时代的旅行社和旅游者处在一个信息爆炸的社会，同时也生活在一个强大的舆论监督网络中，通过构建完善的监督体系，让旅行社和旅游者自觉接收舆论监督，客观上促使旅行社和旅游者在网络渠道中维护自己的诚信。

对于多数中小旅行社而言，更应该综合运用多重旅行社产品销售渠道，变被动为主动，平衡各种销售渠道之间的比重。

网络销售渠道可以使旅游营销的作用发挥到最大，可以把企业的经营风险降到最低，这种营销方式将在以后发挥更为重要的作用。

任务二　旅行社产品促销

在旅游市场营销组合四个要素中，旅游产品是基础，是决定性的因素；价格则是最敏感、最微妙的因素；分销渠道是旅游生产者通向旅游消费市场的桥梁；而旅游产品促销则是旅游市场营销中最富有活力和创意的领域，是旅游营销理论在实践中最具体、最直接的应用。

一、旅行社产品促销的概念及作用

（一）旅行社产品促销的概念

由于旅行社产品的特点不同于一般产品，绝大多数旅行社产品很难做到供需直接见面，非一般意义上的一手交钱一手交货。旅行社产品具有无形性特征，其使用价值不像一般产品容易感知，对使用价值的判断带有很强的个人主观性。因此，旅行社产品生产经营者更应重视与旅游消费者的沟通，尤其是沟通方式的选择及内容的确定更为关键。旅行社产品生产经营企业应首先通过市场调查搜集与掌握旅游者的需求及爱好，在此基础上，以最恰当的方式进行与消费者之间的交流与沟通，以达到扩大销售的目的，这就是旅行社产品促销。

旅行社产品促销的实质是旅行社产品生产经营者与购买者之间的信息沟通。其原理是通过各种形式不断向购买者传递企业及产品或服务的信息，以形成外界刺激，激发购买者的欲望，促使其采取购买行动实现购买，从而达到促销的目的。

（二）旅行社产品促销的作用

1. 增加需求，扩大销售

旅行社产品促销活动不仅可以诱发需求，还能够创造需求，吸引消费者去尝试从未消费过的新产品，可以促使持观望态度的消费者迅速作出购买决策。

2. 提供情报，传递信息

在现代社会，信息流是商流和物流的前导。旅行社在产品生产组合之后，甚至在尚未进入市场之时，就必须采取各种方法及时向消费者传递产品或服务的信息，向他们介绍产品的特点、性质、价格、其所提供的服务等消费者关心的信息，以引起消费者和旅游中间商的注意，而旅游中间商也需要向其下游中间商或消费者提供信息介绍产品或服务，以达到促销的目的。

3. 突出特点，强化竞争力

相互竞争的同类产品其差别往往不很明显，尤其是旅行社产品，其同质程度更高，有许多不同于一般产品的特征，使消费者难以区分与辨别。通过旅行社产品促销，企业会把旅行社产品的定位特色、旅行社产品独特的信息传递给消费者，使其产品或服务在消费者心目中有一个清晰的形象与定位，即使对于没有实质性差别的旅行社产品，通过促销，也能赋予它独特的形象内涵，使消费者认识到旅行社产品带来的独特效用，并形成对产品的偏好，成为企业忠实的顾客。

4. 稳定销售，巩固市场

由于种种原因，有时企业全年的销量波动很大，例如很多旅游区有淡、旺季之分，当然销量更是天壤之别，这是市场不稳定的反应。企业可以通过促销活动，使更多的消费者形成对本企业的偏好，达到稳定销售的目的。一般来说，规划广告的目的就是稳定公司产品的市场地位。另外，消费者的记忆和企业促销的次数及重复程度成正比。随着企业促销力度的减弱，企业及其产品在消费者心目中的形象也会越来越模糊，销量也会逐渐下降，而持续的促销活动则能保持企业及其产品长驻消费者心中，并保持稳定的销量。

二、促销信息的传递

1. 确定受众目标

信息的传达者在传达信息之前首先要确定信息的接收者是谁、属于哪个群体、这个群体的影响者是谁等。

2. 确定促销活动所期望的反应

旅行社通过和目标顾客之间的信息沟通，当然希望达到扩大销售的结果，使信息接收者都成为企业的现实顾客。通常消费者接受并购买一项产品或服务需要经过以下过程：认识→了解→喜爱→偏好→信赖→购买。

在每一个过程中，消费者选择接收信息的侧重点是不同的，旅行社应根据处于不同阶段消费者的特点组织信息的传递方式和内容。

3. 选择并确定要传递的信息

明确了所期望的信息接收者的反应后，旅行社就应着手搜集、整理、加工信息，目的是使所传达的信息能引起接收者的注意，引发其兴趣，激发其购买欲望并最终采取购买行动，这也是一个理想的信息所应具备的条件。旅行社应在信息内容、传递方式、信息源选择等方面围绕上述目的进行。

4. 选择并确定传递信息的媒介

信息传递可通过广告、人员推销、公共关系及营业推广等多种手段，其中又有诸多媒介可供选择，各种手段及各种媒介都有各自的优缺点及适用条件，企业应根据产品及服务的特点选择使用。

5. 选择信息源

信息源即信息由谁发送给信息接收者。一个理想的信息源可以使所传递的信息具有较强的注意力和记忆力，能产生较好的促销效果。

6. 收集反馈信息

发出信息后，旅行社应进行信息效果的评价，了解信息对目标市场行为的影响程度。对信息效果进行评价主要有以下指标：信息的接收率、信息的记忆程度和理解程度、信息播出前后的知晓率、销售情况的对比等，这些数据的取得主要依靠多种调查手段实现。

三、促销组合及旅行社产品促销组合策略的类型

（一）促销组合的概念

1. 促销组合的概念

促销组合就是有目的、有计划地把广告、人员推销、营业推广和公共关系四种促销方式结合起来，综合运用，发挥各自优势，达到企业促销的目标。而促销策略则是对几种促销形式进行选择、组合和应用。促销组合策略的灵活性非常强，既有科学性，也要讲究艺术性。要正确地制定促销组合策略必须清楚各促销方式的特点、优势及不足，在此基础上才能制定出高效、科学的促销策略。

2. 各种促销方式的特点

促销组合结构大致可分为以下两类：

（1）人员沟通。即旅行社与旅游消费者双方采取直接交流的形式，如人员推销、售后服务、消费者座谈会、与消费者的信函交流等。

（2）非人员沟通。是指通过没有个人接触和反馈的渠道与消费者进行信息的沟通，

如通过各种媒介、气氛和事件传递企业信息。广告、营业推广、公共关系等方式即为非人员沟通。其中，广告是指广告主在支付一定的费用后，利用大众传播媒介向公众传递有关企业及产品的信息；人员推销是指旅行社利用推销人员直接与消费者进行面对面的接触，以达到使消费者了解并购买本企业产品的目的；营业推广的形式有很多，如优惠券、附赠品销售、有奖销售、展览会等，其目的是刺激信息接收者在促销现场作出购买决策。公共关系是指旅行社以非付费方式通过大众传播媒介来改善并提高企业在公众心目中的形象并宣传企业及其产品。

以上四种促销方式的优缺点见表 4－1 所示。

表 4－1　四种主要促销方式优缺点比较

促销方式	优　点	缺　点
广告	宣传面广，传递信息快，节省人力，形象生动	只能与消费者进行单向信息传递，效果不能立即体现，有些媒体促销投入较高
人员推销	与消费者直接面对，有利于了解消费者特点和需要，互动性强，有利于与顾客形成长期的关系	人员编制大，推销力量不易改变，费用高
营业推广	容易吸引注意力，作用快速，刺激性强	效果通常是短期的，适用于短期促销行为
公共关系	对消费者来说真实、可信，容易接受，有利于树立企业形象	活动牵涉面广，并非企业可自行控制的

（二）旅行社产品促销组合策略的类型

旅行社产品促销组合策略有两种，即推动策略和拉引策略。不同策略对各种促销方式的重视程度是不同的。

1. 推动策略

指旅行社（促销主体）将产品或服务通过分销渠道“推”到旅游中间商或最终消费者手中，多以旅游中间商为促销对象。旅行社产品生产企业以此来指导他们对渠道成员的促销活动，使旅游中间商订购他们的产品并最终将其销售给最终购买者。通常使用的促销方式为人员推销和其他销售推广手段。

2. 拉引策略

即旅行社产品生产企业大量运用广告和其他宣传措施激发消费者对企业产品发生兴趣，产生购买行为，多以最终消费者为促销对象。如北京凯宾斯基饭店在报纸上做广告进行企业宣传，感兴趣的顾客自然会主动采取措施联系饭店。因此，拉引策略会使消费者“拉动”产品沿着分销渠道运动。

四、旅行社产品促销预算

旅行社在制定促销组合策略时要考虑很多因素，其中，针对促销预算要考虑两点，一是促销活动应投入多少费用，二是这些费用如何在各促销方式间分配。如何使有限的促销费用发挥最大的作用，就要求企业科学合理地分配和使用资金，因此编制科学的促销预算是十分重要的，也是非常必要的。一般编制促销预算的方法有以下四种：

1. 销售百分比法

即旅行社根据目前销售额或预计销售额的一定百分比确定促销预算。其优点是简便易行，考虑了促销费用与销售额、利润之间的关系，还会因销售额及价格的变化而变化，有一定的弹性。但它也有不合理之处，该方法错误地把销售视为促销的原因而不是结果；预算是以可提供的资金而不是以营销机会为基础，在市场机会或突发事件面前缺乏灵活性；除根据企业经验或竞争对手情况外，没有可靠依据作为确定百分比的基础。

2. 竞争对策法

即以竞争对手的促销费用支出为参照来确定本企业的促销预算。这种方法适用于竞争十分激烈的市场，企业营销策略的中心是如何打败竞争对手。这种方法使企业在促销方面可以与竞争对手抗衡，但却忽略了促销预算与其他因素的关系，有些不顾后果，义气用事，因此市场风险较大。

3. 量力而行法

即根据旅行社本身的财务状况来制定促销费用支出数额。这种方法简便易行，不会超出企业的资金承受能力，不会导致企业资金链的紧张，但这种方法却没有把促销预算和销售情况挂钩，没有考虑竞争状况及企业目标的不同对促销组合的影响，导致企业每年促销预算具有极大的随意性，不利于企业长期计划的制定，经常会造成促销预算的超支或不足。

4. 目标任务法

指旅行社首先明确其所要达到的目标以及为此而必须完成的任务，并在此基础上确定促销预算。这种方法是最符合逻辑的方法，因为企业要制定出科学合理的预算，必须回答以下问题，即企业的目标是什么？为实现目标而应完成的任务是什么？要完成这些任务需支出的费用成本是多少？这种方法使人们对促销费用支出的结果有了预期。使用这种方法的关键是要正确地确定和描述企业的任务，包括定性描述和定量描述两个方面，这也是最难把握的。

五、影响促销组合策略的因素

影响企业促销组合策略的因素很多，主要有以下几个方面。

1. 产品所处生命周期阶段

促销方式的运用要根据产品所处生命周期的不同阶段而有所变化，因为处于不同生命周期阶段的产品其促销重点是不同的。在投入期，广告和公共关系能够使公众建立良好的认知，营业推广则能有效刺激消费者的购买欲望，对消费者尝试性的购买非常有效；在成长期，企业应继续加大广告宣传的力度，但内容应有所改变，要以树立企业及产品形象为主，并且进一步加强人员推销对中间环节的作用，因为消费者对产品有了一定的认知，营业推广在这一阶段可适当减少；在成熟期，广告的作用仅仅是使消费者不至于遗忘企业及其产品，因此广告播出的次数可减少，但周期可延长，营业推广应继续发挥其强大的刺激作用，以激发市场人气，扩大销售；在衰退期，广告的作用仍然是用于保持消费者的记忆，公共关系的作用降低，人员推销效益性下降，营业推广仍能继续发挥作用。

2. 产品和市场状况

对消费者市场和企业、政府等团体市场促销所采用的促销方式是不同的。一般来讲，对消费者市场，旅行社一般采取广告和营业推广的方式较多，而对于团体市场则采用人员推销较多。如会议旅游、奖励旅游即以团体市场为主，多用人员推销的促销方式，价格高、风险高的产品或供应商较少的产品通常也采用人员推销。

3. 所采用的促销策略

如果企业采用的是推动策略，则多用人员推销或其他销售推广方式，而拉引策略则多用广告或营业推广方式。

4. 消费者购买过程的阶段

消费者的购买过程一般要经过六个阶段，在认识阶段，广告和公共关系的作用较大；在了解和喜欢阶段，广告的作用较大，人员推销次之；在偏好和信赖阶段，人员推销的作用较大，广告的作用要小于人员推销；在购买阶段，则主要是人员推销在发挥作用。

实训项目

一、单项选择题

1. 旅游中间商是处于旅行社产品生产者与旅游者之间，是专门从事旅行社产品（　　）的中介组织。

A. 生产　　B. 消费　　C. 交换　　D. 购买

2. （　　）处于旅行社产品生产者与旅游者之间、旅游批发商与旅游者之间，起着重要的交换媒介作用。

A. 旅游经营商　　B. 旅游零售商

C. 旅游代理商　　D. 旅游生产商

3. B to C 网络渠道营销模式是指（　　）的电子商务。

A. 商家对商家　　B. 消费者对商家

C. 商家对消费者　　D. 消费者对消费者

4. 旅行社产品促销的实质是旅行社产品生产经营者与购买者之间的（　　）。

A. 经济往来　　B. 信息沟通

C. 心理交流　　D. 关系维护

5. （　　）是旅游市场营销中最富有活力和创意的领域，是旅游营销理论在实践中最具体、最直接的应用。

A. 价格　　B. 旅游产品促销

C. 分销渠道　　D. 旅游产品

二、问答题

1. 旅行社产品销售渠道的类型有哪些？

2. 选择旅游中间商有哪些原则？

3. 旅行社产品销售渠道有哪些选择策略？

4. 结合我们周围的实例分析旅行社产品销售渠道的发展趋势有哪些？
5. 旅行社产品促销的作用有哪些？
6. 旅行社产品促销策略的类型有哪些？

项目总结

本项目任务主要包括旅行社产品销售渠道和旅行社产品促销两个方面。通过这两个项目的学习，学生能够基本具备分析旅行社产品销售渠道的能力、运用旅行社产品促销组合及促销策略进行促销和结合现实状况进行旅行社产品销售的创新能力。

本项目两个任务是完成本课程模块二的基本前提和基础。

模块三

旅行社接待业务

项目一　旅行社计调业务

项目目标

掌握旅行社计调业务的含义和重要性
掌握计调业务的特点
掌握计调工作的基本要求
掌握旅行社计调作业流程
掌握旅行社计调操作流程中应该注意的问题

项目能力

具备分析旅行社计调业务的能力
能运用计调工作的基本要求对员工进行培训
结合现实状况进行旅行社计调业务流程的创新

案例引入

台湾游对祖国大陆的开放

2006年6月22日，为期三天的“2006年北京国际旅游博览会”在北京展览馆正式开幕。其中，台湾75家参展商首次亮相北京，成为人气最旺的展团。包括阿里山景区等200多位台湾知名旅行社、餐饮业、服务业、景区景点的人员集体亮相。来自“中华两岸旅行协会”的消息称，台湾媒体和业界认为，台湾对祖国大陆旅游开放的时间在今年10月左右，为此，台湾旅游界已经做好了准备，包括导游培训、饭店预订和餐馆预订。心急的台湾旅游界已经开始做迎接祖国大陆游客的准备。据台湾一著名旅行社的总经理黄德贞介绍，在台湾游开放初期，将推出环岛游为主的旅游线路，此后将陆续推出深度和豪华旅游线路。目前设计的四个线路中，环岛游四星级饭店的接待费用是一天每人80美元，入住五星饭店费用为120美元，超五星级为200美元。此外，顶级的台湾游线路，如医学美容旅游行程、帝级鱼翅套餐之旅的线路也已经设计成型。祖国大陆组团社也开始全力以赴。“赴台游的旅游线路已经设计出来，领队也在培训之中。”康辉旅行社公民旅游总部副总经理贾艺苑如此表示。据悉，中旅总社、中青旅、康辉等各大旅行社均已经针对台湾旅游设计好相关线路。旅行社称，赴台游开放之初，将以“环岛观光游”和“高雄、台北、阿里山、日月潭台湾西线经典游”为主。环岛游行程将在8～10天，旅行社报价为7 000元至1.6万元不等。最终，台湾游于2008年07月18日起正式向大陆居民开放。

任务一 旅行社计调业务概述

计调业务是旅行社经营活动的重要环节。旅行社实践的是承诺销售，旅游者购买的是预约产品。旅行社能否兑现销售时承诺的数量和质量及旅游者对消费是否满意很大程度上取决于旅行社计调的作业质量。计调的对外采购和协调业务是保证旅游活动顺利进行的前提条件，而计调对内及时传递有关信息又是旅行社做好销售工作和业务决策的保障，因此，计调业务是旅行社经营活动的重要环节。

一、旅行社计调业务的含义和重要性

计调就是计划与调度的总称，是在旅行社内部专职为旅游团的旅游行程安排计划、统计及与之相关的信息并承担与接待相关的旅游服务采购和有关业务调度工作的一种职业类别。在从事国际旅游业务的旅行社中这一职位通常又称“OP”，译为“操作者”。在旅行社的操作管理中，销售部、计调部、接待部构成了旅行社具体操作的三大块，与财务、人事等后勤部门组成了整个旅行社的动作体系。最初，旅行社除了为旅游者安排旅行游览外，主要是替社会团体和零星客人代订机、车票，安排食宿，即承接与旅游有关的各种单项委托业务。当时，还没有明确的计调概念。随着业务范围的扩大，旅行社开始设立专职岗位或部门，计调开始对外代表旅行社同旅游供应商（上下游行业）建立广泛的协作网络，签定有关协议，取得代办人身份，以保证提供给旅游者所需的各项委托事宜，并协同处理有关计划变更和突发事件；对内作好联络和统计工作，为旅行社业务决策和计划管理提供信息服务。至此，计调作为旅行社的主要业务的地位得以确立。

旅行社计调业务，从广义上讲，既包括计调部门（或计划部）为业务决策而进行的信息提供、调查研究、统计分析、计划编制等参谋性工作，又包括为实现计划目标而进行的统筹安排、协调联络、组织落实、业务签约、监督检查等业务性工作的总和；从狭义上讲，主要是指旅行社在本地接待业务工作中为旅游团（者）安排各种旅游活动所提供的间接服务，包括安排食、住、行、游、购、娱等事宜、选择旅游合作伙伴、编制和下发旅游接待计划、旅游预算清单等，以及为确保这些服务而与其他旅游企业或旅游业相关行业和部门所建立的合作伙伴关系的总和。可见，计调业务既是旅行社全部接待业务中的重要组成部分，同时又是旅行社全部管理职能中的重要组成部分，其重要性体现在下面几个方面：

1. 计调业务是旅行社实现降低成本的重要因素

旅游产品的价格是旅游产品成本和旅行社利润的加和，因此，降低旅游产品成本决

定了旅行社利润增长的空间以及市场份额的占有。旅游产品的成本通常表现为为各旅游供应商提供的机（车）位、客房、餐饮、门票等的价格，计调部门在对外进行相应采购时，应尽量争取获得最优惠的价格，以降低旅游产品总的成本（就是我们常说的降低旅行者的旅行成本），这也就意味着旅行社利润的增加。另一方面，旅游产品成本的降低，保证了旅行社在激烈的市场竞争中获得更多的市场份额。计调业务虽然不能直接创收，但降低采购价格无疑对旅行社的营业额和利润的实现具有重要意义。

2. 计调业务是旅行社经营活动的重要环节

旅行社实践的是承诺销售，旅游者购买的是预约产品。旅行社能否兑现销售时承诺的数量和质量及旅游者对消费是否满意在很大程度上取决于旅行社计调的作业质量。计调的对外采购和协调业务是保证旅游活动顺利进行的前提条件，而计调对内及时传递有关信息又是旅行社做好销售工作和业务决策的保障，因此，计调业务是旅行社经营活动的重要环节。

3. 计调业务的范围依旅行社的规模和发展不尽相同，但对外采购服务，包括变更后的采购以及对内提供信息服务都是旅行社计调业务的基本内容

所谓对外采购服务是按照旅游计划，代表旅行社与交通运输部门、酒店、餐厅和其他旅行社及其他相关部门签订协议，预定各种服务，满足旅游者在食、宿、行、游、购、娱等方面的需求，并随着计划的变更取消或重订。所谓对内提供信息，是把旅游供应商及相关部门的服务信息向销售部门提供，以便组合旅游产品；同时做好统计工作，向决策部门提供有关旅游需求和旅游供应方面的信息。计调业务实际也就是旅行社的经营内容。

4. 计调业务承担着极为繁重的任务

它包括采购、计划、团控、质量、核算等等非常多的内容。

二、计调业务的特点

（一）多变性

计调业务的复杂多变性是由旅游团的人数和旅行计划的多变性决定的。旅游团的人数和旅行计划一旦发生变化，几乎会影响到计调工作的所有环节。此外，我国的交通和住宿条件也正处在发展中，有时还不能保证正常供给，这些也给计调工作带来很多的不确定性。

（二）繁杂性

计调业务是纷繁复杂的，具体表现为：计调业务种类繁杂，涉及到采购、接待服务以及落实安排旅游者的吃、住、行、游、购、娱等各项工作；计调业务的程序繁杂，从组团社的接待计划到旅游团接待工作结束后的结算，无不与计调业务发生联系；计调业务涉及的关系繁杂，计调服务人员几乎与所有的旅游接待部门都有业务上的联系，而协调处理这些关系则贯穿在计调业务的全过程。

（三）具体性

无论是收集本地区的接待信息向其他旅行社预报，还是接受组团社的业务接待要约而编制接待计划，计调工作都是非常具体的事务性工作，总是在解决和处理与采购、联

络、安排接待计划等有关的具体问题。

（四）灵活性

计调业务的灵活性表现在旅游线路的变更上，例如旅游旺季时的车票紧张或为满足旅游者个性的需求不得不改变交通工具、行程线路等。

三、计调部在旅行社中的作用

旅行社的发展往往取决于旅行计划的实施，而计划的实施在于计调人员的贯彻和执行。计调人员对上要配合旅行社发展计划，对中要核算成本、利润、支取备用款项、报账等，对下要和销售人员及导游人员进行沟通。

（一）联络作用

计调部门是各旅游企业的联络站，发挥着枢纽功能。组团社发来要约后，计调部门要根据其要求预订当地的食、宿、行、游等事项。同时，计调部门要保证旅游团整个行程中的衔接，避免延误及脱节的发生。

（二）参谋作用

计调部门不仅有旅行社接待旅游者的全部资料，而且有与其他旅游企业合作的各种资料，这些资料的统计和分析为旅行社的决策层进行计划管理提供了非常有力的依据。

（三）计划作用

旅行社招徕客源后，计调人员根据市场需求或接团要约，收集旅游团的各种资料，进行分析编制科学的接待计划，然后下发到接待部门做好接待工作。

（四）结算作用

旅行社和食、宿、行、游等接待单位之间的结算是通过接待计划和合同来完成的，这些原始资料为财务部的结算工作提供了凭证。

四、计调业务的分类

随着旅游业的发展及旅行社业务规模的扩大，计调业务也朝着专业化、细分化方向发展。

（一）按业务范围划分，计调人员分为组团类计调、接待类计调、批发类计调、专项类计调四种

1. 组团类计调

按游客对象出行目的地又可划分为中国公民国内游计调和中国公民出境游计调，如国内中长线计调、短线计调及美加地区计调、欧洲地区计调、港澳台地区计调、东南亚地区计调、澳新地区计调、日韩地区计调、非洲地区计调等。

2. 接待类计调

包括国内地接计调和国际入境接待计调，如旅游地接待计调、中转联程接待计调等。

3. 批发类计调

包括国内游专线同业批发计调和出境游专线同业批发计调。

4. 专项类计调

包括商务会展计调、老年游计调、机票加酒店类计调、签证类计调等。

（二）按其职业技能与业务素养可划分为规范型初级计调、策划型高级计调、全能型主管计调三类

1. 规范型初级计调

对于初次接触旅游业的人员而言，经过一段时间的岗前培训及模拟要求即可胜任相对简单、技术含量不高的规范型初级计调工作。其对从业人员素质要求很低，工作内容具体包括掌握简洁规范的现代操作模式，了解餐饮、酒店、交通、景点的相关知识并与之建立合作关系，了解同业的旅游资讯，熟练掌握询价、报价、确认、派导、派发出团通知等流程，能够尽量规避操作风险。规范型初级计调适合中小型旅游企业。

2. 策划型高级计调

对从业人员的素质要求相对较高，要求具备一定的从业经历，具备独立策划能力。规范型初级计调或无从业经历者需要经过一段时间的强化培训及模拟操作，并在实际工作中加以培养和总结才能具备此素质。除掌握规范初级计调的技能外，还要熟悉各区域旅游产品的特色，能够根据行车公里推算车价，能够策划并创新旅游线路，能够建立营销计划并甄选合作关系等。策划型高级计调适合于中小型旅游企业独当一面或在大型旅游企业担任高素质计调人员。

3. 全能型主管计调

要求具备相应的从业年限、从业阅历及较强的业务操作能和及沟通能力，具体包括：利用航空、专列等规模效应及淡旺季等特点，推出主打产品及促销产品；擅长营销，熟练解析同行线路特点及成本报价；关注市场动态及同业信息，及时制定出旅游计划及营销任务；能够协调各种合作关系，掌握团队流程，正确处理失误及投诉，具备解决突出事件及各种状况的能力。此类型计调适合在大型旅游企业发挥特长。

五、计调人员的素质

旅游业正朝着国际化、大型化、网络化、个性化的方向发展，对旅行社计调人员的素质要求也越来越高。对于一个优秀的计调人员，应该具备如下素质：

1. 业务熟练

对团队的旅行目的地情况、接待单位的实力、票务运作都胸有成竹。

2. 认真细致的工作态度

旅游是个一个环节紧扣另一个环节的活动，而负责将这些环节紧扣在一起的工作便由计调人员完成。计调人员在团队操作中绝对不能出现差错，稍有差池，就会给旅行社带来损失。

3. 良好的人际关系和较强的交际能力

计调人员大部分时间会与旅游者和旅游相关部门打交道，善于人际协调和沟通是做好计调工作的基本条件。

4. 精确的预算能力

必须要做到成本控制与团队运作效果相兼顾，也就是说，必须在保证团队有良好的运作效果的前提下，能在不同行程安排中编制出一条最经济、成本控制得最好的线路。

5. 具有不断学习、创新的能力

旅游市场千变万化，计调人员必须要认识到不断学习的重要性，认真了解旅游市场、旅游目的地的变化、地接单位实力的消长情况。

6. 较强的应变能力

对于团队运作中出现的突发事故、紧急事件，计调人员要有应变和及时处理的能力，重大问题要及时请示，以保证团队质量。

7. 良好的计算机应用能力

在网络化操作时代，计调人员要具备良好的计算机应用能力，能熟练地打字和运用各种应用软件。

8. 有一定的地理、历史知识及文案写作能力

了解中国传统的六大行政区域如何划分、国际几大板块的划分、国内外热点旅游城市的分布、自然景观的地域特性及人文景观的历史渊源。

9. 较强的法制观念

要严格遵守财务制度和单位的各项规定。

10. 具有敬业精神

计调工作应该说其实是很枯燥的，是由无数琐碎的工作环节组成的，没有敬业是无法把这份工作做好的。

六、计调工作的基本要求

（一）线路制作的有效性

计调人员经常需要制作一些新的线路，这时就要发挥计调人员的积极性，确保他们准确地制作一系列有效的线路和产品。

（二）产品报价的准确性与竞争性

计调人员不仅需要一系列有效的线路，还需要其线路或产品报价的准确性。这样，他们在对外与其他旅行社竞争时才有胜算的把握，才具有一定的竞争性。因此旅行社计调部对各条线路或各种产品报价的准确性，或者说是否具有竞争性就显得非常重要。

（三）协调好与组团社或地接社的关系

1. 协调好与组团社的关系

作为地接社的计调部，要协调好与组团社的关系，正确对待每一个旅游团，并确保其服务质量。

2. 协调好与地接社的关系

组团社与地接社的关系，可以说是唇齿相依的关系。与各地接社建立良好的关系是关系到每一个旅游团服务质量的问题。

（四）与各合作单位的协调性

协调好与饭店、餐厅、景点、车队等单位的关系，因为一个环节协调不好就会影响全局，从而影响整个服务质量。

七、计调业务的工作内容

（一）与旅行社内其他部门之间的联系与协作

计调部在旅行社内素有管家之称，计调部在工作中应发扬团队精神，与领导和外联、接待及财务等兄弟部门协同作战，让旅游业务有条不紊、井然有序地进行，以取得事半功倍的效果，并避免出错。

（二）对外采购

采购是指计调人员向其他旅游企业或其他行业、部门购买相关旅游服务项目。在对外采购活动中，计调人员应当根据市场的淡旺季节、旅行社需求的紧急程度等因素采取不同的策略，或者是集中采购，或者是分散采购。在保证采购的服务产品价格的前提下降低成本对为旅游产品制定富有竞争力的价格具有相当重要的作用。因此，计调人员必须经常分析、研究市场的供求状况，了解各种旅游服务产品的市场价格，从而保证旅行社获得更多的经济利益。

（三）制定产品价格

外联部根据旅游者的需要设计出新的线路的同时，还需要计调部对每条线路给出一个准确的并有竞争性的价格。因为旅游者对产品的价格是非常敏感的，价格在很大程度上影响了旅游者对旅行社的选择。

（四）收集、整理信息

收集信息是旅行社计调工作的第一步，也是计调人员开展工作的前提。计调人员每天要接触众多的旅游者、旅游服务供应商和合作伙伴，处在旅游市场的最前沿，他们了解旅游者的需求及其需求变化规律，了解供应商提供的产品的质量情况，也了解合作伙伴的愿望和乞求，因而掌握了大量的信息。身为计调人员，就是要从大量的信息中去发现和找到对旅行社的成长和发展有利的信息，并对这些信息加以收集、整理、加工、分析、归类、保存，以备业务之需。

（五）发团业务与接团任务的协调与落实

作为组团社的计调人员应该选择良好的地接社为旅游者服务，不仅在旅游接待计划中满足游客的需求，还要将信息传递给地接社，与地接社默契协作，让游客获得一次美好的经历，以此为旅行社树立品牌。作为地接社的计调人员要能正确选派导游人员，并协助导游人员落实接待计划，对接待质量进行全程跟踪。

任务二 旅行社计调业务流程

一、旅行社计调作业流程

（一）组团计调操作流程

1. 策划产品

计调人员首先要根据旅游市场行情和季节变化策划、设计、推出具有卖点和竞争力的旅游产品，这是组团计调操作流程的第一步。

2. 向协作单位询价

旅游产品向协作单位询价包括两方面，即交通的落实和接待社的选定。交通方面要向航空公司询问近期的机票政策、选择的航班时间等；向铁路部门、轮船客运单位、汽车客运单位询问有关火车票、船票、汽车票的价格（火车票可以通过网络查询自行核算时间、车次和价格）。此外，要将线路行程传给接待社询问接待价格。

3. 核价、包装产品

对线路行程的整体价格进行核算、调整和包装。

4. 编制团号，制定出团计划

对计划推出的产品线路编制团号，制定好公司每月的各类线路明细出团表。

5. 通过媒体、外联、门市各种渠道销售

产品策划整合完毕后就是销售和推向市场的问题了。计调要将产品和出团计划通过媒体、外联、门市等各种渠道销售出去，将计划落实到实处。

6. 确定出团人数，落实交通

产品销售后，根据出团人数向航空公司、铁路部门等交通机构落实好行程或往返的交通。

7. 向接待社发传真确认最终行程及结算方式

给接待社发传真确认最终出团的行程、餐饮、住宿、标准、价格，特别要附上参团游客的人数及名单、接团方式、紧急联系人姓名、电话等，约定好结算方式。要是行程或团队人数有变化，须及时通知接待社，并就变更内容重新做确认。

8. 等待接待社回传真确认出团事项

等待接待社回传真进行确认，落实好团队的所有细节。

9. 派发陪同及导游出团通知书

根据最终落实的团队内容向游客及陪同派发出团通知书。给游客的出团通知书上应包含团队的行程、出发时间、地点、紧急联系人姓名及电话等信息，如果是团队派陪同，要将确认的行程、标准、出发时间及地点、游客名单及联系电话、接团导游姓名及电话、接待社联系人及电话等信息列明，并对陪同的职责和业务要详加提示，向导游交代接待计划，确定团队接待重点及服务方向，并督促导游员携带齐全各种单据，团队在行程中如要求改变行程或食宿等情况，计调人员首先要征集对方地接社经办人的同意，并发传真确认后方可改变计划，不得只凭口头约定改变行程。

10. 跟踪团队

在出团前 24 小时要再次与接待社落实和确认，以防接待社疏忽和遗漏，发现问题要及时补救。在团队旅游过程中，计调应和接待社、陪同、领队及游客保持联系，掌握团队的行程，如果发现问题，应该及时沟通和解决。

11. 审核报账单据

团队结束后，接待社（除个别现付团队外）均会很快传来团队催款账单，组团计调人员根据团队实际运作情况进行单据和费用的审核和结算。

12. 交主管审核签字，交财务报账

将审核无误的单据附上报账单，交由主管再度审核、签字，并交由财务部门报账，及时付清款项。

13. 团队结束归档，跟踪询访

团队结束后，要将所有操作传真及单据复印件留档，作为操作完毕后的团队资料归档；并对参团客人进行回访，态度诚恳，讲话要讲究艺术，给对方一种既关心、又负责任的感觉，以利后续团队的操作；建立好客户档案。

在接到团队投诉时，计调应及时问清究竟是哪个环节出现的问题，原因何在，能够处理的及时处理，处理不了时要马上报分管领导，讲清事情经过及出现问题的原因，不回避矛盾，实事求是，合情合理地处理好团队问题。特别重大的问题（如集体食物中毒事件）可直接汇报总经理。

14. 根据产品销售情况进行调整

根据产品销售情况、出团量、团队质量对产品进行适当调整。销售好的产品继续销售，也可以适当增加出团计划；销售欠佳的产品要总结是线路本身不具备吸引力，还是市场等情况造成的。如团队质量出现问题要追究责任，对于接待单位也要磨合、考验与再选择。

（二）国内、入境接待计调的操作流程

1. 报价

根据对方询价编排线路，根据报价单提供相应价格信息（报价）。

计调人员接到客户信息时，要询问清楚团队人数、标准、大体时间及地点、单位名称、联系电话、线路等，在30分钟内报出价，报价要快速、准确。

组团报价＝地接报价＋大交通价＋保险＋毛利

地接报价＝房价＋餐价＋车价＋门票＋导游＋保险＋毛利

A. 房价：房价一般根据等级不同分为豪华等、标准等、经济等，房间设施可分为带独立卫生间、空调彩电（标准等级以上）或公卫、公浴（经济等级）。

B. 餐价：一般也分为四个大等级。按照“天/人”报价，可分为50元/人天、45元/人天、40元/人天、35元/人天，尤其注意三星级以上高星级酒店房价一般含早餐（中早、西早）。

C. 车价：可整车报价，也可按人报价，一般为进口空调车、国产空调车。

D. 门票：按照景点门市价报价。

E. 导服费：根据等级和人数不同分别报价，一般为10元/人天、8元/人天、6元/人天、5元/人天或100元/团、200元/团。

F. 大交通费用及订票费：大交通一般指火车、轮船、飞机。机票不收取订票费，各航空公司对团队都有优惠政策，火车卧铺订票费一般为30元/张，硬座旺季为5～10元/张。

2. 计划登录

接到组团社书面预报计划，将团号、人数、国籍、抵/离机（车）、时间等相关信息登录在当月团队动态表中。如遇对方口头预报，必须请求对方以书面方式补发计划，或在我方确认书上加盖对方业务专用章并由经手人签名，回传作为确认件。

（1）旅游团的基本情况。包括团名、团号、组团社名称、团队人数、团队类别、服务等级、自订和代订项目、用餐及客房要求、地陪要求、全陪要求、组团社联系人姓名及联络方式、接待各方联系人的姓名及联络方式。

（2）日程安排。包括游览日期、出发城市和抵达城市、各城市间交通工具及离抵时间、在各地所安排的主要参观游览项目、文娱活动及其他特殊要求、住宿名单。

（3）游客名单。包括姓名、性别、国籍、生日、护照号码、分房要求。

3. 编制团队动态表

编制接待计划，将人数、陪同数、抵/离航班（车）、时间、住宿酒店、餐厅、参观景点、地接旅行社、接团时间及地点、其他特殊要求等逐一登记在团队动态表中。

4. 计划发送

向各有关单位发送计划书，逐一落实。

（1）用房。根据团队人数及要求，以传真方式向协议酒店或指定酒店发送订房计划书并要求对方书面确认。如遇人数变更，及时作出更改件，以传真方式向协议酒店或指定酒店发送，并要求对方书面确认；如遇酒店无法接待，应及时通知组团社，经同意后调整至同级酒店。

（2）用车。根据人数、要求安排用车，以传真方式向协议车队发送订车计划书并要求对方书面确认。如遇变更，及时作出更改件，以传真方式向协议车队发送，并要求对方书面确认。

（3）用餐。根据团队人数、要求，以传真或电话通知向协议餐厅发送订餐计划书。如遇变更，及时作出更改件，以传真方式向协议餐厅发送，并要求对方书面确认。

（4）地接社。以传真方式向协议地接社发送团队接待通知书，并要求对方书面确认。如遇变更，及时作出更改件，以传真方式向协议地接社发送，并要求对方书面确认。

（5）返程交通。仔细落实并核对计划，向票务人员下达订票通知单，注明团号、人数、航班（车次）、用票时间、票别、票量，并由经手人签字。如遇变更，及时通知票务人员。

5. 计划确认

逐一落实完毕后（或同时），编制接待确认书，加盖确认章，以传真方式发送至组团社并确认组团社收到。

6. 编制概算

编制团队概算单，注明现付费用、用途，送财务部经理审核，填写借款单，与概算单一并交部门经理审核签字，报总经理签字后，凭概算单、接待计划、借款单向财务部领取借款。

7. 下达计划

编制接待计划及附件，由计调人员签字并加盖团队计划专用章，通知导游人员领取计划及附件。附件包括名单表、向协议单位提供的加盖作业章的公司结算单、导游人员填写的陪同报告书、游客（全陪）填写的质量反馈单、需要现付的现金等，票款当面点清并由导游人员签收。

8. 编制结算

填制公司团队结算单，经审核后加盖公司财务专用章。于团队抵达前将结算单传真至组团社，催收。

9. 报账

团队行程结束，通知导游员凭接待计划、陪同报告书、质量反馈单、原始票据等及时向部门计调人员报账。计调人员详细审核导游填写的陪同报告书，以此为据填制该团费用小结单及决算单，交部门经理审核签字后，交财务部并由财务部经理审核签字，经总经理签字后，向财务部报账。

10. 登账

部门将涉及到该团的协议单位的相关款项及时登录到团队费用往来明细表中，以便核对。

11. 归档

整理该团的原始资料，每月底将该月团队资料登记存档，以备查询。

（三）出境计调的操作流程

出境计调的操作流程和国内组团计调的操作流程大致一样，但由于出境旅游操作存在语言上的差异，所以应该特别细致，防止上当受骗。

以下问题应该格外引起重视：

1. 审核资料

出团计划制定完毕后，客人的资料会转到计调处，因此审核资料是计调人员非常重要的工作。要注意证件的时效性、证照是否相符、出游动机、担保人情况，并加以提示说明。

还未办理护照及签证的游客，由申请人本人携带以下申请材料到公安局入境管理处办理护照或通行证：身份证、户口本原件及复印件；两张 2 寸彩色护照照片（公安局照）；政审盖章后的出国申请表。

审核游客提交的个人资料，包括个人登记表、有效期半年以上的护照（通行证）、参团签证材料及 4 张 2 寸彩色护照照片。

护照（通行证）办理好后，游客交齐全额团费并签订旅游合同或协议。计调人员确定前台人员与游客签订的出境旅游合同及出行线路准确无误后，统一办理签证及出境手续。

2. 查看要求

游客在报名出游时，可能会有一些特殊或个人的要求。计调在审核参团资料及与销售人员沟通时要掌握客人的特殊要求，审查这些特殊要求是否在可以满足的范围内，并对其可能产生的影响和后果等都要做充分评估，避免日后带来不必要的麻烦。

3. 选择航班

出境团基本都是选择飞机作为交通工具，因此计调在选择航班时要做价格、性能及航班时间的综合比较。交通工具选择合理，团队运作顺利，自然皆大欢喜。

4. 解析成本

解析成本要求计调具备较高的职业技能。一般的互动充其量只能对照国内同行信息加以区别，只知其一、不知其二，接待社说什么就是什么，没有辨别能力。其实解析境外旅游成本并不困难，和国内旅游线路的成本解析是大同小异的，不要因为地域的区别就从主观上感觉很难。计调人员要学会查看地图，善用网络检索自己需要的信息。

5. 实施操作

出境计调除遵循一般计调流程外，还需注意以下事项。团队出发前，通过说明会等方式教育团员遵守国外的法律以及旅游相关规定等。需要提醒的是，一切业务往来均以书面确认为准，所有的操作单要做备份，细小的更正也要重新落实，否则因疏忽带来的损失将不可估量。

6. 全程跟踪

游客回国，计调人员要主动做好回访等善后工作。

出境团队和国内团队发生问题后的处理手段不同，国内团队沟通得当会使问题容易化解，而出境团队一旦出了问题可能就不是小事，组团社远水救不了近火，全要依靠接待方的努力和协作。因此，在团队行进过程中进行跟踪监控是必要的。

7. 结账归档

出境接待有地域和汇率的变化，出境计调在回馈信息与质量监督上一定要多留神、多询问，遇到问题要及时解决，要按照约定方式进行款项的结清和团队资料的整理归档。

二、旅行社计调操作流程中应该注意的问题

（一）与饭店部门合作的步骤及注意事项

饭店是旅游业三大支柱之一，饭店服务质量的好坏直接影响到旅游接待质量。旅行社应了解旅游饭店的地理位置、周边环境、硬件设施、服务质量、价格等情况，在调查考察的基础上选定几家饭店作为合作伙伴，并与之建立稳定融洽的关系。一方面，积极争取合理、优惠的房价；另一方面，保证向饭店提供一定数量的稳定客源。

1. 与饭店部门合作的步骤

（1）根据预报的年客流量、客源的层次、住宿要求与外地和本地的酒店洽谈业务，并实地考察饭店的环境、设施及服务等，签订合作协议书及经济合同等。

（2）把以下各项内容了解清楚，整理列表，打印后发给外联部门，并报审计、财务部门备案。

① 有关订房的各种规定。如有无预订要求或提前预订客房的时间。

② 各酒店旺、平、淡季的月份及其价格。

③ 客房单、双、三人间、大、中、小套间、豪华、总统套间等不同类型及其在不同季节的价格。

④ 门市价、散客、旅行社合同价（团队价）和特殊优惠价及加床费、陪同床费等。

⑤ 各式早餐、正餐的价格等。

（3）掌握饭店最新客房行情，争取最优惠的房价，经常与饭店保持联络，及时主动地将客人的反映转达给饭店。

（4）协商、设计、印制一些订单，其中包括：

① 住房预订单。

② 变更住房预订单。

③ 取消住房预订单。

（5）把预订单转交给接待部门和导游，以便做好接待工作。

（6）注意报账程序。

2. 与饭店部门合作的注意事项

（1）订房时，如有重点团队、旅行社经理人团队或团队中有重要客人时，旅行社应事先通知饭店销售部或营业部，在其客房内摆放鲜花或水果等。

（2）对旅游团队需要举行小型欢迎仪式，需悬挂欢迎横幅的应事先征得饭店的同意，并在指定地点举行，避免影响饭店的正常营业。

（二）与交通部门合作的步骤及注意事项

1. 与交通部门合作的步骤

交通服务是旅游者进出一地的必要条件，影响到旅游活动的形式与规模。调查显示，旅游者因为对旅行社不能按旅游合同中规定的时间、类型、等级履行相应的交通服务产生强烈不满而提出投诉的占有很大比例，所以旅行社必须与航空公司、铁路运输企业、水上客运公司及旅游汽车公司等交通部门紧密合作，建立起立体运输网络，并且按照互惠互利的原则，与交通部门协商解决运输票证的折扣问题。

（1）向交通部门申请建立合同关系，签订正式经济合同书，确定合同量，然后领取合同书。

（2）与交通部门和票务部门保持联系，对常用车次（汽车、火车）进行整理统计，及时更新航班班次、价格。

（3）将各种票务的规定了解清楚，然后进行整理、打印，再分配给前台接待部门和销售（外联）部门，并报审计和财务备案。其中包括：

① 提前预订票的时间限制。

② 订票应交付定（或订）金的百分比（每个旅行社会设置不同的比例）。

③ 改票、退票的损失比例（参考交通部门的有关规定）。

（4）与财务部门协商、设计和印制一些账单，其中包括：

① 机/车票报账单。

② 机/车票定（或订）金报账单。

③ 机/车票变更/取消报账单。

（5）与销售（外联）部门协商、设计、印刷表单，其中包括：

① 飞机票预订单。

② 火车票预订单。

③ 汽车（票）预订单。

④ 机/车票变更/取消通知单。

（6）根据接待计划实施订票、购票。

（7）明确取票手续和报账程序。

2. 与交通部门合作的注意事项

（1）订票时应注意，机票因线路、季节的不同，价格起伏较大，还要注意儿童票价优惠的百分比。

（2）在取机票或确认机票时，别忘带齐相关证件（外团要带个人护照、团体签证，国内团要带身份证等）。

（3）在订火车票时，要注意火车票硬卧、软卧的差价，还有上、中、下铺的差价等。

（4）在预订汽车或汽车票时，要注意汽车的设施设备是否齐全、车况如何、车价是净车价还是全含价（包含路桥费、停车费、司机补贴）。这是周边短线游及地接行程中非常关键的问题，常常对团队的质量和利润产生决定性影响。

（5）与交通部门的结算付款方式。

（三）与餐饮行业合作的步骤及注意事项

一般来说，游客在外用餐较难管理，为保证旅游者饮食质量，在特色游览线路上应确定几家餐厅作为游客的用餐基地；经常听取旅游者和导游人员的意见，并针对饮食状况加以检查，及时将意见反馈给餐饮部门，发现问题要及时纠正。

1. 与餐饮行业合作的步骤

（1）先实地察看旅游定点餐厅的地点、环境、卫生设施、停车场地、便餐和风味餐菜单等，如果满意，根据国家旅游行政管理部门规定的用餐收费标准与餐厅或饭店恰谈用餐事宜，签订相关协议书等。

（2）与财务部门协商印制或打印专用的餐饮费用结算单。

（3）将下列内容整理、列表、打印、分发给接待部门，并报财务部备案。

① 签约餐饮单位名称、电话、联系人的姓名、风味特色等。

② 不同等级（标准、豪华）旅游者的便餐、风味餐最低价格标准等。

（4）根据接待计划或订餐单，将用餐地点、联系人姓名转告接待部门或导游，以便做好接待工作。

（5）根据餐饮费用结算单与财务部门共同进行复核，由财务部门定期、统一向签约餐厅结账付款。

2. 与餐饮部门合作的注意事项

（1）选择餐厅时不宜过多，应该少而精，而且要注意地理位置的合理，尽可能靠近机场、车站、码头、游览点、剧场等，避免因用餐而往返用车。

（2）订餐时，及时把旅游团（者）的宗教信仰和个别客人的特殊要求转告餐厅，如客人中有无回民、对餐食有何忌口等，避免出现不愉快和尴尬的情况。

（3）提醒餐厅，结算用的餐饮费用结算单上必须有陪同导游的签字，否则无效。

（四）与旅游定点商店合作的步骤

购物是旅游者活动的组成内容之一，旅行社要选择信誉度高、服务质量好的购物商店，与之建立相对稳定的合作关系，保证商品的质量。

（1）根据国家及地方旅游行政管理机构的有关规定，与旅游定点商店签订协议书，并恰谈以下合作事宜：

① 对导游带旅游者（团）前来购物的，给予业务提成。

② 旅行社参加商店的股份或投资合营。

③ 明确旅行社应尽的义务及经济收益上所占的比例。

（2）本着兼顾国家、集体、个人三方利益和鼓励多劳多得的原则，制定内部分配政策和奖励措施。

(3) 将所签约的商店名称、导游带团购物手续及附属的有关规定打印后，分发给接待部。

(4) 与财务部和接待部协商后，设计、印制《购物结算单》，并明确使用方法。

(5) 由财务部按所签协议上的规定，从签约商店领取劳务费或按股分红，然后根据旅行社内部分配政策对各方实行奖励。

（五）与参观游览点合作的步骤和注意事项

到旅游点参观游览是旅游者活动的重要内容，参观游览及娱乐部门会接待众多的游客，为寻求这些部门的支持与合作，旅行社接团部门要及时与他们沟通意见，定期结算相关费用，以取得景点、娱乐部门的支持与配合，确保旅游活动安排顺利进行。

1. 与参观游览景点合作的步骤

(1) 与景点就以下内容进行洽谈，签订协议书。

① 旅游门票优惠协议价格事宜（散客、团队、儿童、学生团体、老人、军人、残疾人等）。

② 大、小车的费用。

③ 景区外（内）是否有停车场，可供同时停泊车辆数、停车费用、停车时间等。

④ 结算方式和期限。

(2) 与景点协商印制专用的参观游览结算单。

(3) 将以下有关签约景点的规定事宜整理列表，打印后分发接接待部门并报审计、财务备案。

① 签约景点的名称、电话、联系人。

② 将要前往某旅游景点参观的进门方向。

③ 去某景点的行车路线、停车地点。

2. 与参观游览点合作的注意事项

(1) 旅游景点在结算用的参观游览券上必须有旅行社的公章及导游的签字，否则无效。

(2) 旅行社应与参观景点附属的服务部门和相关服务公司建立合作关系，签订合作协议书，以方便旅游团的游览和导游服务工作。

（六）与娱乐行业合作的步骤

(1) 与娱乐单位就以下事宜进行合作洽谈，并签订协议书。

① 旅行社通过何种方式（电话、传真或其他）进行预订文艺节目票。

② 门票优惠价格（散客、团队、儿童、学生团体、老人、军人、残疾人等）。

③ 旅行社可以为旅游团（者）进行包场演出。

④ 文艺单位送戏上门演出。

(2) 将下列事宜整理、列表、打印后分发给接待部，并报审计、财务备案。

① 签约娱乐单位的名称、地址、电话、联系人等。

② 演出节目的种类和演出时间。

③ 门票价格。

(3) 随时与娱乐单位保持联系，了解最新节目信息，索取节目简介并通报给接待部。

(4) 与相关部门协商后，设计、印制一些单据，并明确其使用方法，其中包括：

① 文艺票预订单

② 文艺票变更/取消通知单

(5) 根据接待计划或订票单，实施订票，并把订票情况转告接待部或陪同。

(6) 财务部按协议统一结账或一次一报、一团一清。

(七) 与保险公司合作的步骤

(1) 认真阅读中华人民共和国国家旅游局第 14 号令《旅行社投保旅行社责任险规定》和保险公司的有关规定。

(2) 与保险公司就旅行社游客的旅游保险事宜签订协议书。

(3) 将协议书上的有关内容进行整理打印，分发给外联部门并通知其对外收取保险费。

(4) 将每一个投保的旅游者（用）的接待通知（含名单）及时发传真给保险公司，并请保险公司及时回复传真确认，以此作为投保依据。

(5) 注意接收保险公司的承保确认书。

(6) 根据投保的准确人数向保险公司交纳保险费。

(7) 当旅游途中发生意外事故或遇到自然灾害时，必须及时向第一线的导游了解情况。必要时去现场考察，以最快速度通知保险公司，并在保险协议规定的期限内向保险公司呈报书面材料，其中包括：

① 旅行社游客旅游保险事故通知书

② 旅行社游客保险索赔申请书

(8) 索赔必须向保险公司提供有关方面的证明，其中包括：

① 医院的死亡诊断证明（经司法机关公证）。

② 民航或铁路部门的行李丢失证单。

③ 饭店或餐厅保卫部门的被盗证明信等。

(八) 与相关旅行社的合作

在接团过程中旅行社经常和其他旅行社进行业务联系，因此，接待社要树立良好的形象，以优质的服务来取得组团社的信任。在业务交往中，对合作旅行社的资质进行验证，并签订旅游委托代理销售协议及委托旅游接待服务质量承诺协议。各旅行社要注意互利互惠，加强沟通协作，遇到矛盾和困难时要相互体谅、协商解决问题，以招徕更多的旅游者并建立长期的合作关系。

三、做好旅行社计调业务的要求

(一) 报价要快速准确

计调报价要非常快速有效。比如说在珠江三角洲，受地域文化的影响，客人最不喜欢计调乱报价格。最好的办法是要密切注意价格变化情况，特别是黄金周等时段，各酒店、餐馆、车费、景点门票等都有所变动，每天做的团数多达几十个的时候更要求计调报价要很准确。

（二）与导游之间的沟通

对本公司的导游多一些了解，能根据旅游团的特点安排导游，如果是计调无权派遣的导游，可建议接待部派遣导游，这样有利于保证旅游产品的质量和提高旅游者的满意度。

（三）信息及时更新

计调员要保持自己了解的信息都是最新的，如火车时刻查询系统、飞机时刻调查系统、天气预报查询系统、道路情况查询表等。对同行的一些信息也要及时了解，最好能每个星期都上竞争者的网站了解市场情况。

（四）平时多充电

在平时要多读一些谈判技巧、处理突发事件的书籍，多学习一些法律知识和旅游的相关法规，多向有经验的优秀计调员学习，多参与中国计调网等网站的论坛。

（五）做事细致

计划书的细致周到与否直接影响着团队服务质量，行程标准要写清楚，办理各种手续要当事人签名，跟合作社、酒店要进行及时确认并要求对方回传真确认，购买的门票要认真看清票面的内容。

实训项目

一、单项选择题

1. 在旅行社的操作管理中，销售部、（　　）、接待部构成了旅行社具体操作的三大块。

A. 财务部　B. 计调部　C. 人事部　D. 导游部

2. 采购是指计调人员向其他旅游企业或其他行业、部门购买（　　）。

A. 旅游线路　B. 旅游产品

C. 相关旅游服务项目　D. 旅行社办公设备

3. 计调人员首先要根据旅游市场行情和（　　）策划、设计、推出具有卖点和竞争力的旅游产品，这是组团计调操作流程的第一步。

A. 政策变化　B. 旅游线路变化　C. 游客变化　D. 季节变化

4. 旅游产品向协作单位询价，包括两方面的内容，即（　　）和接待社的选定。

A. 交通的落实　B. 价格的商谈　C. 关系的维护　D. 人员的确定

5. 国际机票和国内机票有效期都是（　　）。

A. 三个月　B. 半年　C. 一年　D. 两年

二、问答题

1. 旅行社计调业务的含义和重要性有哪些？
2. 计调业务的分类有哪些？
3. 计调工作的基本要求有哪些？
4. 计调业务的特点有哪些？
5. 旅行社计调操作流程中应该注意哪些问题？
6. 举例描述计调业务的操作流程。

项目总结

本项目任务主要包括旅行社计调业务概述和旅行社计调业务流程两个方面。通过这两个项目的学习，学生应具备分析旅行社计调业务的能力和运用计调工作的基本要求对员工进行培训和结合现实状况进行旅行社计调业务流程创新的能力。

本项目中的两个任务是完成本课程模块三的基本前提和基础。

项目二 旅行社接待业务

项目目标

熟悉旅行社门市业务流程

熟悉团体旅游的类型与特点

熟悉团体旅游的接待过程和管理过程

了解散客旅游产品的类型

掌握行李差错处理的办法

项目能力

对团体旅游的接待过程和管理过程

能针对不同顾客需求为顾客提供咨询服务，完成旅行社接待业务

运用所学知识，对具体行李业务的差错进行正确的处理

案例引入

南京某旅行社低于成本接待服务案

2010年7月18日，南京杨某等12名游客报名参团港澳五日游，在港澳游玩结束返回珠海逗留期间，珠海地接导游擅自将游览百货公司行程变更为珠宝店，并极力向游客兜售香烟和珠宝，但游客都不愿意购买，为此双方发生激烈争吵，导游将所有游客赶下大巴车，双方对峙1小时之后，司机自愿将游客送到广州白云机场，导游一度阻拦。事后，游客将导游骂人的视频上传网络，并向南京市旅游质量监督管理所投诉南京市某旅行社未经旅游者同意擅自将旅游业务委托给其他旅行社，以及其向深圳地接社支付的费用低于接待和服务成本。

在历时40余天的案件查处中，南京质监所与香港旅游业议会、深圳市文体旅游局密切合作，实地在南京、深圳、珠海、广州等地调查取证，取得了案件的第一手证据。

经调查，该旅行社组织的“港澳精品五日游”旅游活动，未事先征得游客同意即将该活动委托给深圳某旅行社，且没有将旅游目的地、受委托旅行社的名称、地址、联系人和联系电话告知游客。该旅行社与深圳某旅行社的团费确认书标明地接费用为450

元/人，而深圳旅行社承认南京旅行社向其支付的费用低于接待和服务成本，且同时期南京的“港澳五日游”地接社费用报价在每人1 300～1 800元之间，深圳和广州的“港澳4～5天游”的成本价在每人1 218～1 500元之间，这表明该旅行社付给深圳某旅行社的费用低于“港澳五日游”的接待和服务成本。

依据《旅行社条例》，南京市旅游局对该旅行社作出责令改正、罚款3万元、停业整顿1个月的行政处罚。停业整顿期间正值旅游报名旺季，该社51家门店1个月不能营业，经营损失可见一斑。处罚该社后，南京的港澳游不约而同“涨价”，过去在广告中常见到的“千元港澳游”已经被“品质旅游，伴你远行”取代。

任务一　旅行社门市业务

一、旅行社的门市部业务

（一）门市部地点的选择

1. 目标市场

旅行社在选择门市部地点时应首先考虑其产品的目标市场，并根据其产品的目标市场来设立门市柜台。例如，以过往客人作为主要目标市场的旅行社应在飞机场、火车站、长途汽车站、水运码头等处设立门市柜台；以商务旅游者为主要目标市场的旅行社则经常把门市柜台设立在商务饭店内或附近地区；以当地居民为主要目标市场时，旅行社可以把门市部建立在人口稠密的居民区；而以大、中学校教师和学生为主要目标市场的旅行社必须选择距离学校较近的地方。总之，门市部的地址不可距离其目标市场所在地方较远的地点。

2. 方便顾客

方便顾客是旅行社选择门市部地点时需要考虑的第二个因素。一般来说，旅游者很少愿意到距离自己居所或工作单位较远的旅行社门市部进行旅游咨询，他们也不愿意为了解旅行社产品而爬楼梯。因此，旅行社应该设立在商业区、居民区、机关企业等较为集中的地方，而且一般都设在临街的门脸房或楼房的一楼。旅行社很少将门市柜台设在闹市区或商场里面，因为在那里，人群的流动速度太快，不利于旅游者停下脚步寻找旅行社的门市部。如果旅行社将门市设在饭店里，应设在前厅比较显眼的地方，最好能够有临街的、单独出入的门，以方便旅游者的进出。

3. 位置醒目

旅行社在选择门市部地点时还要考虑其所选择的地点是否容易被旅游者所找到。通常，旅行社把门市柜台设在主要交通干线，而不会设在偏僻的里弄。即使在交通干线上，也要选择适当的位置，使旅游者能够从较远的地方清楚地看到。

4. 旅行社门市部相对集中

有些人主张旅行社不应把门市部的设立地点选在旅行社较多的地区，认为那样会造成旅行社之间的竞争加剧，使新的旅行社门市部难以开展业务。这种看法有失偏颇，事实上，在旅行社相对集中的地区设立门市部虽然会使其在经营方面经受较大的压力，但是这种压力却往往有利于它的发展。由于地处同行相对集中的地区，旅行社门市部可以借鉴同行们的经营经验，变压力为动力，促使旅行社在改善产品质量、降低经营成本、提高服务水平等方面下大力气，以吸引更多的旅游者。同时，旅行社相对集中的地区本身就是吸引旅游者前来咨询和购买旅行社产品的一个重要因素。例如，我国天津市的鼓楼旅游超市是旅行社门市部相对集中的地方，吸引了大量的天津市民前往进行旅游咨询和报名参加旅行社组织的各种旅游活动，为那里的旅行社提供了重要的客源。

（二）门市部业务人员

1. 业务素质

（1）精通散客旅游产品知识。门市接待人员首先应具备的业务素质是精通散客旅游产品知识，熟悉产品的内容及什么时候、以什么价格能够获得这些散客旅游产品。另外，门市接待人员还应该能够准确地判断各种散客旅游产品的质量并能够清楚地了解产品的哪些特色能够满足旅游者的需要。

（2）理解散客旅游者的需求。门市接待人员必须能够深刻地理解散客旅游者的需求。为了能够做到这一点，门市接待人员必须具备良好的提问能力和倾听能力，能够从旅游者的回答中抓住问题的实质，发现散客旅游者的真正旅游需求。

（3）善于推销散客旅游产品。门市接待人员必须具备较强的产品推销能力，在旅游者的咨询过程中，积极主动地向旅游者介绍本旅行社的散客旅游产品，并善于抓住稍纵即逝的机会引导旅游者购买。

（4）具有较高的文字水平。在旅行社门市接待过程中，接待人员除了回答旅游者提出的各种问题并提供咨询意见和建议外，还要填写各种表册和起草各种业务文件。因此，门市接待人员应具有较高的文字水平。

2. 岗位职责

（1）介绍散客旅游产品。门市接待人员的岗位职责是向到访的旅游者介绍旅行社的各种散客旅游产品。为了做好这项工作，门市接待人员必须能够做到：

① 熟悉主要旅游目的地的有关情况，包括主要旅游景点的名称、坐落地点、门票价格、开放时间；饭店、旅馆、餐馆、市内交通等旅游服务设施的类型和价格；抵离目的地的交通工具类型、价格及有关订票、乘坐、行李等方面的规定；旅游目的地国家或地方政府的有关法律、法规、政策；旅游目的地的民俗风情、当地居民的生活习惯、宗教信仰及其对外来旅游者的态度；旅游目的地的主要接待旅行社的情况，如拥有哪些语种的导游员、接待散客旅游者的基本价格、能够提供的散客旅游活动项目。

② 掌握本旅行社的主要散客旅游产品情况，如散客旅游产品的种类、价格；办理单项旅游服务的手续、费用；提供选择性旅游活动的内容、价格、出发日期及时间；本地区旅游服务设施的基本概况，如饭店客房价格、地方风味餐馆的菜肴特点及其价格、市内交通的主要运输工具种类及票价等；本地区主要旅游景点情况，如坐落地点、开放时间、主要特色、门票价格等；本地区主要娱乐场所、购物商店情况。

（2）提供旅游咨询服务。门市接待人员的第二项岗位职责是向旅游者提供旅游咨询服务。在提供咨询服务时，接待人员应做到：

① 热情接待，注意倾听旅游者提出的问题；

② 运用自己所掌握的业务知识，耐心细致地回答旅游者的提问；

③ 根据旅游者的具体情况，因势利导地向旅游者推荐本旅行社的散客旅游产品；

④ 当旅游者想要购买某种旅游产品时，要积极引导其作出购买的决定；

⑤ 如果旅游者未表示购买本旅行社产品，仍要热情为其解答各种问题，不得流露出不满的情绪。

(3) 销售散客旅游产品。当旅游者决定购买时，门市接待人员应抓住时机，及时为旅游者办理有关手续并相机向旅游者推荐其他相关产品，以扩大旅行社的销售收入。在销售过程中，接待人员应做到：

① 请旅游者出示身份证件，并进行认真检查。

② 根据旅游者的要求，认真填写委托代办支付券，并将第一联和第二联交给旅游者，将第三联和第四联留下。

③ 询问旅游者支付旅游费用的方式。如果旅游者使用信用卡结算，应检查该信用卡是否失效；如果用转账支票付账，应注意检查支票的有效期限；如果旅游者支付现金，则应唱收唱付，当面点清。

④ 及时向有关旅游服务设施办理订房、订餐、订票等手续。

⑤ 如果旅游者到外地旅游，应及时通知目的地的旅行社做好接待准备。

⑥ 如果旅游者参加本旅行社的选择性旅游项目，则应通知旅行社有关部门或人员提供接待服务。

(4) 处理各种文件。门市接待人员应认真整理业务过程中的各种文件，将这些文件存入相关的档案中，并妥善保存。

二、旅行社门市接待流程

(一) 售前服务

1. 线路策划

根据旅游季节、景区特点、游客需求等策划出人性化、个性化、经典化的旅游线路。

2. 编制线路行程、报价核算

计调操作包括两大核心内容，即成本领先和质量控制。

3. 推广线路

充分利用各种媒体，如日报、晚报、横幅、彩报等方式告知游客。

(二) 售中服务

1. 热情、耐心接听，并解答客户的咨询

前台员工必须拥有五大素质，即好学与自学、热情与微笑、耐心、细心和沟通能力。

2. 记录客户资料

详细记录客户的联系方式、出游线路、出游日期、旅游人数、特别需求。

3. 编制行程及报价

根据客户的要求，联系优秀的地接社或办事处，编制线路最优、价格实惠的行程，在24小时内及时反馈给游客。

4. 跟踪及反馈

与客户保持一定频率的联络，跟踪客户最新出游信息，尽可能按客人需求调整旅游线路和报价，并督促客户及早下单和签约。

5. 接受报名

详尽、如实向游客说明行程安排、行程标准、注意事项、自费项目等，签订组团旅游合同，正确核对客户姓名及身份证号码，发放旅游包（长线），全额收款，交财务部入账，填写交款记录，成团。

6. 团体确认

根据客户需求，再次落实团体计划（机票、车辆、住宿、用餐、地陪导游等），并及时确认团体计划。

（1）机票情况。包括往返时间、折扣、机型、是否中转、航程、航空公司、机餐。

（2）车辆情况。包括车型、车龄、车况、正座数、车队、司机情况、接送时间及地点、车价。

（3）住宿情况。包括星级、地段、最近装修时间、硬件标准、软件管理水平、同级竞争情况、经营者特点、经营状况、沟通和讨价还价的能力、各季节的价格及变化情况。

（4）景区情况。包括门票、折扣情况、自费景点、索道价格、资源特点。

（5）用餐情况。包括地理位置、风味（特餐）、结算、配合、早餐（桌早或自助早）。

7. 选派导游

向导游交代接待计划，确定团队接待重点及服务方向。

熟悉导游的年龄、外型、学历、质量反馈、性格、作业特点、责任心、平常心、金钱观念、突发事故的处理能力及其适合的团型，并了解社内导游的安排情况，以便针对客户作出最合适的导游安排。

8. 出游准备

对于特殊团体约定时间召开见面会。

对于一般团体在出发前一天，通知客户出发时间、地点、出游准备、目的地注意事项、自费项目、送机人联系方式、导游联系方式等。

9. 最终确认

出发前24小时与对方核对计划，对游客特殊要求要重点落实，并要求对方最终确认。

做好保险单，传真给保险公司。

10. 导游出团

门市部向导游提供任务单、团体行程表、质量反馈表和游客名单表。如果是短线团需准备旅游帽，长线团需准备旅游包和旅游帽。及时通知司机领队集合时间、地点及出团注意事项。凭任务单核算，向财务领备用金。第一时间核对机票出发时间、游客姓名及身份证号码。

（三）售后服务

1. 服务跟踪

细心问候行程中的游客，如有质量投诉情况要及时调整，尽最大努力为游客提供一个舒适、愉快的旅游环境！

2. 计划调整

人算不如天算，行程计划如有变化，要遵循三大原则，即变更最小原则、宾客至上原则、同级变通原则。

3. 报账归档

团队行程结束后一周内清账。整理该团的原始资料，每月底将该月团队资料登记存档，以备查询。

4. 定期回访

建立客户档案，定期以电话、短信、登门拜访等形式回访客户，建立一个良好的客户群。

5. 总结回顾

团团有总结，认真对待客户的建议，并对建议进行分析、评价、解释。每年做回顾总结，吸取教训，总结工作经验。

任务二 旅行社现场接待业务

一、旅行社现场接待业务的概念

旅行社现场接待业务是旅行社各项工作的中心，也是决定旅行社产品质量好坏、旅游者满意度的决定性因素。总的来说，旅行社接待业务就是旅行社根据旅游者的要求，为其安排与旅游有关的事宜并提供旅途服务工作的总称。

二、旅行社现场接待业务人员

（一）导游人员定义与角色定位

导游人员是指依照《导游人员管理条例》的规定取得资格证和导游证，接受旅行社委派，为游客提供向导、讲解、旅行生活及相关旅游服务的人员。

每一个人在一定时间和场合中都会处于社会中的某一个位置并承担一定的社会角色，每一种社会角色都代表着社会行为模式及行为标准和规范。因此，角色是指个体在特定的社会团体中所处的适当位置及与之相联系的行为模式。导游人员角色是社会对导游人员的职业要求决定的，或者可以说是游客对导游人员的服务要求决定的。现代旅游业的发展已经成熟，因而对导游服务的职业要求也比较全面。概括来说，导游角色融合了以下角色：

1. 向导角色

向导服务是导游服务的雏形。尽管现代导游服务内容已经远不止是向导服务，但向导服务依然是导游服务的一项基本内容，旅游者对旅游目的地人生地不熟，基本都是依靠导游人员的向导，尤其是在旅游景区，导游人员要帮助游客选择最佳的旅游线路，带领游客按最佳游览路线游览以获得最佳的旅游体验。

2. 讲解员角色

讲解是导游服务的中心内容，是以口头语言辅以体态语言向游客传递关于旅游目的地及所在游览景点的自然、历史、文化、政治、经济及民俗风情等信息，满足游客到旅游目的地消遣、娱乐、求新、求异、求奇、增长见识的心理需求。高超的讲解技巧、通俗易懂并富有感染力的口语表达能力使导游能深入浅出地讲解事物的性状和内涵，所有这些都是一名优秀导游的必备素质。

3. 宣传员和民间大使角色

宣传我国悠久的历史文化和风俗民情是导游人员担负的又一项重要职责。导游人员要通过自己的服务来增进不同国家、地区、民族之间的了解，同时消除误解、增进友谊。不管海外旅游者抱着何种目的来华，导游人员都应积极、主动、热情地向他们宣传我国的社会制度和各项基本国策以及改革开放以来我国思想建设、经济建设、文化建设取得的巨大成就，宣传我国各族人民勤劳奋斗的精神和追求幸福生活和世界和平的美好愿望。但需要注意的是，所有上述宣传都应当是有机地融入导游讲解、日常交谈和游览娱乐活动中去，而非简单的说教。导游人员代表着旅游目的地的形象，是民间大使。导游人员在为游客服务的过程中能帮助他们更好地认识中国、了解中国，增进彼此间的友谊。

4. 服务员角色

在日常的旅游活动中，导游人员要安排游客起居休息、日常餐饮、娱乐购物等生活服务，而游客在旅游过程中遇到的生活方面的问题，如饮食不习惯、行李丢失、突然患病等，这些也都需要导游人员协助处理。

5. 安全保卫员角色

安全是旅游者外出旅游的基本要求。因此，在旅游活动中，导游人员要时时刻刻为旅游者保驾护航，切实保护好旅游者的人身和财物安全。具体来说就是导游人员要经常提醒旅游者看管好自己的物品，对可能发生的危险要向旅游者作出真实说明和明确的警示，并采取必要的措施进行防范，在发生危及旅游者生命财产安全紧急情况时，导游人员要挺身而出，采取果断措施来保护旅游者的生命和财产安全。

（二）导游人员分类

由于工作性质、服务对象、使用语言不同，导游人员的业务性质和服务方式也不相同。即使是同一个导游人员，由于其从事业务不同，所承担的角色也会有所不同。从实际研究需要，可以按照不同分类标准对导游人员进行分类。

1. 按业务范围分类

导游人员根据其在服务中所涉及到的主要业务内容可以分为出境旅游领队（领队），全程陪同导游人员（全陪），地方陪同导游人员（地陪）和景点景区导游人员（讲解员）。

领队是指依照《出境旅游领队人员管理办法》规定取得出境旅游领队证并接受具有出境旅游业务经营权的国际旅行社的委派，从事出境旅游领队业务的人员。领队的业务主要包括为出境旅游团提供旅途全程陪同和有关服务，协同境外接待旅行社完成旅游计划安排及协调处理旅游过程中相关事务等活动。

全陪是指接受国内旅行社委派，代表组团社实施接待计划为旅游者提供全程陪同服务的人员。全陪的业务主要是带领境外来华旅游者或国内旅游者在境内旅游，并为其提供全程导游服务，负责旅游团旅游中各环节的衔接，监督接待社按旅游合同实施接待计划，并协调领队、地陪、司机及其他旅游接待人员的关系，确保旅游顺利进行。

地陪是指接受接待旅行社委派，代表接待社实施接待计划，为旅游者提供当地旅游活动安排、讲解、翻译等服务的人。地陪的业务主要是接待境外来华旅游者或国内旅游者在其工作的地区旅游，并为其提供当地导游服务，负责按时做好旅游团在当地的迎接工作，严格按照接待计划做好旅游团在当地参观游览过程中的导游讲解工作和计划内的食宿、购物、文娱等活动的安排，并妥善处理各方面的关系和出现的紧急情况。

讲解员是指在旅游景区、景点（如风景名胜区、纪念馆）为旅游者进行导游讲解服务的人员。讲解员的业务主要是接待境外来华旅游者或国内旅游者在其工作的景区景点旅游，并为其提供该景区景点讲解或翻译服务，负责用讲解的方式让旅游者对景区景点的全貌和主要特色有较为全面透彻的了解，并增进旅游者对保护环境、生态系统或文物意义的认识。

2. 按职业性质分类

导游人员根据其职业性质可以分为专职导游人员、兼职导游人员和自由职业导游人员。

专职导游人员在一定时期内以导游工作作为其主要职业，这类导游人员一般为旅行社的正式员工，他们也是当前我国导游队伍的主要组成部分。兼职导游人员不以导游工作为其主要职业，只是利用业余时间从事导游工作。需要注意的是，某些具有特殊语种语言能力，受旅行社临时委任，领取临时导游证并临时从事导游活动的人员也属于这一范畴。自由职业导游人员以导游为主要职业，但并非某一家旅行社的正式员工，而是通过签订劳动合同的方式为多家旅行社服务。值得一提的是，目前在中国此类导游人员人数呈上升趋势。

3. 按导游在导游服务中使用的语种分类

导游人员按其在导游服务中使用的语种不同可以分为中文导游和外语导游人员。

中文导游指在导游服务中使用普通话、地方话或者少数民族语言为旅游者提供向导、讲解、旅行生活及相关旅游服务的人员。目前，中文导游人员主要服务的旅游团一般局限于内地团、港澳台旅游团、海外侨胞团。

外语导游人员指在导游服务中使用外语为旅游者提供向导、讲解、旅行生活及相关旅游服务的人员。目前国内外语导游人员主要集中于英语导游人员、日语导游人员等，其他小语种导游人员的数量也在逐渐上升。

4. 按导游人员的技术等级分类

导游人员按其技术等级可以分为初级导游、中级导游、高级导游和特级导游。导游员申报等级时，由低到高，逐级递升，对考核评定合格者颁发相应的导游员等级证书。中级导游员的考核采取笔试方式，其中，中文导游人员考试科目为“导游知识专题”

和“汉语言文学知识”；外语导游人员考试科目为“导游知识专题”和“外语”。高级导游员的考核采取笔试方式，考试科目为“导游案例分析”和“导游词创作”。特级导游员的考核采取论文答辩方式。

三、团体旅游的接待与管理

（一）团体旅游的类型与特点

1. 团体旅游的类型

（1）入境团体旅游。是指由旅游目的地国家的旅行社到其他国家或地区招徕旅游者，或者委托境外的旅行社等机构进行招徕，并将他们组织成10人以上（含10人）的团体前来旅游目的地国家进行的旅游活动。入境旅游团体由境外启程，在旅游目的地国家的口岸入境，并在境内进行一段时间的游览参观活动，最后从入境的口岸或另外的开放口岸出境返回原出发地。

（2）出境团体旅游是指旅游客源国或地区的旅行社招徕本国公民并将他们组织成10人以上（含10人）的旅游团队前往其他国家或地区进行的旅游活动。出境旅游团体由本国或本地区启程，在旅游目的地国家的口岸入境，并在境内进行一段时间的游览参观活动，最后从入境的口岸或另外的开放口岸出境返回本国或本地区。

（3）国内团体旅游。是指一个国家的旅行社招徕本国公民，并将他们组织成10人以上（含10人）的旅游团队，前往国内的某个或某些旅游目的地进行的旅游活动。国内团体旅游包括旅游团队前往附近的旅游目的地进行的短途旅游和前往其他省（直辖市、自治区）进行的省际旅游。

2. 团体旅游的特点

（1）入境团体旅游的特点具体表现为以下几点。

① 旅游时间长。入境旅游团队的第一个特点是在旅游目的地停留的时间比较长。以中国的旅游市场为例，除了少数港澳同胞来内地旅游的团队外，多数入境旅游团队在中国大陆旅游时，通常在几个甚至十几个城市或旅游景点所在地停留。因此，入境旅游团队的停留时间少则一周，多则十几天，少数入境旅游团队曾经创下在华旅游时间长达40多天的记录。由于在旅游目的地停留的时间长，所以入境旅游团队在旅游期间的消费一般较多，能够给旅游目的地带来比较多的经济收益。因此，旅行社在接待入境旅游团队时应针对这个特点为入境旅游团队安排和落实其在各地的生活服务和接待服务，使旅游者慕名而来，满意而归。

② 外籍人员多。入境旅游团队多以外国旅游者为主体，其使用语言、宗教信仰、生活习惯、文化传统、价值观念、审美情趣等均与旅游目的地国家有较大差异。即使在由海外侨民或本国血统的外籍人所组成的旅游团队中，多数旅游者由于长期居住在旅游客源国，其生活习惯、使用语言、价值观念等方面也发生了重大变化。例如，许多来华旅游的海外华人已经基本上不会讲汉语或根本听不懂汉语普通话了。因此，旅行社在接待入境旅游团队时，必须充分尊重他们，为其配备熟悉其风俗习惯、文化传统并能够熟练地使用外语进行导游的人员担任入境旅游团队的全程陪同或地方陪同。

③ 预订时间长。入境团体旅游的预订期一般比较长，从旅游中间商开始向旅游目

的地的接待旅行社提出接团要求起，到旅游团队实际抵达旅游目的地时止，旅行社同旅游中间商之间需要进行多次的通讯联系，不断地对旅游团队的活动日程、人员构成、旅游者的特殊要求等事项进行反复磋商和调整。另外，旅游中间商还要为旅游团队办理前往旅游目的地的交通票预订、申请和领取护照和签证等手续，组织散在各地的旅游者在实现规定的时间到指定地点集合，组成旅游团队并搭乘预订的交通工具前往旅游目的地。因此，相对于国内团体旅游，入境团体旅游的预订时间一般比较长，有利于接团旅行社在旅游团队抵达前充分做好各种接待准备和落实各项旅游服务安排。

④ 落实环节多。在各种团体旅游接待工作中，入境旅游团体接待业务要求接团旅行社负责落实的环节最多。入境旅游团在旅游目的地停留的时间和地点比较多，其旅游活动往往涉及到旅游目的地的各种有关的旅游服务供应部门和企业。为了安排好入境旅游团的生活和参观游览，接待旅行社必须认真研究旅游接待计划，制定出缜密的活动日程，并逐项落实整个旅行过程中的每一个环节，避免在接待中出现重大人为事故。

⑤ 活动日程变化多。入境团体旅游的活动日程变化比较多，如出发时间的变化、旅游团人数的变化、乘坐交通工具的变化等。因此，接团旅行社在接待过程中应密切注意旅游团活动日程可能出现的变化，及时采取调整措施，保证旅游活动的顺利进行。

（2）出境团体旅游的特点具体表现为以下几点。

① 活动日程稳定。出境旅游团的活动日程一般比较稳定，除非发生极其特殊的情况，否则它的活动日程很少发生变化。无论是组织出境旅游团的旅行社还是负责在旅游目的地接待的旅行社，都必须严格按照事先同旅游者达成的旅游协议，安排旅游团在境外及境内的各项活动。组织出境旅游的旅行社应委派具有丰富接待经验的导游员担任出境旅游团的领队，负责在整个旅行途中关照旅游者的生活。

② 消费水平高。出境旅游团的消费水平比较高，他们一般要求在旅游期间乘坐飞机或豪华客车，下榻在档次比较高的饭店，并往往要求在就餐环境比较好的餐厅用餐。此外，出境旅游团的购物欲望比较强烈，采购量和采购商品的价值均较大。据一些担任过出境旅游团领队的导游员和旅行社经理们的反映，我国出境旅游团在旅游目的地的购物消费甚至超过来自某些发达国家的旅游者，深受当地商店的欢迎。因此，旅行社的领队在陪同出境旅游团在境外旅游期间，应在当地接待旅行社导游人员的配合下，组织好旅游者的购物活动，满足他们的需要。

③ 文化差异比较大。出境旅游团队的成员中，有许多人从未到过旅游目的地国家或地区，缺乏对那里的历史、文化、风俗习惯等的了解，与当地居民之间存在着文化上的差异。特别是象我国这样的自身文化传统悠久、出境旅游发展时间较短的国家，旅游者除了在文化上与旅游目的地国家有较大的差别外，在语言方面也存在着一定的差异。目前，我国参加出境旅游的旅游者，除个别人外，外语水平一般比较低，许多人干脆根本不懂外语，到达境外后，在同当地人交流方面存在严重的问题。有些旅游者由于既不会讲当地语言也不懂英语，结果闹出不少的误会和笑话，甚至发生上当受骗的事情。因此，旅行社应选派熟悉旅游目的地国家或地区、精通旅游目的地语言或英语的导游员担任出境旅游团的领队，帮助旅游者克服文化和语言方面的障碍。

（3）国内团体旅游的特点具体表现为以下几点。

① 准备时间短。国内旅游团的预订期一般比较短，而且由于不需要办理护照、签证等手续，所以国内旅游团的成团时间较短。有些时候，从旅游者提出旅游咨询到旅游团成团出发只需要一周的时间，使得旅游客源地的组团旅行社来不及用书面形式及时通知旅游目的地接待旅行社，只好先用电话通知，然后再补发书面旅游计划。旅行社在接待国内旅游团时常会感觉准备时间不象接待入境旅游团或出境旅游团那样充裕。针对这个特点，旅行社应一方面在平时加强对接待人员的培训，使他们熟悉国内团体旅游接待的特点和要求，以便能够在接到旅游接待计划后能够在较短时间内制定出当地的活动日程，做好各项接待准备。另一方面，旅行社应根据当地旅游资源和本旅行社接待人员的特点设计出针对不同国内旅游团的接待规范和标准活动日程，使接待人员能够按照接待规范和标准活动日程进行接待准备，提高接待准备工作的效率。

② 日程变化小。国内旅游者一般对于前往的旅游目的地具有一定程度的了解，并能够在报名参加旅游团时对旅游活动日程作出比较理智的选择，因此他们很少在旅游过程中提出改变活动日程的要求。另外，国内旅游者往往把旅行社是否严格按照事先达成的旅游协议所规定的活动日程安排看成旅行社是否遵守协议、保证服务质量的重要标志。所以，他们对于旅行社更改活动日程的反感较之入境旅游团和出境旅游团更加强烈。旅行社在接待国内旅游团时，必须注意到国内团体旅游接待业务的这一特点，尽量避免修改活动日程。

③ 消费水平差别大。参加国内旅游团的旅游者生活水平参差不齐，既有收入丰厚的个体或乡镇企业家、外企高级管理人员和工程人员、某些经济效益好的企业员工，也有中等收入水平的工薪阶层人士，还有青年学生。不同生活水平的旅游者在旅游消费水平方面的差异很大。例如，有些消费水平高的旅游者可能要求在档次较高的星级饭店下榻和就餐、乘坐豪华客车、增加购物时间，而另一些消费水平较低的旅游者则可能对住宿、餐饮、交通工具等要求不高，希望增加参观游览时间，减少购物时间。旅行社在接待不同的国内旅游团时，应根据他们的消费水平和消费特点，在征得旅游团全体成员或绝大多数成员同意的前提下对活动日程做适当的修改，以满足不同旅游者的需要。

④ 讲解难度小。国内旅游团在游览各地旅游景点时，一般对这些景点事先有所了解。另外，除了少数年龄较大的旅游者外，多数国内旅游者具有一定的文化水平，能够听懂导游员的普通话讲解，对于导游员在讲解过程中所使用的历史典故、成语、谚语、歇后语等比较熟悉，容易产生共鸣。因此，导游员在导游讲解中可以充分运用各种方法，生动地向旅游者介绍景点的情况，而不必向接待入境旅游团那样，因担心文化上的差异和语言方面的困难而不得不放弃一些精彩的历史典故介绍，也不必担心因旅游者无法理解导游讲解中所使用的各种成语、谚语、歇后语等而影响导游讲解的效果。

(二) 团体旅游的接待过程管理

1. 准备接待阶段的管理

(1) 委派适当的接待人员。接待部门在接到本旅行社销售部门或客源地组团旅行社发来的旅游计划后，应根据计划中对旅游团情况的介绍和所提出的要求认真挑选最适合担任该旅游团接待工作的导游员。为了能够做到这一点，接待部门负责人应在平时对该部门导游员的性格、能力、知识水平、身体条件、家庭情况、思想状况等进行全面了解，做到心中有数。当接待任务下来时，接待部门经理便能够根据旅游团的特点，比较顺利地选择适当的导游员承担接待任务。例如，在接待专业旅游团时，接待部经理应选择在该专业领域具有一定知识的导游员担任接待人员，以便在接待过程中其能以较为丰富的专业知识使旅游者感到熟悉和亲切，增加相互之间的共同语言，有利于导游员更好地为旅游者提供接待服务。又如，在接待主要由中年妇女组成的旅游团时，接待部经理则应为她们挑选一位年龄相仿、对商店购物比较在行的女导游员。这位导游员比较理解旅游者的心理，能够提供具有针对性的服务，使旅游者感到满意。

（2）检查接待工作的准备情况。接待部门经理应在准备接待阶段注意检查承担接待任务的导游员准备工作的进展情况和活动日程的具体内容。对于进展较慢的导游员应加以督促，对于活动日程中的某些不适当安排应提出改进意见，对于重点旅游团的接待计划和活动日程应予以特别关照，对于经验较少的新导游员则应给以具体的指导。总之，接待部经理应通过对接待工作的准备情况进行检查，及时发现和堵塞漏洞，防患于未然。

2. 实际接待阶段的管理

（1）建立请示汇报制度。旅游团队接待工作是一项既有很强的独立性又需要由旅行社加以严格控制的业务工作。一方面，担任旅游团接待工作的接待人员，特别是导游人员应具有较强的组织能力、独立工作能力和应变能力，以保证旅游活动顺利进行。那种动辄就请示汇报，不肯动脑筋或不能动脑筋主动想办法解决问题，遇到困难绕着走的人不能够胜任独立接待旅游团的重任。另一方面，凡事不请示、不汇报，特别是遇到旅游接待计划须发生重大变化的情况也不请示，擅作主张，甚至出了事故也隐匿不报的做法都是极端错误的。为了加强对旅游团接待过程的管理，旅行社应根据本旅行社和本地区的具体情况，制定出适当的请示汇报制度。这种制度既要允许接待人员在一定范围内和一定程度上拥有随机处置的权力，以保证接待工作的高效率，又要求接待人员在遇到旅游活动过程中的一些重大变化或发生事故时及时请示旅行社相关管理部门，以取得必要的指导和帮助。只有建立和坚持这种适当的请示汇报制度，才能保证旅游团的接待顺利进行。

（2）抽查与监督接待现场。除了建立适当的请示汇报制度以保证接待人员能够将接待过程中发生的重大情况及时准确地传达到旅行社接待部门，使接待部经理和旅行社总经理等有关的管理人员能够随时掌握各旅游团接待工作的进展情况外，旅行社还应建立旅游团接待现场抽查和监督的制度，由接待部经理或总经理等人在事先未打招呼的情况下亲自到旅游景点、旅游团下榻的饭店/旅馆、就餐的餐馆等旅游团活动的场所，直接考察导游人员的接待工作情况，并向旅游者了解对接待工作及各项相关安排的意见，以获取有关接待方面的各种信息。旅行社接待管理人员通过现场抽查和监督，可以迅速、直接地了解接待服务质量和旅游者的评价，为旅行社改进服务质量提供有用的信息。

3. 总结阶段的管理

（1）建立接待总结制度。为了达到提高旅游团接待工作效率和服务质量的目的，旅行社应建立总结制度，要求每一名接待人员在接待工作完成后对接待过程中发生的各种问题和事故、处理的方法及其结果、旅游者的反应等进行认真总结，必要时应写出书面总结报告，交给接待部经理。接待部经理应认真仔细地阅读这些总结报告，将其中的成功经验加以宣传，使其他接待人员能够学习借鉴，并将接待中出现的失误加以总结，提醒其他人员在今后的接待工作中尽量避免犯同样的错误。通过总结，达到教育员工、提高接待水平的目的。

此外，接待部经理还可以采用其他方式对旅游团接待过程进行总结。例如，旅行社接待部经理可以采用听取接待人员当面汇报、要求接待人员就接待过程中发生的重大事故写出书面总结报告、抽查接待人员填写的陪同日志、全陪日志、领队日志等方式。通过这些总结方式，旅行社接待管理人员能够更好地了解旅游者的接待情况和相关服务部门的协作情况，及时发现问题，采取补救措施。

总之，旅行社接待管理人员通过总结旅游团接待情况，不断积累经验，以便进一步改进产品、提高导游人员业务水平和完善协作网络。

(2) 处理旅游者的表扬和投诉。处理旅游者对导游员接待工作的表扬和投诉是总结阶段中旅行社接待管理的另一项重要内容。一方面，旅行社通过对优秀工作人员及其事迹的宣扬，可以在接待人员中树立良好的榜样，激励旅行社接待人员不断提高自身素质。另一方面，接待管理人员通过对旅游者提出针对导游员接待工作投诉的处理，既教育了受批评的导游员本人，也对其他接待人员进行了鞭策，使大家在今后的接待工作中不再犯类似的错误。

四、散客旅游的接待与管理

(一) 散客旅游的特点

1. 批量小

散客旅游多为旅游者本人单独外出或与其家属或亲友结伴而行。同团体旅游相比，散客旅游的批量一般比较小。

2. 批次多

散客旅游的批量虽然比较小，但是采用散客旅游方式的旅游者日趋增加，加上许多旅行社大力开展散客旅游业务，更促进了散客旅游的发展，所以散客旅游者的总人数在迅速增加。散客市场规模的日益扩大及其批量小的特征使得散客旅游形式呈现出批次多的特点。

3. 预订期短

散客旅游者旅游决定的过程比较短相应地使散客旅游形成了预订期短的特点。散客旅游者往往要求旅行社能够在较短的时间内为其安排好旅游线路并办妥各种旅行手续。

4. 要求多

散客旅游者当中有大量的商务、公务旅游者。他们的旅行费用多由所在的企业、单位全部或部分承担。另外，他们在旅游过程中有很多交际应酬活动和商务、公务活动。因此，他们的旅游消费水平较高且对旅游服务的要求也较多。

5. 变化多

散客旅游者在旅行前往往缺少周密的安排，而在旅行过程中容易临时变更旅行计划、提出各种新的要求或在旅行前突然由于某种原因而临时决定取消旅行计划。

(二) 散客旅游产品的类型

1. 单项委托服务业务

(1) 受理散客旅游者来本地旅游的委托业务。旅游者在外地委托当地的旅行社办理前来本地旅游的业务，并要求本地的旅行社为该旅游者提供其在本地旅游活动的接待或其他旅游服务。旅行社散客业务人员应在接到外地旅行社的委托通知后，立即按照通知的要求办理旅游者所委托的有关服务项目。如果旅游者要求旅行社提供导游接待服务，旅行社应及时委派本部门的导游员或通知接待部委派导游员前往旅游者抵达的地点接站，并提供相应的导游讲解服务和其他服务。如果旅行社认为无法提供旅游者所委托的服务项目，应在接到外地旅行社委托后 24 小时内发出不能接受委托的通知。

(2) 办理散客旅游者赴外地旅游的委托业务。旅行社的散客业务人员在接到旅游者提出的委托申请后，必须耐心询问旅游者的旅游要求，认真检查旅游者的身份证件。如果旅游者委托他人代办委托手续，受托人必须在办理委托时出示委托人的委托信函及受托人的身份证件。旅行社散客业务人员在为旅游者办理赴外地旅游委托手续时，应根据旅游者的具体要求，逐项填写委托代办支付券。填好后，散客业务人员将委托代办支付券的第一联和第二联交给旅游者，将第三联和第四联留下。

旅游者在旅行社办理旅游委托后又要求取消或变更旅游委托时，应至少在出发前一天到旅行社办理取消或变更手续，同时缴纳加急长途通讯费并承担可能由此造成的损失。对于取消旅游委托的旅游者，旅行社经办人员应收回委托代办支付券，并将其存档。

(3) 受理散客旅游者在本地的单项旅游委托业务。有的时候，散客旅游者在到达本地前并未办理任何旅游委托手续，只是当他到了本地后，由于某种需要到旅行社申请办理在本地的单项旅游委托手续。旅行社散客业务人员在接待这些旅游者时，应首先问清旅游者的委托要求，并讲明旅行社所能提供的各项旅游服务项目及其收费。然后，根据旅游者的申请，向其提供相应的服务。如果旅游者委托旅行社提供导游服务，旅行社应在旅游者办妥委托手续并缴纳费用后，及时通知接待部门委派导游员或派遣本部门的导游员为旅游者服务。

2. 旅游咨询业务

(1) 电话咨询服务。是指旅行社散客业务人员通过电话回答旅游者关于旅行社产品及其他旅游服务方面的问题，并向其提供购买本旅行社有关产品的建议。散客业务人员在提供电话咨询服务时应做到以下两点：

① 尊重顾客。旅行社的散客业务人员在接到旅游者打来的咨询电话时，应该表现出对顾客的尊重，要认真倾听他们提出的问题，并耐心地予以恰当的回答。回答时声调要友好和气，语音应礼貌规范。

② 积极主动。散客业务人员在提供电话咨询服务时应积极主动、反应迅速。在圆满地回答顾客问题的同时应主动向旅游者提出各种合理的建议，抓住时机向他们大力推出本旅行社的各种产品。

(2) 信函咨询服务。是指旅行社散客业务人员以书信形式答复旅游者提出关于旅游方面和旅行社产品方面的各种问题，并提供各种旅游建议的服务方式。目前，旅行社散客部的信函咨询服务主要利用传真设备进行。信函咨询的书面答复应做到语言明确、简练规范、字迹清楚。

(3) 人员咨询服务。是指旅行社散客业务人员接待前来旅行社门市柜台进行咨询的旅游者，回答他们提出的有关旅游方面的问题，向他们介绍旅行社散客旅游产品并提供旅游建议。在提供人员咨询服务过程中，散客业务人员应做到以下两点：

① 热情友好。在咨询过程中，散客业务人员应热情友好，面带微笑，主动进行自我介绍，仔细认真地倾听旅游者的询问，并耐心地进行回答。与此同时，还应该有条不紊地将旅游者的问题和要求记录下来。此外，还应向旅游者提供有关的产品宣传资料，让旅游者带回去阅读，以便加深旅游者对本旅行社及其产品的印象，为旅行社争取客源。

② 礼貌待客。旅行社散客业务人员必须给旅游者一种宾至如归的感觉。礼貌待客显示了旅行社人员的良好素质和对顾客的尊重，会给旅游者留下一个良好的第一印象。

3. 选择性旅游

(1) 选择性旅游的内容。选择性旅游是指由旅行社为散客旅游者所组织的短期旅游活动，如小包价旅游的可选择部分、散客的市内游览、晚间文娱活动、风味品尝、到近郊及邻近城市旅游景点的“一日游”、“半日游”、“多日游”等项目。根据国际旅游市场的发展趋势和我国实行双休日制度后出现的周末远足的热潮，不少旅行社已将目光转移到散客旅游这一大有潜力的新市场，纷纷推出各种各样的散客旅游产品，以增加旅行社的经济效益和社会效益，扩大知名度。我国有些地区甚至出现了专营散客旅游产品的旅行社。

(2) 选择性旅游的销售。

① 建立销售代理网络。建立销售网络是旅行社销售选择性旅游产品的另一种途径。旅行社应与国内其他地方的旅行社建立相互代理关系，代销对方的选择性旅游产品。此外，旅行社还应设法与海外经营出境散客旅游业务的旅行社建立代理关系，为本旅行社代销选择性旅游产品。

② 设计选择性旅游产品。旅行社应针对散客旅游者的特点设计和编制出各种适合散客旅游者需要的选择性旅游产品。这些产品中包括“半日游”、“一日游”、“数日游”等包价产品；游览某一景点、品尝地方风味、观赏文娱节目等单项服务产品；“购物游”等组合旅游产品。选择性旅游产品的价格应为“拼装式”，即每一个产品的构成部分均有各自的价格，包括产品的成本和旅行社的利润。旅行社将这些产品目录放在门市柜台或赠送给代销单位，供旅游者选择。

(3) 选择性旅游的接待。

① 及时采购。由于选择性旅游产品的预订期极短，所以旅行社的采购工作应及时、迅速。旅行社应建立和健全包括饭店、餐馆、景点、文娱场所、交通部门等企业和单位的采购网络，确保旅游者预订的服务项目能够得以实现。此外，旅行社还应经常了解这些企业和单位的价格、优惠条件、预订政策、退订手续等情况及其变化，以便在保障旅游者的服务供应前提下，尽量降低产品价格，扩大采购选择余地，增加旅行社的经济效益。

② 搞好接待。选择性旅游团队多由来自不同地方的散客旅游者临时组成，一般不设领队或全程陪同。因此，与团体包价旅游团队的接待相比，选择性旅游团队的接待工作的难度较大，需要配备经验比较丰富、独立工作能力较强的导游人员。在接待过程中，导游人员应组织安排好各项活动，随时注意旅游者的反应和要求，在不违反对旅游者承诺和不增加旅行社经济负担的前提下，对旅游活动内容作适当的调整。

（三）散客旅游接待的要求

1. 旅行社产品方面

散客旅游者的文化层次通常比较高，而且旅游经验一般比较丰富，他们对旅行社产品的深层内涵十分重视。旅行社在接待散客旅游者时应针对这一特点多向他们提供那些具有丰富的文化内涵和浓郁的地方与民族特色的产品，增加产品的参与性，以满足他们追求个性化和多样化的消费心理。

2. 预订系统方面

散客旅游者的购买方式多为零星购买，随意性较大。因此，散客旅游对高效、便利、准确的预订系统有着强烈的要求。针对这一特点，旅行社应采用以计算机技术为基础的网络化预订系统，保证散客旅游者能够自由、便利地进行旅游活动。

3. 采购方面

散客旅游者多采取自助式的旅游方式，对于旅游目的地各类服务设施要求较高。旅行社应加强旅游服务的采购工作，建立起广泛、高效、优质的旅游服务供应网络，以满足旅游者的需要。

任务三 旅行社行李业务

一般来说，旅游者外出旅游极少是“孑然一身”、“身无长物”的，他们或多或少都会携带行李，特别是团体旅游者。团体旅游者外出旅行所携带的行李较多，所以行李的托运和运输是旅行社团体旅游接待的重要业务。

一、行李托运的有关规定

（一）航空行李托运

（1）国内航线的行李托运。乘坐飞机在国内航线旅行的多为入境旅游团在旅游目的地旅游期间的城市间旅行、国内旅游团在境内的旅行和出境旅游团从居住地前往出境口岸或从入境口岸返回居住地的旅行。旅行社行李员在为这些旅游团办理行李托运手续时应注意以下几点：

① 持头等舱票的旅游者，每人可随身携带两件物品；持公务舱、经济舱票的旅游者每人可随身携带一件物品。每件物品的体积不得超过20厘米×40厘米×55厘米，总重量不得超过5公斤；

② 旅游者携带的物品超过上述规定的件数、重量或体积限制的，应按照规定作为交运行李委托所乘航班的民航公司托运；

③ 持头等舱成人票或儿童票的旅游者，每人可免费交运行李40公斤；

④ 持公务舱成人票或儿童票的旅游者，每人可免费交运行李 30 公斤；

⑤ 持经济舱成人票或儿童票的旅游者，每人可免费交运行李 20 公斤；

⑥ 持婴儿票的旅游者不享受免费托运行李的待遇；

⑦ 交运的行李必须包装完善、锁扣完好、捆扎牢固，并能承受一定压力。对包装不符合要求的行李，民航部门有权拒运或不承担行李损坏的赔偿责任；

⑧ 交运的行李中不得夹带易燃、易爆、腐蚀、有毒、放射性物品、可聚合物质、磁性物质及其他危险物品；

⑨ 交运的行李中不得夹带机密文件、资料、外交信袋、有价证券、货币、汇票、贵重物品、易碎或易腐物品及其他需要专人照管的物品。

(2) 国际航线的行李托运。旅行社组织和接待出境旅游团时，其行李员还要负责为乘坐国际航线航班的旅游团代办行李托运手续。国际航线对行李托运的规定是：

① 持一等票价客票的旅游者，每人可享受免费交运行李 40 公斤；

② 持公务票价客票的旅游者，每人可享受免费交运行李 30 公斤；

③ 持经济客票的旅游者，每人可享受免费交运行李 20 公斤；

④ 按成人票价 10% 付费的婴儿，不享受免费交运行李；

⑤ 在中美、中加国际航线上飞行的民航公司实行计件免费行李托运。其具体做法是：一等和公务票价客票的旅游者，每人可免费交运两件行李，每件行李的三边之和最大不得超过 62 英寸（158 厘米）；持经济和旅游折扣票价客票的旅游者，每人可免费交运两件行李，每件行李的三边之和最大不得超过 62 英寸（158 厘米），但两件行李之和不得超过 107 英寸（273 厘米），每件行李最大重量不得超过 32 公斤；按成人票价 10% 付费的婴儿可免费交运一件行李，但三边之和最大不得超过 45 英寸（115 厘米）；旅游者可免费交运全折叠式或轻便婴儿车或婴儿手推车一辆；

⑥ 随机交运的行李应有承受一定压力的包装，应封装完整、锁扣完善、捆扎牢固。对包装不符合要求的行李，民航部门有权拒运或不承担行李损坏的赔偿责任；

⑦ 交运的行李中不得夹带易燃、易爆、腐蚀、有毒、放射性物品、可聚合物质、磁性物质及其他危险物品；

⑧ 交运的行李中不得夹带中华人民共和国和运输过程中为有关国家法律、政府命令和规定所禁止出境、入境或过境的物品及其他限制运输的物品；

⑨ 交运行李中不得装有货币、珠宝、金银制品、票证、有价证券和其他贵重物品。

(二) 铁路部门行李托运

(1) 向火车站行李托运处的有关人员出示旅游团的火车票，并提出托运行李的申请；

(2) 经同意后，将交运的行李交行李托运处人员过磅；

(3) 按照交运行李的重量向行李托运处交纳托运费；

(4) 向行李托运处有关人员索取行李托运票。

(三) 旅游团行李的交接程序

(1) 接受行李程序。

① 接受入境旅游团行李。旅行社行李员在接受乘坐国际航班入境的旅游团行李时，

应等旅游者将行李领出集中后，与领队、全程导游员和地方导游员一起清点行李件数。地方导游员在行李卡上签字后，由行李员将行李装上行李车，并及时送到旅游团下榻的饭店或旅馆。

② 接受国内航班旅游团行李。在接受乘坐国内航班抵达的旅游团行李时，行李员应主动向陪同该旅游团的领队或全程导游员索要行李卡，并持行李卡向机场行李处领取行李。领出行李后，行李员应对照行李卡认真清点行李。清点无误后，行李员应将行李全部装上行李车，并及时送到旅游团下榻的饭店或旅馆。

旅行社行李员在将旅游团行李送到饭店/旅馆后，必须与饭店、旅馆的行李员办理行李清点和交接手续。

（2）运送行李程序。

① 旅行社行李员到接待部或计调部领取工作任务单；

② 行李员按照任务单上规定的时间准时乘行李车到达旅游团下榻的饭店或旅馆；

③ 同饭店或旅馆的行李员或总服务台有关人员办理行李交接手续，并在行李清点无误后在行李卡上签名；

④ 将行李全部装上行李车，运往飞机场（火车站或码头）；

⑤ 如果运送乘坐国内航班旅行的旅游团行李，行李员应在飞机预定起飞时间前一个半小时将行李运到飞机场办理行李托运手续；

⑥ 如果运送乘坐国际航班旅行的旅游团行李，行李员应在飞机预定起飞时间前两个小时将行李运到飞机场，并协助旅游者办理行李拴牌和过磅事宜。

二、行李差错的处理

旅行社行李员应协助接待旅游团的导游员妥善处理旅游接待过程中发生的行李差错，这是提高旅行社接待工作质量的一个重要方面，同时也是行李员义不容辞的责任。行李差错主要包括行李丢失、行李漏接或错送和行李破损等几种情况。

（1）行李丢失的处理。行李丢失是指旅游团托运的行李在运输途中或交接过程中出现的丢失现象。造成行李丢失的原因主要是：

① 承运旅游团行李的航空公司、铁路、公路、水运等部门未能将行李及时运到目的地或在途中将行李丢失；

② 旅行社行李员在运送行李时将行李丢失；

③ 饭店行李员在把行李送往旅游者下榻的房间途中将行李丢失。

在上述三种情况中，第二种情况属于旅行社方面的责任。如果无法将丢失的行李找回，则应由旅行社负责赔偿旅游者的损失。第二种和第三种情况极少发生，较为常见的是第一种情况。无论旅游者行李丢失的原因如何，旅行社行李员应该积极主动协助旅行社的接待人员和有关部门进行查找。

（2）行李漏接或错送的处理。造成旅游团行李漏接或错送的原因有三个。

① 旅行社行李员因工作疏忽，未能按时接送行李或因未按有关规定进行行李交接而造成行李漏接或错送；

② 由于航班、车次等发生变化造成行李漏接；

③ 由于行李车发生意外事故造成行李漏接。

行李漏接或错送会给旅游者的旅游活动造成不便。因此，无论事故是由哪一种原因造成的，旅行社行李员都应该积极设法找回行李并向旅游者致歉，以取得旅游者的谅解。

(3) 行李破损的处理。旅行社行李员在交接行李或运送行李时如果发现破损的行李应立即设法予以解决。如果由于交通部门或饭店方面在托运或搬运行李的过程中造成行李破损，旅行社行李员应协助旅游者和导游人员及时同这些部门交涉，要求予以修理或赔偿。如果由于旅行社方面在运送行李时不慎造成行李破损，则其应向旅游者道歉并负责修理或赔偿。

项目实训

一、单项选择

1. 下面哪一项不是导游人员所要扮演的角色？(　　)

A. 向导　　B. 安全保卫员　　C. 保姆　　D. 服务员

2. 下列哪类导游人员的主要工作内容是从事景区景点的导游讲解服务？(　　)

A. 领队　　B. 全陪　　C. 地陪　　D. 讲解员

3. 既有当地旅游活动的组织、协调任务，又有进行导游讲解或翻译任务的是(　　)。

A. 领队　　B. 全陪　　C. 地陪　　D. 讲解员

4. 下列哪一级别的导游人员考核采取论文答辩方式？(　　)

A. 初级　　B. 中级　　C. 高级　　D. 特级

5. 若送国内航班，应提前多长时间将行李运送到机场？(　　)

A. 半个小时　　B. 一个小时　　C. 一个半小时　　D. 两个小时

6. 办理完行李托运手续后，行李员必须认真清点交通票据和行李卡张数，并与(　　)进行必要的移交手续。

A. 领队　　B. 全陪　　C. 地陪　　D. 游客

7. 送团服务中，出境航班旅游团应提前多长时间抵达机场？(　　)

A. 半小时　　B. 一小时　　C. 一个半小时　　D. 两小时

二、判断

1. 旅行社的旅游咨询业务是向旅游咨询人收取费用的。(　　)

2. 旅行社提供的咨询业务质量的高低会影响咨询人的购买决策。(　　)

3. 旅行社咨询业务的唯一目标就是促使咨询者作出购买决定。(　　)

4. 导游人员的角色是多种角色的融合体。(　　)

5. 专职导游人员构成了我国导游队伍的主体。(　　)

6. 旅游团抵达酒店后，分发房间钥匙的工作一般是由领导来完成的。(　　)

7. 旅行社的接待工作主要是由导游员来承担的，旅行社的管理者可以不用过问。(　　)

8. 旅游者要求导游人员代为购买、托运物品的，导游人员要义不容辞地答应。(　　)

三、案例讨论

2002年2月，甲旅行社接待澳门某旅游团。按照旅游合同约定，该旅游团在北京游览4天，其中2月11日游览长城。甲旅行社委派导游王某担任该团陪同。王某无正当理由，而且也未征得该旅游团的同意，擅自对游览日程作了变更，将游览长城改为2月14日，即离京前一天，而将2月11日改为购物。该旅游团对此变更曾提出质疑，但导游员王某未做解释。不料，2月13日天降大雪。2月14日晨，该旅游团赴长城，车至八达岭脚下，积雪封路，不能前行，该团只得返回。第二天，该团出境返港，并书面向旅游局投诉称，导游王某未征得旅游者同意擅自变更接待计划，违反了旅游合同规定，致使该旅游团未能游览长城，旅行社应承担赔偿责任。甲旅行社辩称，变更旅游行程属导游员王某个人行为，与旅行社无关；而导游员王某则辩称，造成未能游览长城的原因是大雪封路，属于不可抗力，他本人可以不承担责任。

阅读案例后讨论：

1. 导游员王某的辩称合理吗？如果不合理，其行为应受到什么样的处罚？
2. 旅行社的辩称合理吗？如果不合理，其应受到什么样的处罚？

四、项目思考

1. 旅行社咨询业务的主要内容是什么？
2. 旅行社咨询业务的目标有哪些？
3. 导游人员的分类有哪些？
4. 为旅游团指派导游人员时要考虑哪些因素？
5. 行李托运有哪些规定？

项目总结

本项目任务主要包括旅行社门市业务、旅行社现场接待业务、旅行社行李业务三个方面。通过三个子项目的学习，学生对旅行社门市接待、现场接待以及行李业务流程有了清晰认识，并能对不同的散客或旅游团提供针对性的门市接待、现场接待和行李服务。

模块四

旅行社日常管理

项目一　旅行社质量管理

项目目标

了解旅游投诉的含义与特点

熟悉旅游服务质量管理

熟悉并掌握旅游安全质量管理

掌握旅游投诉管理方法

项目能力

具备分析旅游安全质量管理的思路

结合案例能处理旅行社旅游投诉

案例引入

香港导游阿珍辱骂游客案

2010 年 1 月，安徽省宣城市某电器公司开展有奖促销活动，获奖顾客可获得港澳双卧六日游大奖。电器公司委托宣城 A 旅行社承办此项旅游活动，A 旅行社与没有出境游资质的宣城 B 旅行社合作，其后 B 旅行社又与深圳 C 旅行社签订了赴港澳游的委托协议。参加港澳双卧六日游的游客与 B 旅行社签订了出境旅游合同。2010 年 3 月 24 日，51 人的港澳旅游团从安徽出发，香港接待社为 D 旅行社。该团在港旅游期间，香港接待社所派导游李某多次胁迫游客购物，并进行人身侮辱。该团游客将导游李某在旅游大巴上谩骂游客的言行暗录下来，回内地后将录像传至互联网上，引起社会广泛关注，网友更是戏称导游为“恶女阿珍”。

国家旅游局要求安徽省旅游局和广东省旅游局认真调查，严肃处理。安徽省旅游局指导、支持宣城市旅游局对本案涉及的 A 旅行社和 B 旅行社进行了调查处理。A 旅行社和 B 旅行社均无出境游业务经营权，其行为违反了《旅行社条例》第四十六条第一项规定，即未取得相应的旅行社业务经营许可经营出境旅游业务。B 旅行社辩称，其与有出境游经营权的C旅行社有委托协议。经查，B旅行社与C旅行社之间的委托不符合有关出境游委托招徕游客的规定。宣城市旅游局依据此项规定，对A旅行社处以责令改正，没收违法所得1 960元，并处10万元罚款；对B旅行社处以责令改正，并处10万元罚款。

国家旅游局发函广东省旅游局，要求其调查C旅行社是否有零负团费、低于成本经营等违法违规行为。广东省旅游局与深圳文体旅游局通过调查，以该旅行社将旅行社业务委托给不具有相应资质的B旅行社，违反了《旅行社条例》第五十五条第四项的规定，决定对其罚款50 000元。

香港旅游业议会对本案涉及的香港旅行社和导游进行了查处。该会认定导游李某违反了《导游作业守则》的相关规定，严重损害了香港旅游业的形象和声誉，施以暂停导游证6个月的处罚，其后如果再次违反有关规例，将永久吊销导游证；对指派她接待旅行团的D旅行社处以4.75万港元罚款。

任务一　旅行社质量管理

一、旅行社服务质量与管理

旅行社服务质量是指旅行社提供给游客的服务在使用价值上（包括精神和物质）适合和满足游客需求的程度。旅行社向旅游者提供的服务涉及到旅行社产品设计、开发与销售、旅游服务采购和旅游接待服务等多个环节，旅行社质量管理的核心也是落实到这些服务环节上，并且旅行社的质量管理必须是全方位的管理。

旅行社服务质量管理指旅行社为了保证和提高其质量，综合运用一整套质量管理的体系、思想、手段和方法所进行的系统的管理活动。我们可以将旅行社质量管理分为产品质量管理、采购质量管理、接待质量管理等。

1. 产品质量管理

旅行社产品质量管理是保证旅行社在接待过程中能够使旅游者感到满意的前提，旅行社的管理者在产品质量管理的过程中应重点抓好线路组合、产品促销和产品价格的质量管理。一是线路组合质量管理。旅行社的产品质量一般是指旅游线路和旅游节目设计安排的质量，应侧重于四个方面，即旅游线路安排是否合理、产品内容是否符合旅游者的需要、交通工具能否得到切实保障、游览项目有无雷同。二是产品促销质量管理。产品促销质量管理是指对旅行社的广告等宣传促销内容的管理。旅行社必须实事求是地促销，如实地向旅游者介绍产品的内容。三是产品价格质量管理。产品销售管理是为了避免在日后的接待过程中旅游者因对旅行社产品价格产生疑义而造成投诉的管理。旅行社管理者在产品销售质量管理方面应着重了解产品的销售价格是否合理，有无质价不符的情况。如果发现旅行社产品与实际服务内容之间存在较大的偏离时，应设法予以调整。

2. 采购质量管理

旅行社采购质量管理是指旅行社对饭店、餐馆、交通部门、游览景点、娱乐场所、购物商店、接待旅行社等单位的服务质量实施监督和管理。旅行社必须通过实地考察、信息反馈等方式，把那些确实能够提供高质量服务的供应部门或企业确定为长期协作伙伴。

3. 接待质量管理

旅游接待是旅行社产品消费的实际过程，也是旅游者评价旅行社及其产品的主要依据。旅游接待由旅行社直接控制，其质量的优劣直接体现了旅行社的管理水平。旅行社对接待质量的管理主要集中在交通、住宿、餐饮、导游讲解水平和服务态度的管理上。

二、旅行社服务质量管理中存在的主要问题

（一）服务质量管理功能不稳定

服务质量管理功能是指服务管理结果的质量，属于服务管理的核心部分。一些旅行社还未设立统一的管理机构，缺乏有效的制度体系对服务质量进行管理控制，因此不能持久、稳定地向顾客提供高质量的旅游服务。特别是在旅游旺季，各种服务质量管理问题就会比较突出。

（二）服务质量管理技术水平较低

旅行社服务质量管理主要是指旅游服务管理过程的质量，是服务管理的可感知部分。但就目前来看，旅行社服务质量管理技术水平较低，具体表现为：一是旅行社管理者缺乏管理技巧，对服务人员管理不到位，管理者的管理缺乏艺术性，导致员工工作懈怠，不积极主动，造成服务质量下降。二是旅行社服务质量管理手段乏力，管理者对服务质量管理的重要性认识不足，无法对服务质量实施全程的管理。三是服务质量管理执行力度弱，不少旅行社管理人员虽然口头上承认服务质量的重要性，但在行动上却表现不佳，他们总是认为服务质量管理不是他们的管辖范围。

（三）旅游服务质量管理信息不畅

旅行社服务质量管理信息匮乏主要表现为：一是旅行社服务质量管理的沟通模式以单向为主，主要是通过顾客投诉向管理者发送信息，管理者只是被动的信息接受者；二是旅行社服务管理信息内容单一，管理者接受的信息一般是固定的信息，对于实时信息了解不多或无法了解，使旅行社服务质量管理活动带有一定的盲目性；三是旅行社服务质量管理信息传播渠道不畅通，特别是顾客向管理者方向的信息传递渠道不畅，或信息反馈存在很长的时滞。

三、完善旅行社服务质量管理的具体措施

（一）明确旅行社服务质量管理目标

服务质量管理是围绕着质量管理目标而开展的，旅行社质量管理目标主要包括国级、市级、企业三个层次。国级旅行社服务质量管理目标是规范全国服务质量管理目标，建立服务质量管理等级标准，增强旅行社参与国际市场竞争的能力。市级服务质量管理目标是根据国级旅行社服务质量管理目标及服务质量等级标准，确定本市的质量管理方针、政策和措施，贯彻行业质量标准，参加服务质量等级评定。旅行社服务质量管理目标是贯彻市级的行业服务质量标准，根据旅行社自身特点制定具体的操作标准、程序、管理制度，采取切实有力的措施提高旅游服务质量。

（二）完善的旅游服务质量管理体系

完善的服务质量管理体系能够使旅行社管理者清晰地贯彻和实施服务质量等级标准，其中包括：建立国级服务质量管理的组织机构，对全国旅游业的责任体系、职责权限进行严格的划分；建立市级服务质量管理的组织机构，贯彻落实、检查评定国级服务质量等级标准；建立服务质量管理标准化、程序化、规范化的操作体系；对服务质量信息进行收集、传递、反馈；改进服务质量投诉处理的方法等。

（三）积极开展旅游服务质量管理教育

旅行社服务质量管理教育能够帮助管理者和员工的服务意识得到反复的增强和提高。我国旅游业服务质量管理教育的内容主要包括国一级的基础理论教育、质量标准教育、职业道德教育和市一级的质量管理方法教育、质量投诉教育等；旅行社内部的业务技术教育、语言艺术教育、礼节礼貌教育等。国、市、旅行社对所开展的旅游服务质量管理教育要及时进行考核，以确保其实效。为改变在制定、执行和监控标准中存在的脱节现象，旅行社需要充分利用先进的网络技术搭建标准化信息平台，使信息在及时、准确、全面、系统的传递中保障标准化的稳定运作，实现从当然质量到魅力质量的飞跃，赢得客户的认同，减少旅游客户的投诉。针对不能适应标准化的服务人员，旅行社应有计划地加强标准化人员的教育培训，促使他们养成全员学习、主动学习、终身学习的习惯，强化其对标准服务的创新意识和观念。

（四）强化组织旅游服务质量管理活动

旅行社服务质量管理活动要贯穿于旅游服务的全过程，目的在于更好的贯彻服务质量标准，提高旅行社服务质量。旅行社服务质量管理活动主要包括旅游服务活动本身的组织和质量管理活动的组织两个方面。前者以贯彻服务质量标准，即在服务准备、迎接客人、现场服务、善后服务等方面以认真执行标准、遵守操作规程等为主，它是服务质量管理的本质表现和最终目的；后者以开展旅游服务质量管理小组活动、评比活动等为主。强化组织旅行社服务质量管理活动要以前者为主。

（五）加强旅游信息服务管理

加强旅行社信息服务管理有利于改进与提升旅行社服务质量。旅游业的信息服务贯穿于服务的整个运作过程之中。信息服务应该到达的最基本要求是准确、迅速、便捷、人性化。一是对潜在顾客的信息服务，主要指旅行社通过网站、旅游交易会、各种促销活动等信息传播途径向潜在顾客提供有关旅行社的信息，为其做最终的旅游消费决策提供依据，并为其旅游预订提供方便；二是对旅行社的现实顾客提供信息服务，使顾客能迅速了解、熟悉旅游产品，并得到有关旅游产品的信息，获得最大的满意；三是对消费后的顾客提供信息服务，通过建立顾客档案不定期地将旅行社的最新动态公布。

四、旅行社服务质量调查与评估

旅行社服务质量管理的效果最终主要表现在两个方面：是否符合旅游服务质量的等级标准和是否满足顾客的物质和精神需要。旅游业的服务质量管理应以此为准则，采取多种方法，加强检查考核分析，通过及时发现各种问题来提高服务质量。旅行社服务质量评估可分为国、市、区级有关部门的评估、旅行社的自我评估和顾客的评估，而顾客的评估是对服务质量最具权威的最终评估。对旅行社服务质量调查与评估主要目的在于使旅行社管理人员能够掌握各项服务工作是否符合服务质量等级标准的要求及客人的心理满足程度，并针对存在的问题，提出改进措施，不断提高服务质量。旅行社对服务质量管理效果的评价主要包括各项具体服务操作是否贯彻了服务质量等级标准及旅行社的服务项目、服务方法和操作规程是否符合客人的消费需要等。所以旅行社服务质量调查的主要内容就是基于顾客的满意度的调查。

旅行社服务质量调查方式主要有普查（对每个部份分每个分子毫无遗漏地逐个调查）、典型调查（选择一个或者若干个具代表性的单位做全面、系统、周密的调查）、个案调查（对社会的某个人、某个人群或某个事件、某个单位所做的调查）。常用的调查方法有问卷法、文献法、访问法、观察法等。

五、服务质量的提升路径

1. 旅游者与旅行社服务人员的相互沟通

在这一过程中，旅游者对服务产品生产和消费具有高参与度，他们对整个沟通过程中服务质量的感知是决定旅行社服务功能质量的重要变量，而这一变量是由旅游者在不同价格水平下的期望所决定的。我们知道，每一旅游者都期望自己所付出的货币成本和非货币成本得到最大的旅游效益。而这种效益又不可能用定量标准来衡量，它在很大程度上取决旅游者曾经拥有的旅游体验、所获得的信息、职业及个性特点、知识水平、身心状况、经济条件、公司形象和口碑等多种因素。从服务人员来讲，主要涉及旅行社的销售人员、代理人员、接待人员、管理人员及其他后勤服务人员。他们有的直接面对旅游者，有的间接接触旅游者。他们的态度、行为、知识和交往技能等都会对旅游者的感知和满意程度产生重大影响。

2. 旅游者与相关服务企业人员之间的沟通

旅游者高度参与服务过程扩大了他们与相关服务企业人员的接触面。例如，旅游者在参与服务过程中必须与司机、宾馆服务人员、餐厅服务人员、景区点 服务人员、商店营业员、交通部门服务人员等面对面地接触，其接触面越多，服务失败点就越多。这种失败点不仅来自各部门的管理水平、服务人员的意识、态度、技能等核心服务质量，还受到各部门的有形展示的影响，因为服务有形展示的成功与否对功能质量起到正面或负面的引导作用。

3. 在同一交互过程中“中心顾客”与“背景顾客“的相互作用

在面对旅游者服务的过程中，我们所面对的消费群体是由多个个体所构成的，消费个体之间存在着语言、行为观念等方面的相互影响，这种相互影响往往影响其对服务质量的评价。这就是“中心顾客”与“背景顾客”的相互作用。在面对面服务过程中的某一时刻，相对于其他消费个体而言，某一个体可以是中心顾客，也可以是背景顾客。因此，旅游者之间的相互影响也是服务质量的不容忽视的重要因素。

六、ISO 9000 在旅行社中的应用

近年来，我国旅行社不断发展状大，现已有旅行社 5 000 多家。一方面，以各行业、部委为背景组建的旅行社逐渐形成网络，另一方面大旅行社内部承包普遍，形成事实上的企业分割。在管理上，我国旅行社尚处于关注管理、聚焦销售的混合发展时期。从全球范围来看，世界旅行社现状的特征是，自 20 世纪 60 年代以来数目增加、规模向两极积聚。大旅行社通过集团、跨国购并变得越来越大，中小旅行社占绝大多数，数目还在增加，并形成各种联合的形式。

旅行社业是竞争性强、资产占用量少的人才密集型行业。由于旅行社属于高无形性、高不稳定性服务业，目前，我国旅行社的问题集中起来，主要表现在以下几个方面：一是服务承诺不能兑现，顾客投诉较多；二是旅行社经营旅游产品单一，没有作深层和纵向的业务开拓；三是各旅行社竞争的多，合作的少，缺乏网络化经营。纵观上述问题，解决的办法就是要加强旅行社外部和内部的管理，而在强化内部管理方面，积极推行规范化管理，贯彻 ISO9000 国际标准和质量认证是最简便、最有效的途径。旅行社在提供服务的过程中，产品和服务质量以标准形式来表现，并通过标准的实施来控制和保障，从而提高服务质量，树立企业良好的市场形象。

当今世界贸易中产品和产品质量已越来越国际化，因而也要求生产产品的企业质量管理也能够在国际间求得一定程度的统一，以便对企业的技术、管理及人员的能力进行评价，并且一旦产品发生责任纠纷，也能判明是非，找出问题所在。ISO9000 提供了一个通用的质量体系标准的核心，提出了质量体系应当包括的要素，为质量管理提供指南，为质量保证提供通用的质量要求。ISO9001 包含了设计、开发、生产、安装和服务等多个阶段的要素，最适合于旅行社采用。

ISO 标准的特点是：所有影响质量的活动都应在计划之中；都必须得到控制，以确保各层次达到特定的要求，问题事先被预见到；所有影响质量的活动都必须文件化。

1. ISO9000 系列标准对旅行社营销和服务的要求

旅游服务质量可分为技术和功能两个方面的质量，前者指通过旅游服务顾客能得什么，后者指怎样得到。它不仅取决于服务效果和服务感受，还要受到旅游目的地形象和旅游企业形象的调节。如何才能保证服务质量的完善呢？根据服务质量形成的流程和规律，质量保证可从四个过程中加以控制，即设计过程、营销过程与服务的提供过程，以及业绩分析与改进过程。这些过程体现在 ISO9000 标准之中，而标准则贯穿于服务形成的各个阶段。

在服务提供阶段要严把质量关。ISO9001 作为国际标准提供了一些企业内部全面质量管理的新概念，为旅行社服务接待质量的改进和深化提供了宝贵的空间。比如，该标准在服务提供中提出了服务规范和服务提供规范的概念，前者规定所提供的服务，后者则规定用于提供服务的方法和手段，而旅行社的特点规定了旅行社必须十分重视本企业中服务提供特性的研究与确定。

2. ISO9001 在旅行社产品设计中的应用

在产品设计阶段，“把品质设计到产品中去”是保证产品质量的关键。品质的概念

是在数量、技术、消耗、效益的约束基础上提供合乎要求的产品。ISO9001 标准中规定了设计控制要素，从产品的设计、开展、策划、设计院的技术接口至设计输入、输出及设计评审、检验、确认、更改都逐条作出了程序控制的规定。

ISO9001 标准中要求对每项设计和开发活动编制计划。我们在设计旅游产品的时候，首先要确认产品设计者是否具备资格；其次，明确设计内容，广泛调查，收集有关资料，明确设计过程中每个阶段的任务与责任，并作出时间安排；最后，采取评审通过的办法对产品设计进行确定，完成整个设计的过程。在产品设计过程中，可以根据内外部情况的发展随时加以修正。

在产品设计中，要特别注意旅行社内外部接口。旅游产品主要包括交通、住宿、游览三方面内容，旅行社对内、对外部门或业务之间的衔接就构成了产品设计中的技术接口，这些技术接口单位将信息汇总到产品设计小组，总设计师负责各接口的下接工作，在获得取终的设计结果后组织设计评审。设计的评审、验证和确认是旅游产品设计的最后环节，由有关的职能部门代表专家组织进行，确保达到旅行社产生交易要素的要求，即产品对路、价格合理、质量可靠。

3. 旅行社市场营销开发及销售活动

旅行社业务运作的核心是营销和配合实施的后期工作。营销部门的质量体系应覆盖涉及质量体系的一切情况。市场销售的关键过程和重要控制点主要表现在下面几方面：一是制定全面的市场销售计划；二是市场销售有多种方式供企业选择；三是在交易后期对客户要求的承诺和修正；四是对市场销售人员的培训与控制，以及在营销运营阶段要严格内部制度，防止做“黑团”。

任务二 旅行社安全管理

一、旅行社安全管理的意义

旅游安全是旅游的生命线，它不仅关系到旅游者的生命财产，而且还关系到旅游目的地的整体形象，是旅游经济稳定运行的重要保障，是坚持“以人为本”安全理念的必然要求。随着旅游活动规模的急剧扩大，以及散客自助旅游、探险旅游等旅游形式的蓬勃发生，影响旅游安全的因素日趋复杂化，旅游安全事故呈现出高发态势。尤其是在黄金周期间，由于旅游设施、从业人员均处于超负荷运转状态，旅游安全事故更是频繁发生，使得旅游安全成为影响旅游业持续发展的一个核心因素。

据《中国旅游报》报道，近期（从 2006 年 4 月底至 2007 年 10 月间）全国发生重大旅游安全事故 16 起，涉及范围较为广泛，涵盖了全国 12 个省（市、区），既有边境的云南、西藏、内蒙古、新疆等省（区），也有内陆的湖北、江苏、安徽、河南、重庆等省（市），还有沿海的山东省；事发地不仅涉及山区、郊野自然景区，也涉及市区人文景点，有的甚至发生在旅游途中（详见表 4 - 1）。一些安全事故属于天灾，不可抗拒，而有些则是人们可以预见的。

表 4-1　近期国内旅游安全事故一览表

事故类型	典型案例	发生地区	发生时间	涉及人数
环境安全	被困沙漠	内蒙古库布其沙漠	2006-04-30	13
	遭遇暴风雪	新疆天师古道	2006-05-01	31
	沙漠遇险	内蒙古库布其沙漠	2006-05-04	42（1死）
	被困悬崖绝壁	四川佛宝原始森林	2006-05-04	4
	严重雪崩	云南德钦梅里雪山	2007-05-02	2死7伤
	海上遇险	山东日照太公岛	2007-05-01	51
	身陷冰缝	拉萨那曲桑丹康桑雪山	2007-04-30	1
交通安全	旅行车与火车相撞	宁夏	2006-07-11	死伤10
	旅游大客车突然爆胎	商（丘）亳（州）高速公路	2007-04-13	死11伤20
设施安全	水上小飞机与游艇相撞	南京六合区金牛湖	2007-05-02	4人落水
	漂流筏撞击	武汉中山公园后区峡谷漂流	2007-05-01	6
	时光穿梭机发生机械故障	重庆南岸洋人街	2007-10-08	1
治安安全	导游砍伤游客	云南丽江四方街	2007-04-01	伤20
	商贩围殴游客	海南三亚天涯海角	2007-02-25	1家5口
健康安全	突发疾病猝死	北赤壁	2007	死1
食品安全	团队游客食物中毒		2006年暑期	37

频繁发生的旅游安全事故，既造成了重大的游客人身财产损失，又严重地影响了旅游目的地的整体形象，阻碍了旅游业的正常发展，给旅游安全管理敲响了警钟。随着旅游社市场的不断开放，国内旅游社的竞争愈演愈烈，旅游安全形势将更加严峻，传统的旅游安全管理模式已经越来越不适应新形势的要求。旅游安全正在成为旅游业的重中之重，旅游安全已成为社会个方面关注的焦点。

二、旅游安全管理机制

旅游事故发生后，对旅游者的事后救济就成为当务之急。纵观各国立法，事后救济机制主要有以下。

一是新西兰式，由政府赔偿。一旦发生事故，包括旅游事故，不问事故的当事人有无过错，对于旅游者损害，统一由中央事故赔偿基金赔偿，实行政府买单的无过错责任。这应当说是最理想的，无论对作为受害人的旅游者，还是加害人的其他旅游业者，都不会因事故使其生活或经济造成影响。

二是美国式，各负其责，即谁造成旅游事故，谁赔偿旅游者。政府对于旅游者权益保障不特别加以干预，立法不直接规定旅游事故的责任承担者，而是由市场根据其自身的运行规则决定旅游事故的事后救济及责任承担者问题，这是一种市场取向模式。

因此，发生旅游事故时，根据当事人合同约定，确定当事各方对受害人的赔偿责任。基于侵权法规则，一般不是由旅行社承担责任，而是由其他旅游供应商承担。如果是旅游交通事故，由旅游交通企业对旅游者承担赔偿责任。由于交通企业都投保强制性交通事故第三方责任险，最终赔偿的是保险公司。

三是欧盟式，由旅游组织人赔偿。对于包价旅游中发生的旅游事故，基于旅游者与旅行组织人之间的包价旅游合同，由旅游组织人承担责任，而不问造成该旅游事故的具体责任人是谁，这是一种权利取向模式。欧盟通过《包价旅游指令》等特别立法对旅游者权益问题实现积极干预，强调旅行社既是包价旅游产品的打包者，也必然是旅游事故责任的打包者，从而保障旅游者权益。

从我国现行立法看，旅游事故的救济机制重在强化旅行社责任以保障旅游者权益。发生旅游事故时，绝大多数情况下，要由组团旅行社对旅游者承担赔偿责任，无论旅游事故是由旅行社自身、地接社或其他旅游供应商所致，这与欧盟立法颇为相似。

三、旅行社安全质量管理

国家旅游局在《旅游安全管理暂行办法实施细则》中规定：凡涉及旅游者人身、财产安全的事故均为旅游安全事故；旅游安全事故主要包括旅游交通事故、治安事故、火灾事故、食物中毒事故及其他原因造成的旅游者意外伤害或财产损失。所以，旅行社安全质量管理也围绕交通安全、治安安全、消防安全、游览安全等展开。

1. 交通安全管理

(1) 标准。制定景区安全行车制度、车辆保养及检修制度；按规定时间、路线、速度行驶，不超载；在指定地点停放，排列整齐；景区道路按规定设置标志；不出现重大交通事故。

(2) 措施。驾驶员须严格执行安全运营操作规程、岗位职责、安全守则；保持车况良好，确保游客安全和为景区增色；专人专车，不轻易换车易人；险要路段车速不得超过 10 公里/小时；办理车辆保险手续。

2. 治安安全管理

(1) 标准。在重要地段配备监控系统；无盗窃文物、损坏旅游特色资源、盗伐树木等重大事项；大型节庆活动期间，主要游览区域及游客相对集中地段，不发生治安事件和游客拥挤伤亡事故；无强行兜售、敲诈勒索、骗取财物、以次充好、威胁游客等事件；无偷盗扒窃、流氓滋事、打架斗殴、寻衅闹事、讹诈乞讨、强买强卖等违法犯罪行为；景区内开展健康文明的文娱活动，有效控制迷信、赌博、吸毒、擅自聚众演讲和集会等活动；景区执法人员须做到衣冠整洁、佩带标志、知法懂法。

(2) 措施。加强治安巡逻和防范，开展治安条例宣传教育；加强森林防火工作的监督；制定文物、海蚀地貌、海洋生物、植物保护制度；查处车辆违章行为；控制刑事发案率。

3. 消防安全管理

(1) 在所管辖的景区、游船、车辆等处按规定配备消防器材；

(2) 应对灭火器材每季度检查一次，每年检修一次并换药，注意妥善保管（如防风吹、日晒、雨淋等）；

（3）每月进行一次消防治安自检，对检查中发现的问题及隐患及时整改，并不定期组织抽查；

（4）建立逐级防火责任制和重点部位的防火安全制度，对在消防检查中提出的隐患不及时整改的，依据有关规定进行处理，并督促限期整改；

（5）一旦发生火灾事故，依据《应急救援预案》执行；

（6）公司每年组织一次消防演习，以增强员工消防意识及应急能力。

4. 游览安全管理

（1）游览设施有专人管理。严格遵守各项规程，定期对设施、设备进行检查、检测；娱乐性设施必须有产品检验合格证书方可营业；在游览通道，特别是狭窄、危险地段及水域设警示标志或围栏等；旺季在游客较多的时段，安排专人在大门及主要道口等重点地段维持秩序，负责疏导游客，防止出现有游客受伤害和被盗事故，杜绝出现游客被挤踩伤亡事故；各单位根据实际情况完善内部安全应急救助措施。

（2）游览建筑物的监护。在建造时充分考虑建筑物的承载量、安全系数、结构安全，以及做到防震、防雷电、防火、防风、防雨等；定期、不定期的对建筑物设施进行检查、维修；在景区的施工地段设立标志牌或警示牌，采取有效的安全防护措施，做到安全第一、文明施工；施工合同要注明安全责任管理内容。

（3）游览道路的监护。定期巡视，及时排除危岩、险石、险树及其他不安全因素；在通往山上、山下、海边的险要路段必须设立安全栏杆，保证牢固、安全可靠，并经常维修，防止游客摔伤；景区内各种供电、供水、通讯等线路要有线路图，在有变动时要及时更改；景区内的井口、井盖符合规范，使之既不影响景观，又不妨碍游客安全；在重大节庆活动前或大风大雨后组织人员及时检查游览道路旁的安全情况，有隐患及时排除，不能立即排除的要设置安全标志进行警戒。

（4）海上游览安全包括以下几点：

① 游泳安全管理基本要求。设置专职救生员（依据淡旺季合理配置人数），配备救生艇、了望台；划分游泳区域，设置游艇专用通道并设置标牌；设置拦鲨网；配备救生圈、救生衣；关注海浪、海风等海况天气预报，遇有大风浪天气关闭泳区；预告游泳适应度，及时清除沙滩杂物、海面漂浮物；作好安全日志和检查工作；做好安全救护的应急预案。

② 游轮安全管理基本要求。各项管理、操作要严格按照海事安全管理要求达标；关注天气情况，注意当天的天气状况；每天在游轮运营前对机器、仪器、通讯设施、救生设备等进行检查，确保安全；认真填写航行日志、检查记录，做好相关台账；做好登船人数的清点、验票工作；做好海上安全的应急预案。

③ 小游艇安全管理基本要求。小游艇安全性能须按海事部门的规定达标；做好驾驶人员的安全培训工作；游客乘艇时必须穿着救生衣，不得在泳区内冲撞、惊吓游客；游览区域在规定范围（近岸）中运营；做好海上安全的应急预案。

任务三 旅行社投诉管理

一、旅游投诉的含义

根据国家旅游局现行的《旅游投诉暂行规定》中的定义，旅游投诉是指旅游者、海外旅行商、国内旅游经营者为维护自身和他人的旅游合法权益，对损害其合法权益的旅游经营者和有关服务单位，以书面或口头形式向旅游行政管理部门提出投诉、请求处理的行为。旅游投诉分为向旅行社的投诉和向旅游行政部门的投诉，本任务所讨论的旅游投诉是指对旅行社的投诉，形式包括书面投诉和口头投诉。旅行社投诉的目的和宗旨在于，及时处理投诉意见，减少顾客的投诉，提高旅行社服务质量和顾客满意度。

二、旅行社投诉的原因

旅行社行业削价竞争，导致旅游合同无法兑现；旅行社之间“先接团、后付款”的不规范行为使游客成了替罪羊；旅行社以个人承包或接受挂靠的形式出租业务经营权，使旅游者的权益无法得到保障；不合理的薪酬制度，导致导游变相成为“导购”，私拿回扣现象严重；导游人员服务技能低、服务质量差，种种原因导致我国旅游投诉居高不下。以 2007 年为例，我国旅游业投诉达 9 626 件，其中旅行社被投诉 6 449，占 60.78%，如表 4－2 所示。

表 4－2　2007 年全国旅游投诉情况通报

被投诉现象	投诉量/件	投诉率/%	增长率/%
旅行社	6 449	61.62	60.78
饭店	1 230	16.75	30.99
景点	1 333	12.74	46.69
旅游交通	304	2.91	98.69
购物	313	2.99	174.56

对旅行社的投诉主要集中在：

（1）承诺不兑现，游客生怨言。如今，为了吸引游客，旅行社之间展开了强大的宣传攻势，一些旅行社声称旅游设施如何完善，服务如何周到。在各种许诺的诱惑下，一些游客竟稀里糊涂地跟着旅行社的如意算盘走。

（2）景点、线路“短斤少两”。在一些旅游投诉中，因景点、旅游线路的“短斤少两”而引发的纠纷占了相当的比例。

（3）地方保护作祟，假冒伪劣盛行。人们去某地旅游，总希望尽可能多地带回一些旅游纪念品，有些不法分子正是看准了这一点，干起了非法制售假冒伪劣商品的勾当。一些地方有关部门受眼前利益驱动，对假冒伪劣行为“睁一只眼，闭一只眼”，在地方保护主义作祟下盛行的假冒伪劣行为，只能败坏当地的旅游环境。

(4) 安全措施不利，引发诸多争议。有道是“无限风光在险峰”，好景常常在险处。然而，有些旅游管理部门却没有很好地从保护游客的安全角度考虑问题，在危险地段采取必要的保护措施，致使游客发生意外的事情时有发生。此外，一些风景区内失的窃现象也十分严重，有的甚至受到人身伤害，投诉由此接踵而至。

三、旅行社投诉的管理

旅行社管理者是否能预防和妥善处理旅游投诉也是旅行社日常工作的内容，可以反映其管理水平的高低。旅行社应从以下几方面来减少投诉、避免投诉、处理投诉，这样才能真正提高旅行社的形象。

（一）加强人才培养和管理，提高从业人员的素质

导游是旅游团的灵魂，是一个旅游团成功与否的关键之所在。旅行社一方面应根据企业性质和实际需要招聘高素质的、愿意与企业共同发展的人才。高素质的人才知识渊博、专业技能高超、经验丰富，具备积极进取、奋发向上的事业心和对企业的忠诚感。因此，旅行社不仅应考虑应聘者的专业水平，更应重视其择业的价值取向，选聘那些能够不断学习、愿意在本企业长期工作、德才兼备、有敬业、乐业精神的专业人员。另一方面，应加强岗前和在岗导游员的培训和管理。

（二）增强对旅游者的透明度

旅行社应使旅游者清楚在旅游过程中的各种消费标准，如用餐标准、住宿标准、用车标准以及游览计划、时间等有关问题，做到住宿标准不笼统、用车标准不含糊、用餐标准不降低、游览时间不减少的承诺，并应使旅游者对各项安排认可。对旅游者坦诚相待，旅游者也会宽以待人，即使在路途中小有摩擦，彼此之间往往也能取得谅解。

（三）增强对相关企业的监督与合作

旅行社应重视与外联单位负责接待合同的签定，并明确双方的责任、义务。因为旅行社是一种依赖性很强的企业，受不可控因素影响很多，其中任何一个环节，如民航、铁路、旅馆、餐馆出了问题，都会引起旅游者的投诉。因此，相关行业的支持与合作至关重要，从某种意义上说，他们决定着旅行社的信誉。

（四）及时处理旅游者的投诉

从思想上高度重视，无论旅游者提出什么样的投诉内容都要予以重视，特别是旅游者的感受。认真倾听旅游者的投诉，应做到端正态度，给旅游者一种认真对待的感觉；认真倾听，引导旅游者将怨气和不满全部发泄出来；头脑冷静，不管旅游者的态度如何激烈，都不得同其争吵或对其进行指责。在旅游者倾诉后，主动询问情况，表示同情；根据有关规定，采取适当的措施妥善处理投诉，情节严重并造成严重影响的，根据严重性给予扣发奖金、暂停接待工作、赔偿、通报、行政记过、留社查看、解聘等处分。处理完旅游投诉之后，应及时将处理结果以口头或书面的形式通知旅行者，请求其谅解，并愿意继续为其提供优质服务。

同时，将结果向旅行社有关人员公布，对出现的问题进行检查，避免类似的问题再次发生。

×××旅行社旅游投诉处理方案

一、适用范围

本方案适用于本旅行社组织的本市旅游者或外地的旅游团队因旅游服务质量等问题出现旅游的纠纷与投诉。

二、基本原则

和谐第一，协商疏导。在发生旅游纠纷与投诉的事件后，要以维护和谐、维护双方合法权益为基本点，尽快协商疏导，平息事态，稳定局面。协商疏导无法进行时，要及时向当地和属地旅游质监部门报告。

三、组织机构

组成旅游投诉处理组，组长为本旅行社总经理，副组长为本旅行社副总经理，小组成员为本旅行社办公室、计调负责人。必要时聘请有关律师为法律顾问，具体负责本旅行社旅游纠纷与投诉事件的协调处理工作。

四、协调处理机制

（一）旅游纠纷与投诉处置程序

1. 做好旅游纠纷与投诉事件的处置，值班人员对待投诉者要热情周到，认真、耐心地听取他们的反映和诉求。

2. 要向对方实事求是地讲清有关问题及依据，有针对性地做好工作，避免违法、违规行为的发生与事态扩大。

3. 详细地记录并认真调查核实，对投诉者要给予及时回复（可以口头或书面方式）。

4. 对于群体性的游客投诉，要派两人以上的工作人员进行接待。做好及时必要的劝说解释工作，并劝导其他游客先行返回（首先劝解老人、妇女、儿童及体弱伤病者先行返回）。

5. 对于群体性游客的投诉劝说无效并出现游客滞留僵持时，应报告旅行社总经理，由总经理指派副总经理出面再做工作。如游客仍滞留僵持，由总经理出面再做工作。如仍劝说无效时，总经理应向当地和属地旅游质监部门报告。

6. 出现游客情绪激动有过激行为时，要立即缓和对方情绪，尽力使对方冷静解决。如发生游客有故意损坏毁坏办公设施或谩骂推搡等肢体接触时，应立即劝阻制止，同时应拨打110报警。

7. 针对几种游客的特殊情况分别做好特殊接待，如高龄年迈或行动不便者、孕妇、身患重病者、情绪失常者、残疾人或疑似精神病患者等。

8. 对于在旅游纠纷与投诉滞留僵持过程中发生疾病的游客，要劝其先到医院进行诊治，再进行投诉。如遇突发急病者，应立即协助其拨打120进行救治，待病情稳定、身体恢复后或委托他人进行投诉。

9. 对于游客反映强烈的、较为复杂的疑难投诉，应报告旅游质监部门请求协助处理，必要时由质监部门处理。

10. 提高工作人员的政治素质和业务素质，增强大局意识，及时、有效地做好调解工作，尽力消除不稳定因素，并加强层级请示汇报工作。

（二）正在旅游景点或旅游途中的处置程序

在本县区域内发生旅游纠纷，游客滞留僵持在某一景点或途中某一处时，带队导游应先协调解决问题，劝说游客。如游客不听劝说滞留僵持时间较长时，带队导游要及时报告总经理，由总经理派人员电话联系或赶到现场劝解处置。

（三）正在外省市旅游中的处置程序

如本县游客在外省市发生旅游纠纷与投诉滞留僵持时，接到报告后，立即与当地旅游质监所联系，请他们尽快赶到现场，协助做好劝解工作，劝说游客返回后向我市旅游质监所进行投诉。如发生重大旅游纠纷与投诉又伴有人身伤害事故、游客坚持滞留不返回时，应立即报告属地旅游质监部门。

（四）外省市旅游团队的处置程序

外地旅游团队发生旅游纠纷与投诉滞留僵持时，立即与外省市组团社联系，请他们直接做游客的劝解工作。若劝解无效，要及时向我县旅游质监部门报告。

五、信息报告

接到旅游纠纷与投诉而引发的紧急事件的信息后，值班人员应立即进行联系确认，掌握基本情况，及时向本旅行社负责人报告。如遇到比较严重的事件，在两小时内将有关情况上报市旅游质监所和旅游局，并在事件处理完毕后及时报告。

六、工作保障与准备

公司应向游客公布本旅行社和旅游质监部门的旅游投诉电话，并保证联络畅通。要加强对值班工作人员的培训，做到熟悉相关应急预案和处置程序，了解相关部门的联络方法，保证工作的衔接与协调。要主动做好对旅游者有关法律、法规以及理性维权、正常投诉程序与相关知识的宣传。

项目实训

项目思考

1. 旅游交通事故如何处理？
2. 旅游者突患重病如何处理？
3. 旅游安全管理的意义是什么？
4. 旅游投诉的原因有哪些？
5. 如何进行旅游投诉管理？
6. 举例说明如何具体处理旅游投诉。

项目总结

本项目任务主要包括旅行社质量管理、旅行社安全管理和旅行社投诉管理三个方面。通过学习，学生应具备分析旅游安全质量管理思路和结合案例处理旅行社旅游投诉的能力。

本项目的三个任务是完成本课程模块四的基本前提和基础。

项目二 旅行社人力资源管理

项目目标

了解旅行社人力资源问题、含义、开发的内涵、特点及内容

掌握旅行社人员招聘的原则与技巧及培训要求

掌握旅行社企业文化的内涵、旅行社企业文化构建的内容和重点

项目能力

能制定并实施旅行社员工的招聘计划

能制定和完成旅行社接待人员的培训方案

案例引入

罗森布鲁斯国际旅行社注重人才选拔

罗森布鲁斯国际旅行社是一家大规模的旅行社，该公司在美国、英国及亚洲设有582个分支机构，雇用了3 000名员工，到1992年，该公司的营业额上升到150亿美元。

该公司的成功主要取决于稳定的员工队伍。在旅行社这一行里，工作强度相当大，员工普遍流失率高达45%~50%，而在该公司，流失率仅为6%。

公司认为，人才才是自己的竞争优势，所以员工对公司来讲至关重要。为了保留住员工，公司组建了一个“幸福晴雨表小组”。该小组由从各部门随机挑选的18名雇员组成，这些雇员将员工们对工作的感受反馈给总经理。调查问卷一年两次被派发给所有员工，以了解他们对工作的喜好程度。调查问卷计算后的结果则告诉给每一位员工。

每一位职位侯选人均被仔细审查以确保公司招聘到合格的人才。公司需要的是有良好的团队协作能力和有积极乐观精神的人才。在挑选的过程中，公司把亲和力、爱心及对工作的狂热放在比工作经验、过往薪金等更重要的位置。符合资格的侯选人会有一个3至4小时的面试。对于高层位置，公司总裁会亲自同侯选人见面。例如，对于销售主管这个位置的侯选人，他会邀请该侯选人及其妻子同他和他的妻子共度假期。

一旦被雇用，新员工会很快熟悉他的工作环境。上班第一天，新员工将在幽默剧中扮演一个角色，以此让这些员工知道，公司希望他的每一位员工从工作中获得快乐。幽默剧的扮演也同样是一个学习的过程。例如，员工会在剧中因为糟糕的服务而结束他们的事业。

所有的新员工都会进行为期2周~8周的培训，在培训过程中，经理人员会评估这些新员工以了解他们是否适合罗森布鲁斯公司高强度的、注重团队合作的工作气氛。那些喜欢个人英雄主义的员工将被请出公司。

任务一 旅行社组织人事管理

一、人力资源

资源是一个经济学术语，泛指社会财富的源泉。人们通常把资源分为自然资源、资本资源、人力资源和信息资源。人是一种客观的社会存在，是社会关系的主体。同时，人作为社会经济活动的要素——劳动力而存在时，则是一种经济资源。广义上讲，凡智力正常的人都是人力资源。从企业管理角度看，人力资源是指能够推动企业发展、有利于企业实现其经营目标的员工及其能力的总和。

人力资源是企业各种资源中最活跃、最有创造性的资源。对旅行社而言，其经营活动以员工的旅游服务为主，员工的素质和服务质量决定了旅行社的竞争力，人力资源是旅行社最重要的资源。

二、人力资源特性

人具有生物性、能动性、智力性和社会性等特征，因此，人力资源具有不同于其他种类经济资源的特性，主要表现在以下几个方面：

（一）人力资源是能动性资源

人力资源在经济活动中起着主导作用。人力资源控制其他资源，物质资源、资本资源和信息资源只有通过人的能动活动才能实现其效用。人还能控制其自身，通过对人力资源自身的控制，影响工作过程、工作数量和工作质量。人还是经济活动中唯一起创新作用的因素，只有人力资源才能担负起这一任务，其他资源都不具有这种能力。

（二）人力资源是再生性资源

人力资源的再生性首先表现在全社会的人力资源永不停息的再生产。人力资源不像许多自然资源随着生产消耗而走向枯竭，企业通过有效的人力资源管理，能从社会获得源源不断的人力资源。其次，人力资源不会因投入生产而消耗，不存在一般物质资源普遍具有的收益递减现象；相反，人力资源能够经常性地、反复地进入再生产过程，其收益往往随着人的经验和能力的增长而递增。

（三）人力资源是潜在性资源

人力资源只有通过有效的管理才能发挥其作用。从个体看，人的能力潜在于人的身体之中，人的能力发挥受其体力、智力、情绪、心理等各种因素的影响。从群体看，人总是在群体中工作，人力资源不仅指人的个体能力，更重要的是指一定组织中全部个体能力总和的群体能力。因此，人力资源只有通过有效管理才能使个体潜在的能力得以发挥，使个体和群体之间相互协调，从而发挥群体的最佳能力。

三、人力资源管理

人力资源管理包括宏观人力资源管理和微观人力资源管理。宏观人力资源管理是国家、政府对社会总体人力资源的管理。微观人力资源管理是一定的组织对其自身人力资源的管理。这里所讲的是微观人力资源管理，指一定组织对人力资源进行合理配置，保证其人力需求和对人力的最佳利用，并通过激励、考评和文化建设等活动，充分发挥人的主观能动性，发挥群体能力，以实现组织目标的活动。人力资源管理包括人力资源外在要素的管理和内在要素的管理，是两者的有机结合。外在要素的管理是指人与事的系统优化管理。组织根据自身对人力资源的需求制定方案、实施选择，实现人力资源的合理配置，使人与事保持最佳比例和有机结合，发挥最佳效应。人力资源内在要素的管理是指对人力资源内在品质的管理，通过培训、考评、激励、文化构建等方法，对人的思想、心理、能力和行为进行有效管理，充分调动人力资源的潜力，提高人力资源素质，以达到组织目标。

人力资源管理与传统人事管理不同。传统人事管理也是对组织内人员及其组合、运行的管理，其特点是以“事”为中心，因“事”而管“人”，管理的形式和目的在于控制人，人事管理是某一职能部门单独使用的工具，与其他职能部门关系不大。人力资源管理强调以人为本，着眼于人，把人视为资源，视为能够发挥能动作用、达到组织目标的最重要的资源。人力资源管理不再是单一职能部门的事，而是贯穿于整个组织管理的各个方面和全过程。人力资源不仅是实现组织目标的重要资源，同时又是组织目标本身的重要组成部分。

四、旅行社人力资源

对旅行社而言，企业的整体业绩高低取决于个人的工作业绩高低。旅行社是整个旅游业中最具有活力与能动性的一个行业，但随着旅游服务市场的扩展，行业之间的竞争将越来越激烈，各旅行社要想在激烈的市场竞争中脱颖而出，就必须拥有自己独特魅力的企业文化，因为旅行社之间的竞争归根到底必将是企业文化之间的竞争。据《财富》杂志评论员文章指出，世界500强之所以胜出其他公司的根本原因，就是在于这些公司善于用企业文化给自己的公司注入新的活力，同样，独特的企业文化也是保证旅行社胜出的重要法宝。

（一）我国旅行社人力资源管理存在的问题

1. 收入分配秩序

我国旅行社尚未建立起科学合理的薪酬体系，收入分配秩序混乱。

（1）没有科学合理的分类管理和绩效考核，使得分配的公平性难以体现。不同部门、不同岗位的贡献如何比较、如何定价以显示公平，旅行社对此缺乏认识。由此导致员工都想方设法扩大自己的收入，不管手段正确与否。导游收取回扣和小费，一些外联人员向旅行社索取佣金，采购人员向供应单位索取佣金，非营利部门也通过包台方式来扩大收入。

（2）薪酬变化大，员工缺乏稳定感。由于基本工资占的比重很小，在淡季时导游只能领取极微薄的工资。

（3）缺乏间接货币形式的福利。薪酬体系不仅要包括工资、奖金、佣金等直接货币形式，还应包括保险、健康、医疗、养老等福利。一项美国的调查显示，除工资报酬外，美国许多旅行社还为其工作人员提供多种福利方式，具体包括奖励旅游、接受计算机预订系统培训、参加高校旅游专业证书学习、健康及人身保险等。1999 年，69.1% 的美国旅行社从业人员接受过奖励旅游，80.6% 的人被其雇主投保健康保险。相比之下，我国很多旅行社从业人员却要自已掏钱买社会保险，缺乏保障让员工流失率居高不下。

（4）除内因外，旅行社薪酬管理还面临市场环境的约束。小费是欧美导游收入的重要来源，而在我国，人们还普遍缺乏付小费的意识。旅游市场整体较为混乱，购物商店、车队的管理水平普遍有待提高，游客的理性消费和维权意识也是原因之一。我国大部分游客在选择旅游产品时往往只重视价格，容易被零团费、负团费诱惑，导游为求生存，只得增加购物次数以赚取回扣。

（5）薪酬普遍较低。我国旅行社的赢利能力普遍不理想，一方面有客观原因，如竞争加剧，外资涌入，网上分流等；一方面跟旅行社的经营管理水平低下有关，企业效益不好，员工的薪酬自然受到影响。

2. 工作职责

企业规模普遍较小，一人从事多项人力资源工作在中国现阶段的中小旅行社占行业的绝大多数。企业规模偏小导致人员分工不够明确，员工往往需要一专多能。计调常兼任导游，旅游旺季时，会计都可以当导游使用。在带团的过程中，领队和导游往往也要身兼数职，白天做导游兼“总务处主任”，晚上兼作“保姆、维修工、调停员”。这种用人方式的优点是节约人力成本，并能很好地锻炼人才，但缺点是增加了人力资源管理的难度，容易导致管理秩序混乱。

3. 工作内容较灵活，绩效考核难度大

旅行社员工的工作性质较灵活，尤其是导游，经常在外面带团。另外，由于旅行社为游客提供的是无形服务，服务质量的评级标准在很大程度上来自于旅游者的感受，不像有形产品有明确的标准来考核，这就增加了人力资源管理部门对员工绩效考核的难度。而且不少旅行社兼职的导游数量占很大比重，人力资源管理工作难度更大。

4. 员工的招募、培训制度流于形式

旅行社是一个人员流动性极大的行业，因此需要经常招募新员工，同时对新员工进行必要的培训。但多数旅行社因追求成本控制而不愿在培训方面进行投资，多数培训流于形式。我国旅行社目前存在比较严重的人才流失危机，尤其是业务骨干的流失。

5. 普遍缺乏人力资源规划

由于旅游业具有季节性特性，以及旅行社管理人员对人力资源管理的认识或水平有限，很多旅行社一到旺季就招聘人员，一到淡季就解聘人员，而不是采用轮休、培训、带薪留职等方式，这导致员工流动性大。另外，很多旅行社的招聘非常随意且程序简单，导致招聘效率低下。这些都与旅行社缺乏人力资源规划有关。

6. 受制度环境影响大

我国旅游业发展的模式是政府主导型，旅行社人力资源管理明显受这种发展制度的影响，这也在一定程度上增加了旅行社管理的难度。以导游为例，我国对导游的管理属于严格型管理，导游资格认定制度、对导游的监督和处罚让旅行社在导游管理方面丧失了一定的主导权，这与欧美国家对导游的宽松管理是不一样的。在宽松型的管理模式下，旅行社在用人方面更为灵活。

7. 旅行社业人才结构不平衡，行业产学研脱节

随着旅游业的蓬勃发展，旅行社业对人才的需求量一直不断增加。国家旅游局的统计显示，目前我国导游总数为474 614人，这表明我国导游人数有了迅猛增长。但人才结构依然失衡，初级导游占据绝大多数，中级、高级、特级导游比例极低。

另外，我国旅行社研究人才匮乏，据统计，1978—2008年高校发表的旅游论文数量占了全部旅游研究论文的78.3%。旅游研究人才过度集中在高校，出现理论与实践结合不紧密、理论研究相对滞后的现实问题。

（二）旅行社人力资源管理的基本内容

我国旅行社业发展起步较晚，市场较为不规范，一部分旅行社对人力资源管理不重视，缺乏对人力资源管理的战略认识，导致旅行社内部管理混乱，利益分配不均，服务质量差及相互之间低价竞争，致使整个旅行社业非健康发展。旅行社人力资源管理的不规范已经成为制约行业发展的瓶颈。人才管理的重点在于激发员工的积极性和创造性，因此，在人力资源管理中，不仅要管理，还要开发，要从感情、事业、环境和待遇等方面几管齐下，使精神激励与物质激励有机地融为一体，对作为社会人的员工的多样性需求给予充分的满足，以达到员工的最大满意度，从而为企业的发展提供源源不断的人力资源动力。

旅行社人力资源管理涉及了从人力资源的总体规划到人员的招聘、培训、绩效考评、薪酬管理等多个方面，具体包括以下几种。

1. 战略规划

根据旅行社的经营目标和发展规划，结合当前旅行社的人员状况，分析旅行社对人员需求的数量和标准，做好人力资源开发管理的规划，进行旅行社人力资源管理的数量预测和质量评估。

2. 员工招聘

旅行社根据所需人员的数量和质量，采用恰当的招聘方法吸引优秀人才前来应聘。按照公平公正、任人唯贤的原则，选拔合适的人员安排到适合其自身发展的岗位上，做到事得其才、人尽其用。

3. 开发培训

旅行社是知识密集型服务企业，所处的行业发展迅速，涉及的知识日新月异，十分广泛。作为旅行社的员工需要不断更新知识、提高技能、温故知新。除了员工自发的学习之外，旅行社企业内部制度化的培训也非常重要。旅行社应该针对不断发展的外部环境，对企业拥有的全体人员进行适合各自岗位发展的、连续有效的素质培训和专业培训。同时，旅行社还应该结合每个人的自身特点和能力，进行个人的职业生涯规划，充分发挥个人才能，实现人员与岗位相匹配。

4. 绩效考核

利用科学合理的绩效考评制度对员工进行绩效考评和素质评估，以绩效考评结果为依据对员工进行动态管理，例如晋升、奖罚、调动等。

5. 薪酬管理

建立科学的薪酬福利制度，根据绩效考评的结果和岗位的具体情况，给予员工与自

身贡献相符的工资奖励和福利，增强员工的工作满意度，激励员工的工作积极性，具体包括工资、福利和非经济酬劳。

总的来说，旅行社人力资源规划是根据旅行社的发展目标，结合人员流动情况和职位特点，有效地预测未来可能出现的人力资源的供给与需求变化，并据此制订出合理的人力资源获得、利用、保持和开发策略，使企业能够获得所需数量的高质量人才，促使企业和个人共同发展。

(三) 旅行社人力资源配置的步骤

旅行社进行人力资源配置主要包括以下一些步骤：

1. 人力资源规划

人力资源规划是人力资源各项管理工作的依据。人力资源规划是旅行社人力配置的前期性工作，是一个对人员流动进行动态预测和决策的过程。旅行社的人力资源规划包括确立目标、收集信息、分析和预测人力资源供求关系，并在此基础上制定具体的人力资源规划方案以及对方案的实施和控制。

确立目标是旅行社人力资源规划的第一步，主要是根据旅行社的总体目标、经营策略、企业规模与用人标准等因素确立旅行社的人力资源管理目标。分析和预测人力资源供求关系是人力资源规划的关键，同时也是制定人力资源规划的重要依据，其主要内容包括需求预测、供给分析和供需平衡分析三个方面。需求预测指旅行社根据目前经营情况以及以后发展对人力资源的需求进行人员数量、人员技术等级和类别的预算；供给分析是指旅行社根据内部已有员工及市场上所能提供的并能满足旅行社经营需求的人力资源进行分析；供需平衡分析是对旅行社人力资源的供给和需求之间是否达到平衡进行分析，从而找出导致供需失衡的因素并提供解决的方案。

2. 职位空缺申请与审批

旅行社人力资源规划主要是对企业所需人员数量以及企业内部所能提供的人员数量的一种预测。至于具体哪些部门、哪些岗位存在空缺，则需由各部门提出职位空缺与申请，并由人力资源部进行严格的审批，如果没有严格的审查，那么就极有可能导致人员供过于求。因此，严格的职位申请与审批是有效的人力资源规划以及有效的人力资源利用与配置的基础。

3. 工作分析

旅行社确定了所需招聘人员的岗位以及各岗位空缺人员数量后，就应对这些岗位进行岗位分析，以确定职位工作任务、职责及任职资格条件等。工作分析是指企业通过分析，掌握各个职位的性质以及各职位之间的联系，从而确定各个职位的工作职责和各个职位对人员的要求。由工作分析形成的岗位工作说明书和岗位规范是将来进行岗位描述和人员培训的基础。事实上，工作分析应作为人力资源管理的一项基础性工作来做，而不必等到有招聘需求时临时来进行，如果工作分析做得好，形成了规范的工作说明书，那么在有招聘需求时，就只需要随着企业内外环境的变化进行微调即可。

4. 人才测评

工作分析后，我们就掌握了岗位对人员在知识、技能、个性等方面的要求，因此，我们可据此来设计人才测评的指标并选用相应的测量工具。

5. 招聘与合理配置

进行了工作分析与人才测评后，就要对从企业内部或外部招聘来的人员进行合理配置，将合适的人安置在合适的岗位上，达到个人与岗位匹配。个人与岗位匹配包含着两层意思，一是岗位要求与个人素质要匹配，二是工作的报酬与个人的动力要匹配。

（四）旅行社员工的招聘

旅行社员工招聘是获取人力资源的具体体现，是旅行社通过各种信息途径寻找和确定候选人，以充足的质量和数量来满足组织的人力资源需求的过程。招聘工作主要包括两个方面，一是向应聘人员说明工作是什么，二是选择适合这份工作的人。

招聘工作对旅行社影响重大。招聘工作直接关系到旅行社人力资源的形成，是培训、考绩、薪酬等其他人力资源管理工作的基础，有效的招聘工作能节约企业的招聘成本并起到向外界宣传企业自身的效果。

1. 招聘的原则

（1）因事择人原则

所谓因事择人，就是员工的选聘应以实际工作的需要和岗位的空缺情况为出发点，根据岗位对任职者的资格要求选用人员。因事择人包含两个方面的意思：一是旅行社发展需要多少职员吸收录用多少职员，这是数量方面；二是公司发展需要什么样的职员，就吸收录用什么样的职员，这是质量方面或结构方面。

（2）公开、公平、公正原则

公开就是要公示招聘信息、招聘方法，这样既可以将招聘工作置于公开监督之下，防止以权谋私、假公济私的现象，又能吸引大量应聘者。公平、公正就是确保招聘制度给予合格的应征者以平等的获选机会。

（3）竞争择优原则

在员工招聘过程中引入竞争机制，对应聘者的思想素质、道德素质、业务能力进行全方位考查，按照考查的成绩进行择优录取。

（4）效率优先原则

效率优先原则就是用尽可能低的招聘成本录用到合适的最佳人选。一方面旅行社在招聘时应认真计划，注意控制成本；另一方面应注意根据不同岗位的招聘要求灵活选用适当的招聘形式和方法。

目前我国旅行社在招聘工作中常存在违背招聘原则的现象：招聘计划不完整，甚至根本没有计划，对于规模较小的旅行社来说，影响并不大，但规模较大的旅行社在招聘前进行预测和计划是很有必要的；招聘渠道单一，常见的招聘形式就是利用报纸、网络、人才市场等进行招聘或者通过企业员工、客户等推荐人选；招聘环节不完整，通常是收取简历和面试，然后就把员工安排在用人岗位，缺乏对招聘前的资料收集、宣传、招聘团队配备、招聘策略以及全面的甄别手段等方面的准备；面试环节不重视对面试误差的控制，有些旅行社在招聘时只凭借经理人员的主观判断。

2. 招聘过程

员工的招聘可分为以下几个阶段：

（1）确定空缺岗位及岗位要求。旅行社进行人员招聘的原因通常有以下几种：旅行社新成立、旅行社扩大规模或开展新业务等各种各样的原因造成部分岗位缺员、非正常人员流失等。当有岗位出现空缺时，旅行社应该首先分析该空缺岗位在企业中的位置与作用、是否需要调整、可否由现有员工进行分担工作职责等问题。确定空缺岗位后就应该在工作岗位描述中将该岗位的职责和任务进行具体描述和确定。

（2）制定招聘方案。旅行社确定岗位空缺和岗位要求后，就要制定相应的招聘方案。招聘方案包括招聘类别、用人标准和数量、招聘的方式和途径以及招聘程序等。旅行社常用的招聘方式有：

① 内部招聘。旅行社在确定岗位空缺后可不立即对外发布招聘信息，而采用在已有的员工里选择合适的人来填补空缺的做法。外部招聘和内部招聘各有特点，如表4-3所示。

② 外部招聘。外部招聘的渠道大致有人才交流中心、人才招聘会、媒体广告、网上招聘、校园招聘、人才猎取和员工推荐等。

a. 人才交流中心和人才招聘会。我国很多城市都设有专门的人才交流服务机构，这些机构常年为企事业用人单位提供服务。他们一般建有人才资料库，用人单位可以很方便地在资料库中查询条件基本相符的人才资料。人才交流中心或其他人才交流服务机构每年都要举办多场人才招聘会，用人单位的招聘者和应聘者可以直接进行接洽和交流。招聘会的最大特点是应聘者集中，用人单位的选择余地较大，费用也比较合理，而且还可以起到很好的企业宣传作用。

表4-3　　内部招聘和外部招聘的对比

	内部招聘	外部招聘
优点	员工可获得更多的机会	招聘范围广，有利于企业选择
	有利于员工积极向上，形成内部良好的竞争氛围	带来新的血液，有利于交流和创新
	稳定员工队伍	打破原有的关系网和不利于企业的非正式组织
	员工适应期短	可选用有经验的人，不用进行专门的培训
缺点	不利于交流和创新	适应期长
	容易形成裙带和帮派关心	招聘成本比较大

b. 媒体广告。借助媒体，包括借助传统的平面纸质媒体和互联网两种方式。随着互联网技术的发展和网络的普及，越来越多的旅行社更加倾向于选择互联网来发布招聘信息。因为借助互联网发布招聘信息相对比于传统的纸质媒体而言有低成本、传播面广、详尽度高等优势。

传统媒体通过电视、广播、报刊、杂志等媒体形式进行招聘宣传。招聘广告应该包含以下内容：组织的基本情况；招聘的职位、数量和基本条件；招聘的范围；薪资与待遇。

c. 网上招聘。网上招聘是一种新兴的一种招聘方式。它具有费用低、覆盖面广、时间周期长、联系快捷、方便等优点。用人单位可以将招聘广告张贴在自己的网站上或者张贴在某些网站上，也可以在一些专门的招聘网站上发布信息。除了综合性的招聘网站外，目前网络上还有专门的旅游人才网站，一些大型的旅游网站会有招聘信息。

d. 校园招聘。学校是人才高度集中的地方，也是组织获取人力资源的重要源泉。对于大专院校应届毕业生的招聘可以选择在校园直接进行，包括在学校举办的毕业生招聘会、招聘张贴、招聘讲座和毕业生分配办公室推荐等。

e. 人才猎取。猎头公司主要为企业搜寻高级管理人才和专业技术人才，因为收费昂贵且仅限于高级人才，旅行社较少采用此种渠道。

f. 员工推荐。通过企业员工推荐人选，也叫员工转介员工，是利用率较高的一种渠道。

（3）甄选。甄选这一环节是员工招聘的关键。在这个环节里，旅行社要对收集来的人员信息进行整理、挑选，对有意向的人员进行测试或面谈，从而确认合适的人选。旅行社会根据应聘人员所投简历对其进行评估，从而确认可以进行面试或笔试的人员名单。

通常，应聘者为了取得更多的机会，会在简历内添加或夸大部分内容，这就要求招聘人员仔辨别。测试或面试前，旅行社要确定是想通过测试或面试获得更多的信息，还是想验证简历中的某些信息，或者仅仅是为了考察应聘人员的某项技能，这在很大程度上取决于空缺岗位对应聘人员的要求。

（4）面试。在审查求职申请表和简历之后，人力资源部门及用人部门需做好面试工作，其流程如下。

① 准备阶段。

第一，选择面试考官这个环节关乎到面试的质量，甚至影响组织的形象。

第二，确定面试人选。

第三，设计面试评价量化表和面试问题提纲。

第四，安排面试场所。要想面试取得良好效果，面试考场的布置应该简洁，以免分散考生注意力。考场微环境应让人感觉舒适，面试时考场应保持安静，并在等候室放置一些单位介绍资料、茶水等。

② 面试过程。

首先，预备阶段多以社交话题为主，帮助应聘者消除紧张、戒备心理，建立有利应聘者发挥真实水平的氛围。

引入阶段应根据应聘者的简历逐步引入面试正题。

正题是面试的实质性阶段，主考官通过广泛的话题从不同侧面来了解应聘者。

转换阶段是面试的尾声阶段，考官可以提出一些较为尖锐和敏感的问题，以便能深入了解应聘者，但注意不能侵犯应聘者的人格和隐私。

面试结束时留一些时间让应聘者提问题。面试结束后整理面试记录，核对评价资料。

② 测评技术。人力资源的引进需要借助多种手段来客观、公正地进行评价，除传统的面试外，还应包括测验（心理测验、知识测验、模拟工作测验等）、评价中心、笔

迹分析等。

首先是能力测试。能力测试的种类非常繁杂，有数百种之多，其目的有二：一是诊断求职者具有什么样的能力，即诊断机能；二是测定其在所从事的活动中成功和适应的可能性，即预测机能。能力倾向测试在挑选员工时被广泛应用。

能力测试可分为一般能力测试和特殊职业能力测试，前者用于发现个体的能力倾向，如美国劳工部发明的普通能才倾向成套测验（GATB），后者针对某项职业而设计。在旅行社的甄选工作中常用的是后者。比如对导游的甄选，语言能力、心理运动能力、身体能力是考察的重点；对旅行社文员则是其文书能力，如阅读理解、文字校对、计算、整理文档等；而旅行社经理要考察的重点是领导能力、管理动机和认知能力。

其次是个性测试。个性测试旨在评估各种人格特点，以便将其放在适合其个性的工作岗位上。因为个性特征和倾向性虽不能影响一个人的终生成就，却很明显地影响一个人的做事方式和效率，如让张飞去绣花和让陈景润去做公关，肯定会因不适合他们的个性而效果极差。个性测试的方法极多，主要有两大类，即自陈式测试和投射测试。前者一般借助专业的测试量表，如R特尔16种人格量表、艾森克人格问卷等。投射测试类别中较为常用的是罗夏墨迹测试、主题统觉测试。

在旅行社的工作岗位中，导游工作的性质特殊、关系复杂，要求导游员应是一个多血质（即活泼型、外向型）的人；文员、会计的工作较为刻板和模式化，比较适合黏液质或抑郁质的人；旅行社管理人员以多血质、黏液质的人较为适宜。由于个性测试涉及到专业的心理知识，一般要求专家参与。但我国心理学人才短缺，所以个性测试并不普及，现在一些省市的人事考核测评中心会提供此项服务。

（5）确定人选。在经过以上各种程序并作出可以录用的决定后，旅行社要正式通知被录用人员，双方应依法签订劳动合同，确立聘用关系。合同签订后，旅行社要对所聘用的人员进行工作安排，将聘用的人员纳入到企业的人力资源管理中去。

五、旅行社员工的绩效考评与培训

（一）旅行社员工的绩效考评

1. 绩效及绩效考评的定义

绩效，英文原是“表现”的意思，在管理学中是指员工完成工作的结果，其中包括工作完成的数量、质量及效率状况。绩效具有多重性的特点，影响绩效的因素有很多，它们之间的关系可以用函数关系 P = f（S，0，M，E）来表示。其中，P（performance）为绩效，S（skill）指技能，0（occasion）指机会，M（motivation）指激励，E（environment）指环境，f代表函数关系。技能和激励是影响绩效的主观直接因素，说明管理者如果想要提高绩效，就必须善于调动员工的工作积极性和通过相关培训提高员工的工作技能。机会和环境是影响绩效的客观间接因素，说明企业必须创造良好的环境为员工提供更多的机会，从而提高工作绩效。绩效考评是通过系统的方法和原理来测量和评定员工在职务上的工作表现和工作效果的。绩效考评是一种正式员工的考评制度，是管理者与员工之间的一项沟通检查活动，其结果与员工的职位升降、薪酬、奖金等切身利益相关。

2. 绩效考评的目的

绩效考评不是一次性的考评行为，而是一个连续的、循环的、不断改进提高的过程。考评的主要目的不仅仅是最后的考评结果，更注重考评前的计划、考评中的指导以及考评后的调整。美国组织行为学家约翰·伊凡斯维其认为，绩效考评可以达到以下八个方面的目的：

（1）为员工的晋升、降职、调职和离职提供依据；

（2）组织对员工的绩效考评的反馈：

（3）对员工和团队对组织的贡献进行评估；

（4）为员工的薪酬决策提供依据；

（5）对招聘选择和工作分配的决策进行评估；

（6）了解员工和团队对培训和教育的需要；

（7）对培训和员工职业生涯规划效果的评估；

（8）为工作计划、预算评估和人力资源规划提供信息。

3. 绩效考评的方法

绩效考评在人力资源管理中并不是一项独立的工作，其考评结果提供的数据经常用来作为各项决策的依据。旅行社在进行绩效考评时往往根据考评目的不同而采用不同的方法。旅行社常见的绩效考评方法有以下几种。

（1）等级评估法。等级评估法是旅行社绩效考评中常用的一种方法。旅行社将被考评岗位的工作按工作职责进行描述，然后将标准分为几个等级选项，如“优、良、合格、不合格”等，考评人根据被考评人的实际工作表现对每项工作的完成情况进行评估，总成绩便为该员工的考评成绩。旅行社在年末、季度末或是每一项工作结束后让员工进行工作自评时通常会使用该方法。

（2）目标考评法。目标考评法是根据被考评人完成工作目标的情况来进行考核的一种绩效考评方式。在考评之前，旅行社要事先制定具体、明确的目标，例如业务接待量、接待人数、营业收人、游客满意率等目标。在时间期限结束时，考评人根据被考评人的工作状况及原先制定的考评标准来进行考评。

（3）序列比较法。序列比较法是对相同岗位的员工进行考核的一种方法。在考评之前，首先要确定考评的模块，但是不确定要达到的工作标准。将相同岗位的所有员工在同一考评模块中进行比较，根据他们的工作状况排列顺序，工作较好的排名在前，工作较差的排名在后。一些旅行社在进行人员末位淘汰制的时候通常采用这种考评方法。但是这种考评方法存在的最大不足就是某些岗位的工作业绩难以进行排序。

（4）小组评价法。小组评价法是指由两名以上熟悉被考评员工工作的直接领导组成评价小组进行绩效考评的方法。为了提高小组评价的可靠性，在进行小组评价之前，应该向员工公布考评的内容、依据和标准。在评价结束后，要向员工讲明评价的结果。小组评价法的优点是操作简单、省时省力，缺点是容易使评价标准模糊、主观性强。在旅行社的绩效考评中，该方法一般用于考察准备晋升的员工。

（5）重要事件法。重要事件法指考评人在平时注意收集被考评人的“重要事件”，这里的“重要事件”是指被考评人的优秀表现和不良表现，例如客人对员工的各种书面表扬或投诉等。对这些表现形成书面记录，对普通的工作行为则不必进行记录。根据这些书面记录进行整理和分析，最终形成考评结果。该考评方法一般不单独使用，一般用做其他考评方法的补充和参考。

（6）综合法。顾名思义，就是将各类绩效考评的方法进行综合运用，以提高绩效考评结果的客观性和可信度。在实际工作中，很少有企业使用单独一种考评方法来实施绩效考评工作。

4. 绩效考评的作用

旅行社进行绩效考评最直接的作用就是与员工的工资和奖金进行挂钩。但是，它的作用不仅仅局限于此，旅行的绩效考评同时还为员工的使用和调整提供依据，为员工的职业生涯规划提供支持，为员工的培训提供方向。

（1）为员工的调整和使用提供依据。员工的调整包括晋升、降级、岗位调整甚至是辞退等。对员工进行客观的绩效考评才能得出员工是否适合该岗位的工作，然后以考评的结果作为员工调整的重要依据。

（2）为员工薪酬方案的确定提供依据。绩效考评最显而易见的作用就是根据绩效考评的结果判断员工的工资是否合理，以及确定奖金发放的标准。绩效考评的标准、过程及结果是完全公开的，这样制定出来的薪酬标准对于所有员工来说是具有说服力的。

（3）有利于改进员工绩效。绩效考评是一种周期性的、公开的、客观的评价，大部分的考评是向员工公开的。所以，员工可以从对自身的考评结果中获知自己哪一方面是做得好的，哪一方面是需要改进的，而且从绩效考核中知道自己在企业中的位置，这样容易在企业中形成一个良性的竞争氛围，从而达到改进员工绩效的作用。

（4）为上级和员工之间提供一个正式沟通的机会。考评沟通是绩效考评的一种重要环节，它是指管理者（考评人）和员工（被考评人）面对面的对考评结果进行讨论，并指出优点、缺点和需改进的地方。考评沟通为管理者和员工之间创造了一个正式的沟通机会。利用这个沟通机会，管理者可以及时了解员工的实际工作状况及深层次的原因，员工也可以了解到管理者的管理思路和计划。考评沟通促进了管理者与员工的相互了解和信任，提高了管理的穿透力和工作效率。

现在，越来越多的旅行社开始重视绩效考评，都开始对本企业的绩效评价系统进行改进，希望把绩效考评与企业的经营目标、人力资源开发和企业文化进行有机结合，从而提升企业的内外部竞争能力。

（二）旅行社员工的培训

现代企业的竞争是人才的竞争，谁在人力资源上占有优势，谁就能在竞争中取得主动权。旅行社属于劳动密集型产业，所以市场竞争归根结底是企业员工素质的竞争。如何开发并有效调动人力资源的潜能及把知识转化为企业的竞争优势是建立企业核心竞争优势的重要内容。

1. 旅行社人力资源培训存在一些问题。

（1）培训观念存在误区。由于大多数旅行社规模较小，所以比较重视成本控制，从而不愿意投入资本在培训方面。目前导游员的培训大部分是导游自付，旅行社往往只支付很少的一部分；由于人员流动较大，旅行社担心培训是为他人作嫁衣；也有不少旅行社认为，除了少数核心业务的工作者，其他的人可在人才市场轻易地招聘到。

(2) 旅行社已经进入微利时代，众多旅行社即使有培训意愿，也难以承受高昂的培训费用。

(3) 培训缺乏系统性。在实际的培训操作中，旅行社通常缺乏有效的分析目标和清晰的培训目标，致使投入了人力物力却收效甚微；不少旅行社在培训时，重技能而忽视综合素质的培训，如企业文化、团队合作、有效沟通等。

(4) 培训方式单调

目前中国旅行社最主要的培训方式有两种，即课堂式讲学和实地踩线。旅行社通常邀请行业人士或大学相关专家以讲座、课堂的形式来传输知识，但这种方式效果有限，一方面是由于课堂教学有局限性，另外一方面是因为忽视了员工主动选择的需要。西方国家的员工培训已经由培训者为中心演变为受训者为中心，企业在提供各种恰当的学习资源的情况下，让员工挑选适合自己的训练途径和进度。

(5) 松散的雇佣关系导致培训不完善。旅行社普遍实行部门承包，一是挂靠，二是包台（或者叫包桌子，指将其办公区域内划出一定面积转包给其他承包人），三是包部门。这导致雇佣关系松散以及经营者追求效益最大化。另外，“外联买菜，计调做菜，导游吃菜”的格局让导游在旅行社的地位下降，以至于正常的培训需求往往被旅行社忽视。

(6) 缺乏有效的评估、激励机制。许多旅行社花很大功夫对员工进行了培训，却忽视了对培训效果的关注，如没有关注受训者培训前后有无改变和服务质量有无提高。旅行社也普遍缺乏激励员工参与培训的措施，如没有将培训与薪酬、晋升等挂钩。

美国《财富》杂志指出：“未来最成功的公司，将是那些基于学习型组织的公司。”一些有识之士也指出：“企业给予员工最大的福利不是金钱，而是培训。”作为劳动密集型产业，旅行社经营成败的关键在于其员工专业素质的高低，其员工专业素质的高低决定着服务质量的高低，而旅行社的服务质量将最终决定旅行社的经济效益和社会效益。所以，旅行必须重视人力培养，以提高社会竞争力。

2. 旅行社员工培训的方式

对员工进行合理的培训是企业人力资源管理工作的一项重要内容。培训可以使员工掌握必要的工作方法和技能，提高工作效率，从而提高旅行社的服务质量。旅行社对员工进行培训选择适当的方式非常重要。旅行社在对员工进行培训时可采用的方式有很多，常用的有：

(1) 讲授法。讲授法是旅行社在进行培训时最常用的方法之一，它的特点是比较简单，易于操作，成本不会太高。但是，该方法是面向全体学员的，没有针对性，学员的个别问题或许难以得到解决，学到的东西也容易忘记，除非将互动的方法和讲授法结合在一起。讲授是一种单向沟通的过程，学员容易感到单调和疲倦。所以为了提高培训效果，每次讲授的时间都不宜过长。

(2) 讨论法。讨论法有三种形式，即集体讨论法、小组讨论法和对立讨论法。讨论法的优点是学员的参与性很强，在不停的思想碰撞中，可以出现智慧的火花。讨论法多是学员已经掌握了一定的知识，需要对此加以深化的时候使用。培训时可以将论题列出来，每位学员围绕论题谈自己的经验和体会。该法的优点是信息可以多向传递，学员的参与性高且培训费用较低。

（3）案例法。案例法属于能力层次的培训。培训人员向学员介绍案例法的基本知识，拿出案例介绍背景，让学员分成小组讨论。有的时候给出的信息并不完全，还需要学员自己寻求信息，这可以锻炼学员决策时对决策信息需要的判断。这种培训方法的优点是参与性高，学员通过这种方式能增强解决实际问题的能力。

（4）角色扮演法。该方法通常假设模拟真实的情境，部分学员扮演其中的不同角色，其他学员分成小组观摩讨论。小组代表陈述本组意见后，重新进行演出或播放录像，由教师进行点评。最后，扮演角色的学员要对自己和对方扮演者进行点评。该方法信息传递多向，反馈效果好，学员在进行角色扮演的时候通常能做到换位思考。

（5）操作示范，言传身教。这是旅行社在对新员工培训时最常采用的方法，通常由较有经验的老员工扮演教师的角色，将自己的经验和技能传授给新员工。为了让新员工更快地了解操作程序和工作流程，培训人员一般在工作现场利用实际设备一边操作，一边讲解。讲解完后会让学员当场进行操作练习，然后培训人员进行辅导和纠正，直至学员能掌握该项程序和流程。这种培训方式的优点是直观性强，缩短了新员工的适应时间。

3. 旅行社员工培训的内容

（1）职业道德和企业文化培训。旅行社员工的工作相比于生产企业大部分岗位比较随意、独立和分散。旅行社如何让员工在这种工作约束性较小的环境下为客人提供高质量的服务？其中，员工良好的职业道德和优秀的企业文化将起到至关重要的作用。因此，员工的职业道德和企业文化培训是旅行社进行员工培训的一个重要内容。“什么是对的，什么是错的，什么该干，什么不该干”，这是每个员工在工作中必须首先明确的内容。通过职业道德和企业文化的培训，让员工对企业的服务理念和经营方式有了更加深入的了解，让员工对企业有了主人翁的责任意识。这样，员工才能在对客人提供服务时发自内心地为客人着想，尊重客人，自觉维护企业形象。

（2）服务技能是旅行社员工为客人提供服务的基础。旅行社往往可以通过技能培训使员工掌握一定的操作程序和基本能力，以适应岗位的需要。随着市场的发展，旅行社不断地推出新的旅游项目，相应地对服务技能的要求也越来越高，如果从业人员缺乏基本的技能就无法向客人提供优质的服务。

（3）知识培训。旅行社的业务有涉及范围广、覆盖面大、复杂性强的特点，所以旅行社应该通过相应的培训增加员工的地理、历史、文化、科技、社会、经济等方面的知识。旅行社员工必须掌握尽可能多的相关知识以接受游客的咨询和判断游客的消费。

4. 旅行社员工培训的形式

（1）在职培训。在职培训是指让一个人通过实际做某项工作来掌握工作中所需的技术、技能。这一方法对旅行社任何一种岗位都适用，尤其是对导游、外联、计调这些岗位。对于大多数旅行社非管理类工作而言，这也是唯一可能得到的培训。常见的做法是安排新员工跟着有经验的老员工或主管学习，如导游的跟团及计调的以老带新，即“师傅带徒弟”。

（2）脱产培训。到有关院校或培训机构接受比较系统的专业教育对于文化层次较低或希望提高自己学历的员工较为合适。

（3）适应性培训。针对一些员工因为工作需要从一个岗位转向另一个岗位。

（4）专题性培训。针对某些知识领域的需求，聘请有关的专家或工作经验丰富的人员就某一个专题进行培训，如学习外语知识、客源地知识、法律知识、会展知识等。

六、旅行社员工的报酬

报酬就是劳动报酬，是指组织对自己的员工为组织所付出的劳动的一种直接回报，包括物质和精神两个方面。旅行社员的报酬即指旅行社的员工从其职业工作中获得的一种劳动收入的总和，包括工资、奖金和福利。报酬关系到个人的经济收入和社会地位，也关系到企业的兴衰，是企业人力资源管理的一项重要内容。

（一）影响旅行社员工报酬的因素

报酬有三大功能，即补偿功能、激励功能和调节功能。一般地说，报酬的主系统——基本工资具有补偿功能，报酬的辅助系统——奖励、福利、津贴等具有的主要是激励功能，而二者的加总则具备了调节功能。影响旅行社员工报酬的因素也正是集中在影响主辅系统两个方面。

1. 行业内薪酬水平

其主导思想是与同行业内其他企业保持基本相同的工资水平。这种随大流的主导思想是比较合理的，因为“大大高于其他企业”可能会使本企业承受不起，而“大大低于其他企业”则无法与同类企业争夺人才。

2. 企业的支付能力

这是决定报酬最直接的因素。企业不可能不考虑自身的支付能力而盲目地提高员工的薪酬。

3. 该地区的最低生存费用

最低生存费用必须包括员工自身生存的需要、延续后代的需要和提高技能、接受培训的需要。旅行社的报酬水平还要考虑到该地区物价涨落以及社会消费水平的不断提高对员工报酬期望值的影响。

4. 工会的意见

工会作为员工的群众性组织，代表员工的利益与领导进行谈判和协商。工会对基本工资的影响力主要表现在防止本企业员工基本工资明显低于同行业平均水平。

5. 企业的规模及发展阶段

不同规模的企业会采取不同的报酬标准。例如，规模大的旅行社可以为其员工提供跨地区甚至是跨国培训的机会，而规模小的旅行社由于财力所限则怎么也做不到这一点。至于考虑到企业的发展阶段，当企业处于成长阶段时，往往采取扩张策略，一方面需要有效地激励员工，另一方面由于全部投入企业的扩张而缺少足够的资金来奖励员工；当企业处于成熟阶段时，企业的目标是维持现有市场，保持稳定，往往采用维持策略，体现在报酬上则强调稳定和长期的报酬；当企业处于衰退阶段时，往往采取紧缩或退出策略以向别处投资，在报酬上着重于成本控制，缺乏吸引力。旅行社员工的报酬构成制度作为旅行社管理的一项重要内容，其主要作用就是调动员工的积极性和创造性。报酬合不合理将直接影响企业的经营和管理。旅行社员工的报酬主要由以下几个部分构成：

（1）工资。工资是劳动者付出劳动以后以货币形式得到的劳动报酬，是报酬系统的一个重要组成部分。目前企业通常采用的有三种工资模式，即结构式工资模式、岗位技能工资模式和计件工资模式。结构式工资模式主要由基础工资、职务工资、工龄工资和技术津贴构成。基础工资是按国家政策和使员工基本生活能得到保障的原则制定的，是工资中相对固定的、差别不大的部分；职务工资是根据不同职务等级而制定的；工龄工资是按员工工作的年限（可以是在本企业也可以是在非本企业的工作时间）长短来计算的，通常工作年限越长则工龄工资越高。结构式工资的计算方法和评定标准比较简单，但在很大程度上带有平均主义的色彩，不利于激励员工的工作积极性。岗位技能工资模式是按不同的岗位或在岗位中所担任的职务难度等因素确认的报酬模式。技能工资是按不同岗位对员工的技能要求和员工实际具备的技能水平来确定的报酬模式。计件工资模式是根据事先规定的计件标准，按员工实际完成的工作量来计算报酬的一种模式，例如旅行社按接待人数、组团数量等指标来支付员工的报酬。这种模式通常用于旅行社的接待业务部门。

（2）奖金。奖金是企业对员工的超额劳动或优秀表现而支付的一种报酬形式。奖金打破了工资的大锅饭形式，企业按多劳多得和按贡献拿报酬的原则，以绩效考评为依据，合理地拉开奖金分配的档次。奖金是报酬体系中对工资的必要补充部分，它能及时、准确地反映出员工的劳动数量和劳动质量，从而达到刺激和鼓励的作用。奖金按时间分类可分为月度奖、季度奖、年终奖，按奖励对象可分为集体奖、个人奖，按奖励内容可分为单项奖和综合奖。旅行社常用的奖金发放模式是单项奖。

（3）福利。福利也是报酬的一种补充形式，指企业支付给员工的非直接性报酬，一般不以现金形式进行支付。企业常见的福利形式包括各种保险，例如养老保险、工伤保险、医疗保险、失业保险；各种补贴，如住房津贴、交通费用补贴、通信补贴等；还有一些带薪假期、工作餐、员工班车、子女教育服务等也都属于企业福利。企业福利的标准通常以满足员工实际需要为原则，企业内不同岗位、不同职位的员工福利差别不大，主要是培养员工对企业的认同感和忠诚度。

（4）心理收入。工资、奖金、福利是员工报酬里三个重要的组成部分，都属于有形的物质收入。作为一种最基本的激励工具，对调动员工的积极性起到了关键性作用。但是企业在设计员工的报酬体系时往往只注重员工的经济收入等物质报酬，而忽视了员工的心理报酬，最后导致企业虽然给了员工很高的工资待遇，但员工的忠诚度、满意度仍然不高，严重的甚至会跳槽。员工的心理收入是指员工个人对企业及其工作本身在心理上的一种感受，属于非经济性报酬的范酬。员工通过自己的努力工作得到的非经济性的奖励就属于员工的心理收入。员工的心理收入包括职业安全、自我发展、工作环境、人际关系、晋升机会、地位象征、表扬肯定、荣誉、成就感等因素。实际上，员工希望通过工作能发挥自己的最大潜能，使自己的能力得到充分的展现和承认。他们渴望从工作中得到乐趣和享受，而不只是为了赚取更多的工资。

（二）旅行社员工报酬确定的依据

在旅行社员工的报酬管理中最重要的是要确定报酬的评定标准和水平。不合理的评定标准不但起不到激励员工积极性的作用，而且会适得其反。制定合理的报酬应以下几点为依据：

1. 绩效考评的结果

绩效考评是旅行社对员工工作评定、实施奖罚的重要依据。员工的报酬必须与绩效考评的结果挂钩，这是旅行社制定员工报酬制度的基础。

2. 职位的相对价值

旅行社根据每一工作职位对旅行社的工作性质、重要性及承担的风险等因素来评定各个职位之间的工作绩效的价值差异。

3. 企业财务状况

企业的财务状况是制定报酬的重要依据，特别是影响报酬中的奖金和福利部分。

4. 员工的贡献

制定报酬制度还必须考虑员工的历史贡献，例如员工在旅行社工作的时间长短和在关键时期对旅行社的作用等因素。

任务二　旅行社企业文化建设

一、旅行社企业文化

每个企业都有自己独特的文化，这种文化是一种无形的力量，它不仅影响并规定企业成员的思考方式和行为方式，也是企业员工共享的价值观、信仰、态度和传统。因此，创造富有活力的企业文化是旅行社管理的重要内容之一。

（一）企业文化的内涵

企业文化是指企业全体员工在长期的生产经营活动中形成并共同遵守的最高目标、价值标准、基本信念及行为规范，它通过一系列惯例、传统、规则、典型事迹和行动表现出来并延续下来。所以，企业文化是一种管理文化、经济文化及微观组织文化，它具有无形性、约束性、相对稳定性和延续性。

企业文化的结构大致可分为三个层次，即物质层、制度层和精神层。其中，物质层是指企业文化的表层部分，如企业内部的设施、设备、企业环境、员工形象、产品形象等，是形成制度层和精神层的条件，往往能折射出企业的经营思想、管理哲学、工作作风和审美意识；制度层是企业文化的中间层次，主要包括企业的领导体制、各项规章制度、组织机构及内外人际关系等，集中体现了企业文化的物质层及精神层对员工和企业组织行为的要求；精神层指企业的领导和员工共同遵守的基本信念、价值标准、职业道德及精神风貌，它是企业文化的核心和灵魂，是形成企业文化的物质层和精神层的基础和原则（图4-1）。

（二）旅行社企业文化的构成要素

1. 企业目标

企业目标又称企业经营目标，是指企业在一定时期内按照企业经营宗旨，考虑企业

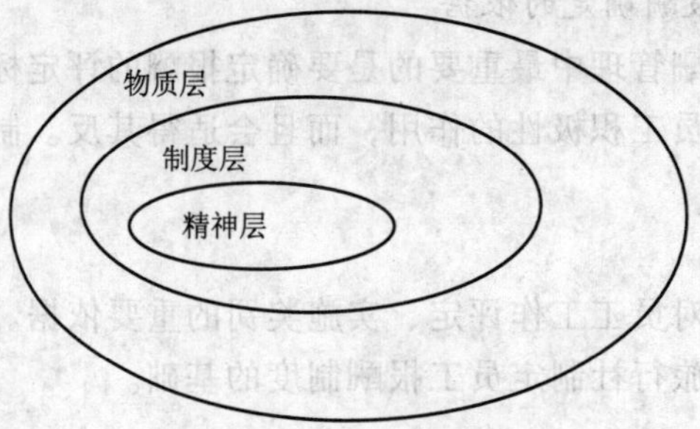

图 4-1 企业文化的结构

的内外条件和可能，沿其经营方向所要预期达到的某种高度和结果。经营目标分为长期目标和短期目标。目标对员工的行为具有导向和激励作用。旅行社可以制定在一定时期内能够达到的、明确具体的、对企业发展有重大意义的某项目标，以此来提高员工的信心，激发员工的积极性。

例如，"广之旅"是广州一家非常著名的国际旅行社，其激励员工为之奋斗的长、中、短期发展目标分别为：短期目标是用一年左右的时间，争取首批获得国家"AAA"级旅行社称号；中期目标是力争用 5 年左右的时间发展成为一个综合性的国际企业集团，实现集体化、国际化、股份化和现代化；长期目标是在 10 年之内，完善企业内部制度，使管理科学化、规范化、制度化，深化体制改革，建立现代企业制度，完善广州地区销售网络，建立珠江三角洲批发网。

2. 企业制度

企业制度是旅行社企业文化的基本要素之一，不仅包括硬性的或有形的管理制度，如管理体制、组织机构、社纪、社规等，还包括员工在实际工作岗位上所形成的思想准则、道德规范、行为方式等软性的或无形的行为模式。企业制度要具有合理性，更要具有公正性，因为即使某个制度不尽合理，但只要对每位员工一视同仁，往往不会产生大的矛盾。制度的合理性可以根据需要不断改进，但制度执行的公正性一定要自始至终坚持下去。

3. 企业民主

企业民主又指企业的民主管理。它作为旅行社制度的一个方面，包括员工的民主意识、民主权力、民主义务等一系列参与企业经营管理的措施和活动。在推动旅行社管理时要注意采取民主管理的方式，可以让每位员工提出管理建议，管理中出现的问题也可以让员工讨论。这里涉及到管理的目的问题，即管理是为了维护领导的权威，是让大家循规蹈矩，这都是目的，但不是根本目的，管理的根本目的是调动员工的积极性，提高企业整体的工作效率。然而在实际的管理中，我们往往会陷入追究管理本身的陷阱。同时，在实行民主管理时要注意制度的制定过程还需要管理者的领导和组织，既要保证充分发扬民主，又要不违背旅行社的利益。

4. 企业价值观

企业价值观是指企业在追求经营成功过程中所推崇的基本信念和奉行的目标。当代企业价值观的一个最突出的特征就是以人为中心，以关心人、爱护人的人本主义思想为导向。过去，企业文化也把人才培养作为重要的内容，但只限于将人才培养作为手段。西方的一些企业非常强调在职工技术训练和技能训练上投资，以此作为企业提高效率和获得更多利润的途径。这种做法实际上是把人作为工具来看待，所谓的培养人才，不过是为了改进工具的性能，提高使用效率罢了。当代企业的发展趋势已经开始把人的发展视为目的，而不是单纯的手段，这是企业价值观的根本性变化。企业能否给员工提供一个适合发展的良好环境，能否给人的发展创造一切可能的条件，这是衡量一个当代企业或优或劣、或前进或落后的根本标志。德国思想家康德曾经指出，在经历种种冲突、牺牲、辛勤斗争和曲折复杂的漫长过程之后，历史将指向一个充分发挥人的全部才智的美好社会。随着现代科学技术的发展，21 世纪文明的真正财富将越来越表现为人通过主体本质力量的发挥而实现对客观世界的支配。这就要求企业要充分研究人的全面发展问题。研究人的全面发展，无论对于企业中的人还是对企业乃至全社会都有着极其重要的意义。

5. 企业精神

企业精神是指旅行社在为谋求生存与发展、为实现自己的价值体系和社会责任而从事经营的过程中，所形成的一种人格化的群体心理状态的外化，是经过长期培育形成的并为员工所认同的一系列群体意识的信念和座右铭，是旅行社的精神支柱和精神动力。它往往以简洁而富有哲理的语言形式加以概括，通常通过社歌、社训、社规、社徽等形式形象地表达出来。表达内容有的是总结本企业的优良传统，有的是针对以前存在的缺点而倡导树立的新风尚，也有的是适应形势发展需要而提出的奋斗方向，等等。一般说来，企业精神是企业全体或多数员工共同一致、彼此共鸣的内心态度、意志状况和思想境界，它可以激发员工的积极性，增强企业的活力。

6. 企业道德

企业道德是指员工在工作过程中调整内外关系的特定职业行为规范的总和，它以善良与邪恶、正义与非正义、公正与自私、诚实与虚伪等相互对立的道德范围为标准来评价旅行社及其员工的各种行为，从而调整企业与员工、员工与员工以及企业与社会等方面的关系。旅行社作为服务性企业，要特别注意在员工中提倡职业道德以维护企业的声誉和旅游者的权益。无论是旅行社还是员工，均不得为自身利益而采取违反职业道德的行为。

7. 企业环境

广义的企业环境包括竞争对手、顾客、相关单位以及政府的影响等，可以分为政治环境、经济环境、文化环境、工作场所和人的心理环境。旅行社应当努力创造条件，改善职工工作环境和生活环境，激发职工对企业的忠诚度和工作热情。

8. 企业形象

企业形象是指旅行社及其行为在人们心目中留下的印象和获得的评价。旅行社的形象有两个方面：一是无形形象，如通过过去的努力在顾客及社会上所形成的诸如经营能力、服务质量、工作效率等方面的印象；二是有形形象，如企业标志、员工着装、办公楼、营业厅以及公关活动等。

（三）旅行社企业文化的主要作用

企业文化之所以备受青睐，是由于其具有丰富内涵和强大的生命力，在企业的生存与发展过程中发挥至关重要的作用。

1. 凝聚作用

可以说，企业文化是一种聚合全体员工的聚合剂，能增强企业的凝聚力。美国学者凯兹·卡恩认为，在社会系统中，将个体凝聚起来的主要是一种心理力量，而不是生物力量。如果企业没有一种被全体内部成员所接受的共同价值观念，企业职工就会抱着各自的目标从事工作，各种规章制度并不能改变其心态和目的。因此，旅行社通过企业文化建设，可以使员工产生对本职工作的自豪感和使命感和对本企业的认同感和归属感，因而将自己的思想、目标、行为融合到企业中去，从而产生强大的凝聚力。

2. 协调作用

旅行社企业文化能够协调旅行社与旅游者的关系，使两者的关系和谐。旅行社的企业文化，其精神内容就是要使企业自觉地为社会服务，具体地说，就是通过文化建设，旅行社尽可能地了解、满足旅游者不断变化着的市场需要，为他们提供满意的服务，因而旅行社与旅游者就不会发生裂痕，即使发生了，也会很快弥合。另外，旅行社企业文化的协调作用还表现在行业之间的竞争方面。在市场经济的条件下，旅行社之间存在着激烈的竞争关系。企业文化的建设与发展给竞争加上了必须文明的限制，在这种环境中，企业之间的竞争才不至于发生“恶劣的”、“越轨的”行为。

3. 激励作用

为了充分调动员工的积极性和创造性，管理人员不仅要用先进的世界观去教育每一位员工，而且还要用企业文化去熏陶每一位员工。加强旅行社企业文化建设，不断提高员工的工作积极性，生活上关心他们，满足他们的需要，为他们的发展创造、提供条件，对他们的成绩给予充分肯定，公平处理问题，以激励他们为企业的生存与发展作出自己最大的努力，创造更多的企业成果。

4. 辐射作用

旅行社企业文化作为一个系统，不仅在企业内部产生影响，而且还要与外部环境进行交流，受到外部环境的影响，并相应地对外部环境产生反作用。旅行社员工在与社会各方面交往中，会反映出自身的价值观念和文化特点，旅行社产品的销售、服务也会反映出该旅行社的文化内涵。企业文化的这种社会影响，可以说是一种宣传，既能够让社会了解企业的精神、理念，又能够起到让消费者了解企业的作用。

5. 约束作用

企业的规章制度和管理规则是一种刚性的行为控制。旅行社文化尽管也通过一定的物质层的规章制度体现出来，但这并不是企业文化发生作用的主要手段。企业文化主要对企业全体成员的行为形成一种无形的群体压力，这种压力包括舆论的压力、理智的压力和情感的压力。企业文化带来的这种无形的、非正式的和不成文的行为准则，使员工们能按照价值观的指导进行自我管理和控制，这在很大程度上弥补了单纯的硬约束带来的不足和偏颇。尤其是在员工素质普遍提高的今天，员工们对严格的规章制度的心理抵触相对变得更大，在企业里，有时员工的表现在领导在与不在时、检查与不检查时差别很大，这也需要企业从现代企业文化的深层次角度来进行约束。

二、旅行社企业文化建设

（一）旅行社企业文化的重要功能

1. 导向功能

旅行社企业文化能对企业整体和企业每个成员的价值取向及行为取向起引导作用，这是因为一个旅行社的企业文化一旦形成，它就建立起了自身系统的价值和规范标准，如果旅行社员工在价值和行为取向上与企业文化的系统标准产生悖逆现象，企业文化会将其纠正并将之引导到企业的价值观和规范标准上来。

2. 约束功能

旅行社企业文化对企业员工的思想和行为具有约束和规范作用。企业文化的约束不仅仅是制度式的硬约束，更重要的是一种软约束，这种约束产生于企业的企业文化氛围。企业文化会对员工的行为形成心理压力和动力，从而使企业成员产生心理共鸣，继而达到行为的自我控制。

3. 凝聚功能

旅行社企业文化的凝聚功能是指当一种价值观被企业员工共同认可后，它就会成为一种聚合力，从各个方面把其成员聚合起来。为了调动员工的积极性与创造性，管理者不仅要运用有效的激励来激励员工，而且还要用先进的企业文化去熏陶员工，从而产生一种巨大的向心力和凝聚力。

4. 辐射功能

旅行社企业文化一旦形成较为固定的模式，不仅会在企业内部发挥作用，对本企业员工产生影响，而且也会通过各种渠道（宣传、交往等）对社会产生影响。旅行社企业文化的传播对树立企业在社会公众中的形象很有帮助，优秀的企业文化对社会文化的发展有很大的影响。

5. 品牌功能企业品牌展示一个企业的形象，企业形象是企业经济实力和企业文化内涵的综合体现。

旅行社企业文化对塑造企业品牌起着重要作用，无论是世界著名的旅行社集团，如美国的运通公司、欧洲的普鲁塞格公司，还是中国的国旅、中旅、青旅和春秋旅行社，都依靠其优秀的企业文化塑造了自己的品牌。

（二）旅行社企业文化塑造途径

1. 选择合适的价值观标准

旅行社企业价值观是整个旅行社企业文化的核心，选择正确的企业价值观是塑造良好企业文化的首要战略问题。选择企业价值观要立足于本企业的具体特点，具体要注意：

（1）企业价值观标准要正确、明晰、科学，具有鲜明的特点；

（2）企业价值观要体现旅行社发展宗旨、发展策略和发展方向；

（3）企业价值观要发挥员工的创造精神。

2. 强化员工的认同感

旅行社在选择并确立了企业价值观之后，就应该把基本认可的方案通过一定的方法使其深入人心，具体来说就是：

（1）利用一切宣传媒体，宣传企业文化的内容和精要，创造浓厚的环境氛围；

（2）培养和树立典型，以其感召力和影响力为企业成员提供可以模仿的具体榜样；

（3）加强相关培训教育，使企业员工系统地接受企业的价值观并强化员工的认同感。

3. 旅行社价值观的形成不是一蹴而就的，必须经过分析、归纳和提炼

（1）精心分析。在经过群众性的初步认同之后，应当将反馈回来的意见加以剖析和评价，找出与规划方案的差距。

（2）全面归纳。在系统分析的基础上，进行综合化的整理、归纳、总结，去除那些落后或者不适宜的内容和形式，保留进步的形式和内容。

（3）精炼定格。把经过科学论证的企业精神、价值观等经过必要的理论加工和文字处理，用精炼的语言表述出来。

4. 巩固落实

旅行社要巩固落实已经提炼定格的企业文化，必须要建立必要的制度保障。但是，在企业文化演变为全体员工的共同习惯之前，要使每一位员工在一开始就能自觉主动地按照企业文化的要求去做是比较困难的，即使在企业文化已经成熟的旅行社中，个别员工背离企业文化的现象也是经常发生的。因此，建立奖优罚劣的规章制度是十分必要的。

5. 不断丰富和完善

任何旅行社的企业文化，都是特定历史阶段的产物，当旅行社的内外条件发生变化时，旅行社应当不断地丰富、完善和发展企业文化。这既是一个不断淘汰旧文化和不断生成新文化的过程，也是一个认识与实践不断深化的过程。

（三）旅行社企业文化建设的具体内容

旅行社与工业企业不同，它没有物质产品的生产过程；旅行社又不同于商业企业，它不销售物质产品。旅行社的产品是非物质形态的产品，因此旅行社的企业文化是服务经营型文化。旅行社在企业文化的创建方面必须具备以下几点。

1. 服务意识

旅行社的产品是旅游服务，旅游者评价其产品优劣的基本标准是满意程度。而影响旅游者满意程度的因素是多方面的，比如旅游者的预期值、旅游客源地与旅游目的地的文化差异程度、旅游地设备设施等等，但是最主要的是旅行社职工的服务意识、服务态度和服务水平。“顾客是上帝”、“客人总是对的”之类流行于旅游行业的口号，反映了一个共同的价值观——向旅游者提供满意的服务是旅游业的生命力所在。另一方面，社会上某些人由于传统观念的影响，对从事服务业的人员还存在着歧视的态度，从而使得旅行社的从业人员产生一种自卑的心理，影响了旅游服务质量。因此，培养员工的服务意识是旅行社企业文化建设的一个重要任务。

2. 文化意识

旅游既是一种经济现象，又是一种文化现象，对于旅游者来说，在旅游过程中，既是一种物质享受，更重要的是一种文化享受。旅游者出游目的常常含有强烈的文化色

彩，为了满足旅游者的这一旅游需求，旅行社员工必须对中国文化有深入的了解；同时，旅行社员工必须对不同国家、地区、民族的文化背景有一个详尽的了解，只有这样，才能向旅游者提供有针对性的服务。因此，提高自身的文化素质和文化修养是旅行社员工所必须做到的，也是旅行社企业文化建设的一个重要内容。

3. 经营意识

经营意识是每个企业都需要培养和树立的基本意识，对旅行社这样的企业尤为重要。随着中国旅行社业的不断发展，旅行社的数量不断扩大，对旅游客源市场的争夺越来越激烈，旅行社的经营难度越来越大。为了在激烈的市场竞争中求得生存和发展，旅行社必须在全体员工中树立明确的市场导向观念和市场竞争观念，要求全体员工具有强烈的经营意识是旅行社企业文化建设中一项重要工作。

4. 创新意识

创新是企业生命力的源泉，旅行社作为服务行业更是如此。只有不断的创新和开发出新的适应旅游者需求的旅游产品，旅行社才能巩固现有市场和开拓新的市场。例如，当大多数旅行社在单独组织外国旅游团和国内旅游团时，广东的某家旅行社却一改常规，勇于创新，将国内旅游者和外国旅游者组合在一个团内，并且进行了针对性的线路设计，从而受到了旅游者的广泛欢迎，取得了可观的经济效益。因此，创新意识是旅行社每个员工，尤其是旅行社经理人员所必须具备的意识，同时也是旅行社企业文化建设的重要内容。

（四）旅行社企业文化建设的实施

1. 管理者的真正理解和重视

现在，企业文化这个词非常流行，但是不见得每个管理者都能真正理解。有的管理者要求自己的员工对客人毕恭毕敬，自己对待员工时却盛气凌人，甚至拖欠工资；有的旅行社对旅游者作出了很多承诺，却经常欺骗消费者，擅自增加购物环节等。真正理解之后还要重视，领导不重视，企业文化建设就会变成一句空话。

2. 企业文化建设系统化

旅行社在推进企业文化建设时，应该首先确立目标，根据目标来确定文化建设的内容，不要“东一榔头，西一棒槌”，想起什么是什么。

3. 逐步推进，先易后难，目标适度

旅行社企业进行文化建设，要充分考虑自身的规模、实力及所处的环境。最适合自己的就是最好的。

项目实训

案例讨论

案例 1：

核心员工跳槽引发经营危机

某知名旅行社集团非常重视员工培训，并成立了员工培训中心。新招来的员工一到企业就被送到培训中心接受业务培训，全部费用由企业承担。至 2009 年，该培训中心已先后培训了五届员工。然而，企业花大本钱培训的员工，特别是核心员工在近两年先后跳槽。在第一届参加培训的40人中只有10人留在企业时，并没有引起管理者的关注，他们认为这是偶然现象，以至于第二届、第三届也只剩下7人。在问及离职原因时，离职员工大都认为，自身价值得不到体现，缺乏晋升机会，绩效与薪酬不挂钩，工资和福利待遇差，致使员工在工作中常常心不在焉、工作绩效下降和服务态度差等。面对大量人才流失，旅行社现在已无心培训员工，害怕培训后的员工翅膀硬了留不住，白白为他人做嫁衣，于是取消了员工培训中心，员工服务水平与技能每况愈下，企业口碑大不如前，致使人才流失更为严重，经营陷入危机。

阅读案例后讨论：

该旅行社管理的不当之处及如何进行人力资源的管理。

案例2：

旅游百事通——多样培训方式　统一企业文化

旅游百事通作为重庆海外旅游集团的全国性旅游超市，经过长期的积累和蜕变，已经成为一块响当当的招牌。它如今管理了全国12家公司，营业网店覆盖面超过1 000家。旅游百事通总部自成立之初根据公司各职能板块的不同，一直坚持统一培训，结合当期板块的状况、典型案例、工作经验等问题与各地公司分享学习，通过集团化经营模式打造自己的品牌，夯实员工职业素养。

内外兼修　培训方式多样化

在风起云涌的旅游市场中，旅游百事通高度重视培训的力量。旅游百事通总经理张力介绍说，培训工作对内，在深入、细致的调研基础之上，结合公司的经营战略以及员工在实际工作中存在的突出问题，开展针对性的培训，确保培训的有效性；对外，公司与外部专业机构保持良好的合作，及时沟通，使专业老师尽可能多地了解企业实际情况，保证理论和实践相结合的功效发挥到最大。

在今年，旅游百事通的培训主题是“坚定信心、务实工作”。培训方式将延续往年的模式，从集中学习某个案例开始，然后大家进行讨论，接着就目前工作中遇到的问题由总部和各兄弟公司进行讨论、解决。培训时间一般是两至三天左右。对门市员工培训方式除了面授以外，今年还采用案例分析、游戏、分小组讨论、角色扮演、情景模拟、视频等方式。培训每周固定开展一次，培训时间为半天。多样化的培训降低了员工的抵制情绪，可以较长时间的保持培训的新鲜感，实现培训功效最大化。

统一旗帜　弥补不足

张力表示，通过历年培训，在员工之间形成了统一的企业价值观及统一的企业文化，提升了员工的专业技能，激发了员工的工作潜能，鼓励和培养了员工持续学习的热情，增进了员工之间的沟通与互信，有助于形成有战斗力、凝聚力的团队。张力举例说，在百事通湖北公司昂首迈入辉煌的成长期开端，为了鼓舞员工们的士气，打造一个更加具有凝聚力和战斗力的团队，公司加强了团队建设方面的培训工作，面对旅游事故，各门店机构、供应商发扬百事通公司团结协作的精神，响应公司的号召，自发组织事故处理保障自愿服务队，主动做好生活保障服务、心理安抚等工作，赢得了各界的好评。

从往年的培训经验来看，在大方向保持一致的同时，偶尔也会出现部分员工动作不协调的现象。张力说："成功的培训是在培训过程中满足大家对新知识、新技能渴望的同时，达到鼓舞士气、使员工受益匪浅的功效。在培训完成后，员工们把学到的知识、技巧运用到工作中去，提高工作效率，享受高效的工作。当然，培训过程中也经常会遇到时间安排不当、内外部培训师技能参差不齐、培训成本失控以及培训效果不明显等问题。"

张力表示，根据此经验，各旅行社也可以加强培训方面的协调管理工作，妥善处理人员及时间安排问题，争取将培训发挥出更大的作用，更好地为经营战略服务，提升经营成效。

阅读案例后讨论：

旅游百事通的企业文化构建有哪些可取之处和哪些不足？

项目总结

本项目介绍了人力资源管理，以及旅行社人力资源的含义、特点及内容，重点介绍了旅行社人员招聘的原则、技巧及培训要求。

项目三 旅行社信息技术管理

项目目标

了解信息技术的发展概况

了解国内外旅行社信息技术发展的现状

项目能力

分析旅行社信息技术的发展趋势

结合中国旅行社的信息技术发展现状，掌握一般的信息技术管理方法

案例引入

广州康辉国际旅行社的信息化

广州康辉国际旅行社从2000年始使用上了旅行社信息化管理软件，先后改用过多种版本的旅游软件。随着公司业务的不断发展，于2005年4月份开始正式使用TravalSoft的旅行社信息化管理软件的整套解决方案（内部操作办公软件+电子商务网站+同业收客平台）。显著的效果让广州康辉国际旅行社十分满意，并继续使用该软件。

以下是广州康辉国际旅行社有限公司叶志宏先生的话：

我们公司用上了键上游旅行社信息化管理软件后，解决了公司内部办公的管理问

题，使得公司对20多个营业点的管理非常简单，实现了公司办公平台、同业收客平台、电子商务网站三个平台合一。我们的网站不再需要专人维护了，网站上的出游时间、出游价格、出游行程都是随着市场变化而实时更新的，这为我们节省了很多人力。

旅游者访问网站后，凭会员卡及密码查询其在康辉营业部报名参团的历史记录、查询参团积分及填写康辉市场调查等。

我们一方面要大力发展周边地区的同行加盟，一方面和键上游配合落实“会员在线报名”、“会员在线支付”等功能。

总之，我们对键上游的产品和服务还是非常满意的，我们在此祝愿键上游的明天更加辉煌。

任务一 旅行社信息化管理

新世纪以来，社会全面进入信息时代，信息对整个社会的发展起主导作用。信息是和知识密切相关的，信息的很大一部分便直接涉及知识的产生、传播、存储和利用。因此，进入信息时代也就意味着知识在经济发展中将起主导作用。事实也正是如此，自1993年美国正式提出建设“信息高速公路”时，人们便指出它将加快经济的发展，并带来巨大的经济效益。

旅游业作为21世纪的朝阳产业和支柱产业，作为对信息和信息技术依赖很强的产业，必须接受信息时代的检验。

一、信息技术在旅行社经营管理中的应用

现代信息技术种类繁多，如计算机预订系统、电子货币交易系统、电视会议、可视图文、电子小册子、计算机管理信息系统、航空电子信息系统、数字化电子网络、移动通讯等。随着信息化工程的推进，旅行社业在利用信息技术方面已抢先一步，从20世纪50年代开始，美国航空公司就用计算机作为预订系统。例如，在电脑预订系统的拥有率方面，德国是100%、法国是99%、西班牙是75%、意大利是75%、英国是60%。

1981年，中国国际旅行社开始运用超级小型计算机进行对旅游者流量的控制、财务管理和数据统计、汇总等。到1997年底，美国共有56%的旅行社接受互联网或加入商业性网络服务，在上网的旅行社中，有42%的旅行社在网上建立了自己的主页或网站，占旅行社总量的25%。据中国互联网络信息中心公布的数据，截止到2006年6月30日，我国宽带上网计算机约有2 815万台，网民总数12 300万人，其中宽带上网网民7 700万，网站总数为78 400个。这些事实已表明，信息技术已不可阻挡地成为旅行社的管理和营销的重要手段。

旅行社通过建立旅游信息网站，通过覆盖全球的网络信息高速公路，使世界各地的旅游者通过网站对旅游景区的各方面情况有所了解，并从网站上得到交通、住宿、游览等实用信息。这种宣传方式覆盖范围之大、传播地域之广是过去任何一种方式都无法比拟的。旅行社还可利用旅游信息网络作出图文并茂的各种网页和多媒体音像资料，大力

宣传本地的旅游资源、服务特色、风土人情等内容，扩大旅游景区的影响。

在我国，互联网为我国旅行社提供了一个良好的市场营销手段，一方面，可以通过互联网向网络程度及计算机普及率较高的国家和地区有力地推销我国的旅游形象和旅游产品，它具有成本费用低、涉及面广、信息更新快的特点；另一方面，国际旅行社可以通过互联网进行个体营销，中国国际旅行总社（以下简称国旅总社）已走出了第一步，上海中国国际旅行社有限公司也在国际互联网上建立了自己的主页。

网上促销渐渐成为旅行社和旅游消费者之间信息沟通的桥梁，上网者不仅可以通过聊天室、电子广告牌等提出自己的问题，以得到旅行社的解答，也可和其他旅游者交流旅游体验和经验，增强促销效果。旅行社的内部管理也采用了旅游信息管理系统对社内劳资、财务进行管理，还利用网络技术对固定资产、库存物资进行管理，不仅提高了工作效率，最大程度地避免浪费，也给旅行社带来了一定的效益。

二、旅游业应用信息技术的概况

（一）信息技术对旅游业的影响

信息技术对旅游企业的一体化产生了重大影响，吸引着众多分散的旅游企业逐步融合成一个联系紧密的整体。在旅游行业，出现了计算机预订系统（Computerized Reservation System，CRS）、全球分销系统（Global Distribution System，GDS）、旅游目的地信息系统（Destination Information System，DIS）、饭店管理系统（Property Management System，PMS）和银行开账与结算计划（Billing and Settlement Plan，BSP）等计算机信息系统，在方便客人的同时也改变了旅行社的业务经营模式。1996 年 7 月，美国运通与微软合作，率先开发了名为 AEI Travel——美国运通互动旅行（American Express Interactive Travel）的网上预订系统。开发期间，美国运通公司积极与客户沟通，宣传旅游电子商务理念及其便利性，培养已有客户使用网上预订，并在对因特网熟悉程度较高的电子科技公司中拓展新的网上客户群体。

我国从 2002 年开始推广旅游目的信息系统 DMS（主要包括旅游产品数据库、游客情况数据库、市场信息数据库和计算机预订中心四个部分），它是国家“金旅工程”的主体内容之一，也是我国旅游信息化建设的重要组成部分。银行开账与结算计划是目前旅游行业已广泛应用的销售结算系统。销售代理人通过国际航协指定的数据处理中心和清算银行进行结算和付款，避免了以往航空公司和代理人之间多种票证、多头结算、多次付款的复杂状况，为航空公司和代理人节约了大量开支，提高了工作效率和服务质量，也杜绝了欺诈等违规行为。迄今为止，世界上已有 280 多家航空公司和 4 万多名代理人参与了银行开账与结算计划的运作。中国银行开账与结算计划于 1995 年开始投入使用。

目前，中国银行开账与结算计划已成为全球最大的银行开账与结算计划，共有 80 家航空公司和 4 190 家机票代理机构加入。中国航空银行开账与结算计划业务覆盖澳大利亚、加拿大、北欧、波罗的海地区以及东欧、中亚、东南亚等 41 个国家和地区。银行开账与结算计划对旅行社票务中心业务的促进作用主要体现在以下三个方面：

（1）减少了航空客票种类。过去，代理人代理各家航空公司机票业务的，需印制和使用的专用纸质机票；加入银行开账与结算计划后，旅行社票务可以提供中性航空客票。这样，旅游者凭此票即能乘坐该航空公司的飞机旅行，减少了旅行社因分类贮存和使用各家航空公司客票所带来的不便，既降低了经营成本，又提高了工作效率。

（2）简化了结算程序。过去，旅行社必须定期向各家航空公司寄送关于该公司航空客票销售情况的财务报表，并分别同各家航空公司结算。由于结算程序比较复杂，旅行社往往需要花费较多的人力和财力编制和寄送大量的报表并进行结算，增加了经营成本，降低了经营利润，是旅行社的一个沉重负担。现在，通过使用银行开账与结算计划的结算程序，只需向指定的银行寄送一份综合性的销售报表，并直接与该银行结算。这种方法既减轻了旅行社的工作负担，又降低了旅行社用于编制和寄送报表及分别结算的成本，有利于旅行社经营利润的增加。

（3）增加了经营收入。旅行社票务中心加入银行开账与结算计划，可以增加经营收入。根据民航部门的有关规定，代售除香港、澳门、台湾地区航线以外的国内航线航空客票，旅行社可以获得票面值3%的销售佣金。然而，加入银行开账与结算计划后，代售同类航空客票，旅行社能够获得面值4%的销售佣金，比加入该计划之前的销售佣金提高了1个百分点。

银行开账与结算计划的电子客票

银行开账与结算计划电子客票是普通纸质机票的电子形式，它将票面信息存储在订座系统中，可以像纸票一样执行出票、作废、退票、转签等操作。根据国际航协的强制规定，2007年年底全世界实现银行开账与结算计划客票电子化100%的使用率。依托现代信息技术，实现无纸化、电子化的订票、结账和办理乘机手续等全过程，给旅客带来诸多便利，降低了航空公司的经营成本。订票不受机票代售点工作时间的限制，旅客无论身处何地，只需通过网络，就可轻松购买电子客票以及办理机票改期等手续。旅客购买了机票后，可用现金、信用卡、银行汇款和支票等进行支付，方便、快捷、安全。电子机票也不存在丢失问题，旅客购买电子客票后，民航的系统中会记录下他的姓名、航班号、到达站等相关信息，旅客只需带上身份证，就可直接到机场办理登机牌，更省心、更安全。目前，我国有三种情况可以继续使用纸质客票：第一是婴儿票、伤残军人等客票；第二种是部分城市因机场暂时的技术问题仍需使用纸质客票，如井冈山、满洲里、牡丹江、佳木斯、西双版纳等；第三是航空公司总部向国际航协发出书面通知，需要继续发放部分纸质客票的。

信息技术对旅行社的影响总的来说是积极的，具体体现在提高了工作效率、提升了服务质量和提高了管理水平、扩大了知名度、拓展了业务范围等。但也有消极的一面，主要表现为人为不安全因素的增多和传统旅行社业务被分流。

（二）网络时代旅行社的信息化管理

随着通讯和计算机技术的发展及互联网的不断普及，旅游信息的传递不再受时间、空间的限制，旅游资源的拥有者和最终的旅游消费者之间能够建立起直接的联系。

1. 互联网给旅行社的发展带来的冲击

（1）旅行社必须适应传统接待模式的转变。由于全球经济一体化，各国、各地区间的贸易壁垒将被进一步被打破，旅游服务贸易面临着更广阔的市场和更平等的竞争机遇，旅游的人数会空前增多。

首先，全球经济一体化、国际贸易自由化本身是以信息技术为基础的，是信息革命向深层次发展的必然结果。信息技术的进一步普及，网上旅游、网上预订将促成旅游个性化、多样化的发展，加之人们的可自由支配时间和收入的增长，计算机和网络技术的利用完全可形成在旅游中办公，在办公中旅游，旅游越来越成为人们生活的必需，旅游市场的规模必然扩大。

其次，散客出游比率增大。以前，人们外出旅游要预知旅游中食、宿、行、游、购、娱等情况，往往受到信息传递的限制，所以出游多选择团队形式，靠旅行社来帮助解决旅程中的食、宿、行、游等需要。现在，互联网把旅游供应商和游消费者联系在一起，消费者可以通过互联网了解旅游地食、宿、行、游、购、娱等具体情况，通过网上预订事先安排旅游活动，不必依靠旅行社提供的信息就可以直接进行买卖活动。所以，旅行社的传统经营方式在网络时代面临极大的挑战。

(2) 网络技术淡化了旅行社的职能。旅行社作为中间服务商，其主要职能是提供咨询服务、票务服务、设计和推销旅游广品。但随着信息技术的发展，旅行社受到极大的冲击，职能被淡化，主要表现在如下方面。

① 旅行社的咨询服务功能将被网络自动查询所代替。随着网络技术的发展和普及，以及网上资源的丰富和完善，特别是家庭电脑的出现，人们可以在家通过网络自动查询功能更具体、更直接、更及时地查询到自己所需要的旅游目的地的信息。

② 旅行社旅游产品的推销模式和手段将被网上营销所代替。旅行社传统的广告宣传和推销手段不仅成本高，而且覆盖面也受到限制。如果利用全球性网络进行产品的营销，不仅成本低、覆盖面广，而且营销效果好。

③ 旅行社设计旅游产品的职能被替代。随着旅游需求的个性化和多样化的发展，旅游者通过上网查询信息后，根据自己的个性要求，自行设计旅游线路，而不再使用旅行社为他们安排的旅游线路和组合好的旅游产品。

④旅行社代理票务的收入将会随着旅游预订系统和银行付款系统的完善和推广而下降。

2. 网络时代旅行社的信息化管理

旅行社的信息化管理是指旅行社在旅游业领导部门统一组织和规划下，广泛运用现代信息技术，深入开展和有效运用旅游信息资源，提高旅游服务质量和旅行社的经营效益。

(1) 创新管理思想。管理的每一步变革都来源于观念和思想上的创新。在信息时代，信息是最重要的资源和资本，凡能运用信息技术经营管理的都能取得显著的经济效益和效率。

目前，我国旅行社中实施信息化管理的还不太多，这其中，管理思想陈旧是主要原因。因此，要实施信息化管理，首先要创新管理思想，要借助信息技术将管理思想、管理组织、管理方法和手段进行一场革命，充分利用信息技术和信息资源的优势促进旅行社管理的不断完善。

(2) 加强对员工的教育和培训。掌握和运用信息技术进行信息化管理对每一位员工都是一个新的挑战，每位员工都面临着提高自身素质、树立良好形象和良好信誉的问题。因此，要加强对旅行社内广大员工的教育和培训。培训内容包括员工都应掌握旅游信息的获取、制作、分析、加工、传递和运用等各个环节的能力，使旅游信息能够尽快服务于旅游业，尽快转变为效益和财富。

(3) 承担多维信息交流的功能。现在，互联网正在为旅游者提供越来越多的有关旅游目的地、旅游交通等多方面的信息，但是，旅游者在互联网上不易进行特定信息的选择。对于初上网者来说，在茫茫网海中寻觅，会产生费时、麻烦、上网费用高等问题。所以，旅行社可利用自己的网站集中大量的旅游信息，并进行分类编辑，方便上网者查询。为了建立完善的信息库，旅行社可把旅游目的地信息集中在一起，设计成专门的网页，供有意向的旅游者查询，如中国旅游资讯网、华夏旅游网、携程旅游网等，提供旅游咨询、在线行程预订和支付，一定程度上较好地整合了旅游服务资源和技术服务资源，为广大的散客旅游者提供个性化的服务。另外，旅行社根据自己与旅游企业和旅游消费者都有广泛联系的特殊地位，主动对买卖双方进行调查，形成旅游需求和供给信息，有偿向旅游企业提供；也可与市场研究公司协作，进行市场发展趋势分析，逐步形成信息中心。

(4) 利用信息技术做好旅行社售后服务功能的延伸。旅游者这次旅行结束意味着下次旅行的开始，做好熟客的服务工作就可以使他们下次旅行时再与本旅行社联系。做好售后服务工作，保持市场并不断扩大，如可以在客人返回后的第二天向客人打电话问候，或在网上对客人致以问候，通过给客人送意见征询单、明信片等方式加强售后服务。旅行社可利用计算机管理来建立客户档案，还可利用网络加强与客户之间的联系，进行售后跟踪服务，了解他们的新需求，以便推出更符合需求的旅游产品。

(5) 利用信息技术促进旅行社内部管理运作的改革。互联网的使用有利于旅行社内部的业务运作和经营管理水平的提高。旅游需求的个性化趋势使旅行社的工作量和复杂程度都空前增加，旅行社利用电子邮件和电子订单进行网上采购和预订，不仅可以节省大量的时间、人力和联络费用，而且由于网上联络频繁，修正容易，减少了由于计划采购量和实际采购量之间的差异而引起的纠纷。另外，旅行社也可利用互联网建立内部管理信息系统，建立统一的顾客档案以便旅行社所属各分社或营业点掌握即时的销售情况，做到信息资源共享；建立财务管理系统，更好控制所属各营业点的营业收入；建立网上培训课程，供分散在各地的员工随时学习；建立导游人员和各类人员的资料库，以便为内部员工提供定制化服务。内部网络可使旅行社内部管理信息畅通，管理透明度增大，经营管理水平也得到提高。

任务二 旅游电子商务

一、电子商务概述

电子商务是一种新型的商务运作方式，以其信息传递快、市场规模大、商品品种多、可靠性强、流通环节少、交易成本低等优点而风靡全球。电子商务给服务业之一的旅行社在经营和管理方面带来了机遇，更带来了挑战。

（一）电子商务的概念

电子商务源于英文 Electronic Commerce，简称为 EC。顾名思义，其内容包含两个方面，一是电子方式，二是商贸活动。电子商务指的是利用简单、快捷、低成本的电子通讯方式，实现买卖双方不谋面的各种商贸活动。电子商务可以通过多种电子通信方式来完成。简单地说，比如你通过打电话或发传真的方式来与客户进行商贸活动，似乎也可以称为电子商务。但是，现在人们所探讨的电子商务主要是通过电子数据交换和互联网来完成的。尤其是随着互联网技术的日益成熟，电子商务真正的发展是建立在互联网技术上的，所以也有人把电子商务简称为互联网商务。

从贸易活动的角度分析，电子商务可以在多个环节实现，由此也可以将电子商务分为两个层次。较低层次的电子商务包括电子商情、电子贸易、电子合同等，最完整的、也是最高级的电子商务应该是利用互联网能够进行全部的贸易活动，即在网上将信息流、商流、资金流和部分的物流进行完整的实现，也就是说，你可以从寻找客户开始，直到洽谈、订货、在线付（收）款、开具发票一直到电子报关、电子纳税等通过互联网一气呵成。

要实现完整的电子商务还会涉及很多方面，除了买家、卖家外，还要有银行或金融机构、政府机构、认证机构、配送中心等机构的加入才行。由于参与电子商务的各方在物理上是互不谋面的，因此整个电子商务过程并不是物理世界商贸活动的翻版，网上银行、在线电子支付等条件和数据加密、电子签名等技术在电子商务中发挥着重要的不可缺少的作用。

（二）电子商务的特点

1. 更广阔的环境

人们不受时间的限制，不受空间的限制，不受传统购物的诸多限制，可以随时随地在网上交易。通过跨越时间、空间，使我们在特定的时间里能够接触到更多的客户，为我们提供了更广阔的发展环境。

2. 更广阔的市场

在网上这个世界将会变得很小，一个商家可以面对全球的消费者，而一个消费者可以在全球的任何一个商家购物。一个商家可以去挑战不同地区、不同类别的买家客户群，在网上能够收集到丰富的买家信息，进行数据分析。

3. 更快速的流通和低廉的价格

电子商务减少了商品流通的中间环节，节省了大量的开支，从而也大大降低了商品流通和交易的成本。通过电子商务，企业能够更快的匹配买家，实现真正的产—供—销一体化，能够节约资源，减少不必要的生产浪费。

（三）电子商务实施阶段

1. 信息整理阶段

第一个阶段是信息整理阶段。对于商家来说，此阶段为信息发布阶段。主要是选择自已的优秀商品，精心组织自已的商品信息，建立自已的网页，然后加入名气较大、影响力较强、点击率较高的著名网站中，让尽可能多的人们了解你、认识你。对于买方来说，此阶段是去网上寻找商品以及商品信息的阶段，主要是根据自己的需要，上网查找自己所需的信息和商品，并选择信誉好、服务好、价格低廉的商家。

2. 信息交流阶段

第二阶段是信息交流阶段。作为B2B（商家对商家）来说，这一阶段是签定合同、完成必需的商贸票据的交换过程，但要注意的是数据的准确性、可靠性、不可更改性等问题。作为B2C（商家对个人客户）来说，这一阶段是完成购物过程的定单签定过程，顾客要将选好的商品、自己的联系信息、送货方式、付款方法等在网上签好后提交给商家，商家在收到定单后应发来邮件或电话核实上述内容。

3. 按照合同进行商品交接、资金结算阶段

第三阶段是按照合同进行商品交接、资金结算阶段。这一阶段是整个商品交易的关键的阶段，不仅要涉及到资金在网上的正确、安全到位，同时也要涉及到商品配送的准确性。在这个阶段，有银行业、配送系统的介入，在技术上、法律上、标准上等等方面有更高的要求。网上交易的成功与否就在这个阶段。

二、旅游电子商务

现代信息革命和互联网的兴起给旅游业带来了新的契机，以突破时空限制、提高旅游交易效率、降低交易成本为标志的新的商务模式，即旅游电子商务正在全球兴起。

随着世界各国对电子商务关注程度的增加，加之良好的政策环境、自然环境的影响，全球电子商务发展迅速。艺恩咨询发布的《2011年中国旅游电子商务研究报告》显示，2010年中国旅游电子商务产业规模达到390亿元，相比2009年的275亿元增长42%，预计未来两年旅游电子商务市场的年增长率保持在30%以上，到2012年市场规模有望达到680亿元。电子商务将成为促进旅游业发展的关键因素。全球有超过17万家的旅游企业在网上开展综合、专业、特色的旅游服务，约有8 500万人次以上享受过旅游网站的服务，全球电子商务连续5年以上以350%的速度发展。由此可见，旅游活动与电子商务的结合成为旅游业未来发展的一个主要方向。

（一）旅游电子商务

旅游电子商务是电子商务在旅游业这一特殊产业领域的应用。

首先我们看一下世界旅游组织对旅游电子商务定义的描述。世界旅游组织在其出版物E－Business for Tourism中指出："旅游电子商务就是通过先进的信息技术手段改进旅游机构内部和对外的连通性，即改进旅游企业之间、旅游企业与上游供应商之间、旅游企业与旅游者之间的交流与交易，改进旅游企业内部业务流程，增进知识共享"。该定义从内部和外部两个方面说明了旅游电子商务的内涵。

从外部来说，旅游机构之间的电子商务能改进旅游企业之间、旅游企业与上游供应商之间、旅游企业与旅游者之间的交流与交易，其内容包括电子旅游营销、电子销售、电子采购。其中，电子旅游营销是指通过网络信息手段，增进与目标市场之间的信息传递与交流，同时增进与旅游营销机构之间的合作；电子旅游销售是指通过电子分销渠道进行旅游销售活动；旅游企业电子采购是指旅游企业将其库存和采购系统与其供应商的销售和报价系统相连，通过自动流程简化采购操作，便于企业选择供应商，从而提高旅游企业采购过程的效率。从内部来看，旅游电子商务主要是通过应用一整套管理系统增

进内部协调配合，改进企业内部的业务流程。具体内容包括：应用网络手段进行旅游企业内部和外部沟通；使用统一的计算机管理系统、协议和标准；产品信息与客户信息共享；增强企业的团队协作和企业内的资源共享。

在国内的研究文献中，杨春宇教授将旅游电子商务定义为："旅游电子商务是旅游企业基于互联网提供的互联网络技术，使计算机技术、电子通信技术与企业购销网络系统相联接而形成的一种新型的商业活动，包括网上信息传递与接收、网上订购、付款、客户服务等网上销售、网上售前推介与售后服务，以及利用互联网开展市场调查分析、财务核算及生产安排等多种商业活动内容。这是一种基于信息网络综合技术的信息流程与商务运作程序的结合形式"。信息化专家陈禹曾经撰文指出："旅游电子商务是一个以信息技术服务为支撑的全球商务活动的动态发展过程。旅游电子商务不应该仅仅被看作是一种互连网的在线销售模式，更重要的是它标志着企业与企业之间（业务联系、车辆调度、财务管理操作、项目投标、客房竞价、协作陪同）、企业与消费者之间、企业与政府行政管理部门之间的信息交流实现了数字化的处理过程，而且它们会相互影响和相互促进，这种变革甚至会最终影响政府管理旅游的职能、旅游教育、社会等各个方面的变革"。

综合以上定义，我们可以看出，旅游电子商务的内涵可从以下三个方面来理解。

首先，从技术基础角度来看，旅游电子商务是采用数字化电子方式进行旅游信息数据交换和开展旅游商务活动。如果将"现代信息技术"看成一个集合，"旅游商务活动"看成另一个集合，"旅游电子商务"无疑是这两个集合的交集，是现代信息技术与旅游商务过程的结合，是旅游商务流程的信息化和电子化。旅游电子商务开始于互联网诞生之前的电子数据交换时代，并随着互联网的普及而飞速发展。近年来，移动网络、多媒体终端、语音电子商务等新技术的发展不断丰富和扩展旅游电子商务的形式和应用领域。

其次，从应用层次来看，旅游电子商务可分为三个层次：一是面向市场，以市场活动为中心，包括促成旅游交易实现的各种商业行为（网上发布旅游信息、网上公关促销、旅游市场调研）和实现旅游交易的电子贸易活动（网上旅游企业洽谈、售前咨询、网上旅游交易、网上支付、售后服务等）。二是利用网络重组和整合旅游企业内部的经营管理活动，实现旅游企业内部电子商务，包括旅游企业建设内联网，利用饭店客户管理系统、旅行社业务管理系统、客户关系管理系统和财务管理系统等实现旅游企业内部管理信息化。三是旅游经济活动能基于互联网开展还需要具有环境的支持，包括旅游电子商务的通行规范、旅游行业管理机构对旅游电子商务活动的引导、协调和管理、旅游电子商务的支付与安全环境等。第三个层次是第一个层次和第二个层次的支撑环境。只有三个层次的电子商务共同协调发展，才可能使旅游电子商务的发展进入良性循环。发展到成熟阶段的旅游电子商务是旅游企业外部和内部电子商务的无缝对接，它将极大地提高旅游业的运作效率。

第三，旅游电子商务与旅游电子政务各有侧重又相互关联，共同构成旅游业信息化的主要内涵。旅游电子商务旨在利用现代信息技术手段宣传和促销旅游目的地、旅游企业和旅游产品，加强旅游市场主体间的信息交流与沟通，整合旅游信息资源，提高市场运行效率，提高旅游服务水平。旅游电子商务旨在通过建立一个旅游系统内部信息上传下达的渠道和功能完善的业务管理平台来实现各项旅游管理业务处理的自动化。

旅游电子政务的主要功能包括：旅游行业统计，即旅游统计数据的收集、上报、汇总、发布、查询、分析；旅游行业管理，如出国游实时监控、旅游企业年检管理、旅游质量监督管理、安全管理；旅游信息管理，如行业动态监测、假日旅游预报预警等。旅游管理的网络化和电子化把旅游管理部门从烦琐的手工程序中解脱出来，实现了以更少的人力更方便地监督和管理旅游企业，规范和治理旅游市场，提高了效率。

旅游电子商务与旅游电子政务之间的关联，一是市场需要管理，即旅游电子政务应当包括对旅游电子商务活动的引导、规范和管理，发展中的旅游电子商务实践为旅游电子政务提出了新的课题；二是业务的互利，即旅游商务的电子化使市场信息更为通达透明，为旅游管理部门对旅游市场信息的提取、统计提供了方便，旅游电子商务的发展促进了信息技术在旅游企业中的普及，为旅游电子政务创造了技术基础环境；三是平台的共用，如一些政府性的旅游网同时是旅游电子政务平台和沟通旅游管理机构与旅游企业的业务管理网，在这里，旅游管理机构可发布政策法规及公告，旅游者可了解旅游信息并预订旅游产品，同时还能处理旅游投诉等涉及旅游管理部门、旅游企业和旅游者三方的事务。总之，旅游电子商务和旅游电子政务的协同发展正推动着旅游业这一信息密集型和信息依托型产业全面进入信息化时代。

（二）旅游电子商务特点

1. 聚合性

旅游产品是一个纷繁复杂并由多个部分组成的结构实体。旅游电子商务像一张大网，把众多的旅游供应商、旅游中介、旅游者联系在一起。景区、旅行社、旅游饭店及旅游相关行业，如租车业，可借助同一网站招徕更多的顾客。新兴的网络旅游公司即将成为旅游行业的多面手，它们将原来市场分散的利润点集中起来，提高了资源的利用效率。由此可见，旅游市场的规模将因导入电子商务而扩大。

2. 有形性

旅游产品具有无形性的特点，旅游者在购买这一产品之前，无法亲自了解，只能从别人的经历或介绍中寻求了解。随着信息技术的发展，网络旅游提供了大量的旅游信息和虚拟旅游产品，网络多媒体给旅游产品提供了身临其境的展示机会。这种全新的旅游体验，使足不出户畅游天下的梦想成真，并且培养和壮大了潜在的游客群。因此，旅游电子商务使无形的旅游产品慢慢变得“有形”起来。

3. 服务性

旅游业是典型的服务性行业，旅游电子商务也以服务为本。据中国互联网络信息中心报告，用户选择网络服务商最主要的因素，第一位是连线速度（占43%），第二位就是服务质量（占24%）；用户认为一个成功网站须具备的最主要的因素，第一位就是信息量大，更新及时，有吸引人的服务（占63.35%）。因此，旅游网站希望具有较高的访问量并能够产生大量的交易，必须能提供在线交易的平台和提供不同特色、多角度、多侧面、多种类、高质量的服务来吸引各种不同类型的消费者。在国外，像travelsource. com、triplel. com、travelweb. com等旅游网站，它们以提供大量的旅游信息资源和完善的在线预定而为广大网民和游客所喜爱。

(三) 旅游电子商务的类型

旅游电子商务按照不同的标准有多种分类方法，这里重点介绍按照旅游电子商务的交易类型和按照实现旅游电子商务使用的终端类型两种标准进行的分类。

1. 旅游电子商务按交易形式的类型划分

① B to B 交易形式。在旅游电子商务中，B to B 交易形式主要包括以下几种情况：

旅游企业之间的产品代理，如旅行社代订机票与饭店客房，旅游代理商代售旅游批发商组织的旅游线路产品。

组团社之间相互拼团，也就是当两家或多家组团旅行社经营同一条旅游线路并且出团时间相近，而每家旅行社只拉到为数较少的客人时，旅行社征得游客同意后可将客源合并，交给其中一家旅行社操作，以实现规模运作的成本降低。

旅游地接社批量订购当地旅游饭店客房、景区门票。

源地组团社与目的地地接社之间的委托、支付关系等。

旅游业是一个由众多子行业构成、需要各子行业协调配合的综合性产业，食、宿、行、游、购、娱各类旅游企业之间存在复杂的代理、交易、合作关系，旅游电子商务有很大的发展空间。

旅游企业间的电子商务又分为两种形式：一是非特定企业间的电子商务，它是在开放的网络中对每笔交易寻找最佳的合作伙伴。一些专业旅游网站的同业交易平台就提供了各类旅游企业之间查询、报价、询价直至交易的虚拟市场空间。二是特定企业之间的电子商务，它是在过去一直有交易关系或者今后一定要继续进行交易的旅游企业之间，为了共同经济利益，共同进行设计、开发或全面进行市场和存量管理的信息网络，企业与交易伙伴间建立信息数据共享、信息交换和单证传输。如航空公司的计算机预订系统就是一个旅游业内的机票分销系统，它连接航空公司与机票代理商（如航空售票处、旅行社、旅游饭店等）。机票代理商的服务器与航空公司的服务器是实时连接在一起的，当机票的优惠和折扣信息有变化时会实时地反映到代理商的数据库中。机票代理商每售出一张机票，航空公司数据库中的机票存量就会发生变化。B to B 电子商务的实现大大提高了旅游企业间的信息共享和对接运作效率，提高了整个旅游业的运作效率。

② B to E 交易模式。此处，B to E（Business to Enterprise）中的 E 是指旅游企业与之有频繁业务联系，或为之提供商务旅行管理服务的非旅游类企业、机构、机关。大型企业经常需要处理大量的公务出差、会议展览、奖励旅游事务，他们常会选择和专业的旅行社合作，由旅行社提供专业的商务旅行预算和旅行方案咨询，开展商务旅行全程代理，从而节省时间和财务的成本。另一些企业则与特定机票代理商、旅游饭店保持比较固定的业务关系，由此享受优惠价格。

旅游 B to E 电子商务较先进的解决方案是企业商务旅行管理系统（Travel Management System，TMS）。它是一种安装在企业客户端的具有网络功能的应用软件系统，通过网络与旅行社电子商务系统相连。在客户端，企业差旅负责人可将企业特殊的出差政策、出差时间和目的地、结算方式、服务要求等输入企业商务旅行管理系统，系统将这些要求传送到旅行社。旅行社通过电脑自动匹配或人工操作为企业客户设计最优的出差行程方案，并为企业预定机票及酒店，并将预定结果反馈给企业客户。通过企业商务旅行管理系统与旅行社建立长期业务关系的企业客户能享受到旅行社提供的便利服务和众多优惠，节省差旅成本。同时，TMS 还提供统计报表功能，用户企业的管理人员可以通过系统实时获得整个公司全面详细的出差费用报告，并可进行相应的财务分析，从而有效的控制成本，加强管理。

③ B to C 交易模式。B to C 旅游电子商务交易模式也就是电子旅游零售。交易时，旅游散客先通过网络获取旅游目的地信息，然后在网上自主设计旅游活动日程表，预定旅游饭店客房、车船机票等，或报名参加旅行团。对旅游业这样一个旅客地域高度分散的行业来说，旅游 B to C 电子商务方便旅游者远程搜寻、预定旅游产品，并克服距离带来的信息不对称。通过旅游电子商务网站订房、订票是当今世界应用最为广泛的电子商务形式之一。另外，旅游 B to C 电子商务还包括旅游企业向旅游者拍卖旅游产品和为旅游电子商务网站提供中介服务等。

④ C to B 交易模式。C to B 交易模式是由旅游者提出需求，然后由企业通过竞争满足旅游者的需求，或者是由旅游者通过网络结成群体与旅游企业讨价还价。

旅游 C to B 电子商务主要通过电子中间商（专业旅游网站、门户网站旅游频道）进行。这类电子中间商提供一个虚拟开放的网上中介市场，上网的旅游者可以直接发布需求信息，旅游企业查询后双方通过交流自愿达成交易。

旅游 C to B 电子商务主要有两种形式：第一种形式是反向拍卖，是竞价拍卖的反向过程，即由旅游者提供一个价格范围，求购某一旅游服务产品，由旅游企业出价，出价可以是公开的或是隐蔽的，旅游者将选择认为质价合适的旅游产品成交。这种形式对于旅游企业来说吸引力不是很大，因为单个旅游者预订量较小。第二种形式是网上成团，即旅游者提出自己设计的旅游线路并在网上发布，吸引其他相同兴趣的旅游者。通过网络信息平台，愿意按同一条线路出行的旅游者汇聚到一定数量时，他们再请旅行社安排行程，或直接预定饭店客房等旅游产品，可增加与旅游企业议价和得到优惠的能力。

旅游 C to B 电子商务利用了信息技术带来的信息沟通面广和成本低廉的特点，特别是网上成团的运作模式，使传统条件下难以兼得的个性旅游需求满足与规模化组团降低成本有了很好的结合点。旅游 C to B 电子商务是一种需求方主导型的交易模式，它体现了旅游者在市场交易中的主体地位，对帮助旅游企业更加准确和及时地了解客户的需求并对实现旅游业向产品丰富和个性满足的方向发展起到了促进作用。

2. 旅游电子商务按信息终端的类型划分

旅游电子商务的网络信息系统中必须具备一些有交互功能的信息终端，使信息资源表现出来被人们利用，同时接受用户向电子商务体系反馈的信息。按信息终端形式划分的旅游电子商务包括网站电子商务（W-Commerce）、语音电子商务（V-Commerce）、移动电子商务（Mobile-Commerce）和多媒体电子商务（Multimedia-Commerce）。

① 网站电子商务。用户通过与网络相连的个人电脑访问网站实现电子商务是目前最通用的一种形式。互联网是一个全球性媒体，它是宣传旅行和旅游产品的一个理想媒介，集合了宣传册的鲜艳色彩、多媒体技术的动态效果、实时更新的信息效率和检索查询的交互功能。它的平均成本和边际成本极为低廉，一个网站，无论是 10 000 人还是

1 000人访问，其制作和维护的成本都是一样的。目的地营销组织在运用其他手段进行营销时，预算会随着地理覆盖范围的增加而增加，而互联网与地理因素毫无关系，在全球宣传、销售的成本与在本地销售的成本并无差别。互联网用户以年轻、高收入人群居多，是有潜力的旅游市场。

我国旅游网站的建设最早可以追溯到1996年。经过几年的摸索和积累，国内已经有相当一批具有一定资讯服务实力的旅游网站，这些网站可以提供比较全面的、涉及旅游中食、住、行、游、购、娱等方面的网上资讯服务。按照不同的侧重点可以分为以下六种类型：

第一种是由旅游产品（服务）的直接供应商所建，如北京昆仑饭店、上海青年会宾馆、上海龙柏饭店等所建的网站就属于此类型。

第二种是由旅游中介服务提供商，又叫做在线预订服务代理商所建，大致又可分为两类，一类由传统的旅行社所建，如云南丽江南方之旅（www. lijiansouth. com）、休闲中华（www. leisurechina. com）分别由丽江南方旅行社有限责任公司和广东省口岸旅行社推出；另一类是综合性旅游网站，如中国旅游资讯网（www. chinaholiday. com）、上海携程旅行（www. ctrip. com）等，它们一般有风险投资背景，将以其良好的个性服务和强大的交互功能抢占网上旅游市场份额。

第三种是地方性旅游网站，如金陵旅游专线（www. jltourism. com）、广西华光旅游网（www. gxbcts. com）等，它们以本地风光或本地旅游商务为主要内容。

第四种是政府背景类网站，如航空信息中心下属的以机票预订为主要服务内容的信天游网站（www. travelsky. com），它依托于GDS（Global Distribution System）。

第五种是旅游信息网站。它们为消费者提供大量丰富的、专业性旅游信息资源，有时也提供少量的旅游预订中介服务，如中华旅游报价（www. china - traveller. com）、网上旅游（www. travelcn. com）等。

第六种是几乎所有的网站都不同程度地涉及了旅游内容，如新浪网生活空间的旅游频道、搜狐和网易的旅游栏目、中华网的旅游网站等，显示了网上旅游的巨大生命力和市场空间。

从服务功能看，旅游网站的服务功能可以概括为以下三类：第一类是旅游信息的汇集、传播、检索和导航。这些信息内容一般都涉及景点、饭店、交通旅游线路等方面的介绍和旅游常识、旅游注意事项、旅游新闻、货币兑换、旅游目的地天气、环境、人文等信息以及旅游观感等。第二类是旅游产品（服务）的在线销售。网站提供旅游及其相关的产品（服务）的各种优惠、折扣及航空、饭店、游船、汽车租赁服务的检索和预定等。第三类是个性化定制服务，包括从网上订车票、预订酒店、查阅电子地图到完全依靠网站的指导在陌生的环境中观光、购物。这种以自订行程、自助价格为主要特征的网络旅游在不久的将来会成为国人旅游的主导方式。因此，能否提供个性化定制服务已成为旅游网站，特别是在线预定服务网站必备的功能。

② 语音电子商务。所谓的语音电子商务是指人们可以利用声音识别和语音合成软件，通过任何固定或移动电话来获取信息和进行交易。这种方式速度快，而且还能使电话用户享受互联网的低廉费用服务。对于旅游企业或服务网站而言，语音电子商务将使

电话中心实现自动化，不仅降低了成本，还改善了客户服务。

语音商务的一种模式是由企业建立单一的应用程序和数据库，用以作为现有的交互式语音应答系统的延伸，这种应用程序和数据库可以通过网站传送至浏览器，再转送到采用无线应用协议（WAP）的小屏幕装置，也可以利用声音识别及合成技术由语音来转送。语音商务的另一种模式是利用 VoiceXML 进行网上冲浪。VoiceXML 是一种新的把网页转变成语音的技术协议，该协议目前正由美国电话电报、IBM、朗讯和摩托罗拉等公司进行构思。专家断言："虽然语音技术尚未完全准备好，但它将是下一次革命的内容。"

③ 移动电子商务。所谓的移动电子商务是指利用移动通信网和互联网的有机结合来进行的一种电子商务活动。网站电子商务以个人电脑为主要界面，是"有线的电子商务"；而移动电子商务则是通过手机、PDA（个人数字助理）这些可以装在口袋里的终端来完成商务活动的，其功能将集金融交易、安全服务、购物、招投标、拍卖、娱乐和信息等多种服务功能于一体。随着移动通信、数据通信和互联网技术的发展，三者的融合也越来越紧密。虽然目前移动数据业务仅占整个无线业务量的一小部分，但有许多业内人士认为，到 2005 年它将达到 70%。2003 年全球移动电话用户已经超过 10 亿，其中 60% 的客户有能力使用无线互联网服务。

旅游者是流动的，移动电子商务在旅游业中将会有广泛的应用。诺基亚公司已开发出一种基于"位置"的服务，即事先将个人的数据输入移动电话或是移动个人助理，那么当我位于某一个点上的时候它会告诉我，附近哪里有电影院，哪里有我喜欢的书，哪里有我喜欢吃的菜，我会知道去机场会不会晚点，如果已经晚了，那么下一班是几点，它不会把巴黎的时刻表，而是只把北京的时刻表给我。这些完全是由移动性带来的，固定互联网服务不是这样的。

④ 多媒体电子商务。多媒体电子商务一般由网络中心、呼叫处理中心、营运中心和多媒体终端组成，它将遍布全城的多媒体终端通过高速数据通道与网络信息中心和呼叫处理中心相接，通过具备声音、图象、文字功能的电子触摸屏计算机、票据打印机、POS 机、电话机以及网络通信模块等，向范围广泛的用户群提供动态、24 小时不间断的多种商业和公众信息，可以通过 POS 机实现基于现有金融网络的电子交易，可以提供交易后的票据打印工作，还可以连接自动售货机、大型广告显示屏等。

为旅游服务的多媒体电子商务，一般在火车站、飞机场、饭店大厅、大型商场（购物中心）重要的景区景点、旅游咨询中心等场所配置多媒体触摸屏电脑系统，根据不同场合咨询对象的需求来组织和定制应用系统。它以多媒体的信息方式，通过采用图象与声音等简单而人性化的界面，生动地向旅游者提供范围广泛的旅游公共信息和商业信息，包括城市旅游景区介绍、旅游设施和服务查询、电子地图、交通查询、天气预报等。有些多媒体电子商务终端还具有出售机票、车票、门票的功能，旅游者可通过信用卡、储值卡、IC 卡、借记卡等进行支付，并得到打印输出的票据。

（四）旅游电子商务体系

1. 旅游电子商务体系的概念

在任何社会，任何行业的商务活动不仅仅是市场内部的主体间平等互利的商务关系问题，还涉及如何保证商务活动能够顺利进行的诸多方面。同样，由信息技术推动而形成的旅游电子商务不仅仅是旅游机构如何利用信息技术提高业务效率和降低商务活动成本的问题，还涉及为保证旅游电子商务顺利进行所需的设施和技术支持以及配套完善的市场环境和管理手段。

各类旅游企业、旅游营销机构和旅游者都可成为旅游电子商务的参与者。市场活动有两个有机组成部分，一是进行信息沟通，二是进行市场交易。旅游电子商务的信息沟通是通过数字化的信息沟通渠道实现的，而首要条件是参与各方必须拥有相应的信息技术工具，能够接入网络信息系统，通过旅游电子商务实现交易，交易双方在空间上是分离的。为保证交易的顺利进行，必须提供相应的支付结算手段和物流配送手段（虽然后者在旅游业中需求很少）。物流配送可依赖传统物流渠道，支付结算既可以利用传统手段，也可以利用先进的网上支付手段。此外，为保证旅游企业、旅游机构和旅游者能够利用数字化的沟通渠道，需要有专业技术服务提供者，即电子商务服务商的参与。

一个完整的旅游电子商务体系是在网络信息系统的基础上由旅游机构（旅游目的地营销机构和旅游企业）、使用互联网的旅游者或潜在旅游者、旅游信息化组织、电子商务服务商和提供物流和支付服务的机构共同组成的信息化旅游市场运作系统，并受到一些外部环境的影响，包括旅游产业经济环境、技术环境、社会环境和法律法规环境等。

2. 旅游电子商务体系的组成要素

旅游电子商务体系是一个复杂的系统，由多个要素组成。这些要素包括：作为基础框架的网络信息系统；提供技术支持的电子商务服务商；作为参与主体的旅游目的地营销机构、旅游企业和旅游者；起到推进、保障、规范作用的旅游信息化组织，以及电子支付体系、物流配送服务等其他支持要素。下面分别对它们进行介绍。

① 网络信息系统。网络信息系统是旅游电子商务体系结构的基础，它的主要作用是提供一个通畅、安全、可控的信息交换平台。旅游电子商务中涉及的信息流、资金流、业务流都和网络信息系统紧密相关。网络信息系统由旅游机构和电子商务服务商在计算机网络基础上开发设计，它可以成为旅游企业、机构及旅游者之间跨越时空进行信息交换的平台。在信息系统的安全和控制措施的保证下，旅游机构可在网站上发布信息，旅游者可搜寻和查看信息。交易双方能便捷地交流，通过网络支付系统还可进行网上支付。旅游预订和交易信息可指示旅游企业组织旅游接待服务，最后保证旅游业务的顺利实现。

旅游电子商务所依托的网络信息系统可分为增值网（Value Added Network，简称VAN）、互联网（Internet）和内联网（Intranet）三种。

② 电子商务服务商。电子商务服务商为旅游企业、旅游机构和旅游者在网络信息系统上进行商务活动提供技术支持。根据其服务内容和层次的不同，可以将电子商务服务商分为两大类：一类是系统支持服务商，为旅游电子商务系统提供系统支持服务，提供技术和物质基础；另一类是专业的旅游行业电子商务平台运营商，它建设、运营旅游电子商务平台，为旅游企业、机构及旅游者之间提供沟通渠道、交易平台和相关服务。

系统支持服务商根据技术和应用层次的不同可分为三类：第一类是接入服务商

(Internet Access provider，IAP)，它主要提供互联网通信和线路租借服务，如中国电信、中国联通。第二类是互联网服务提供商（Internet Service provider，ISP)，它主要为旅游企业建立电子商务系统提供全面支持。一般旅游机构和旅游者上网时只能通过互联网服务提供商接入互联网，由互联网服务提供商向接入服务商租借线路。第三类是应用服务提供商（Application service provider，ASP），它主要为旅游企业和旅游营销机构建设电子商务系统时提供系统解决方案。这些服务一般都是由专业的信息技术公司提供的，如IBM、HP 、浪潮、联想等公司都曾为一些大型旅游企业提供过电子商务解决方案。有的 IT 企业不仅提供电子商务系统解决方案，还为企业提供电子商务系统租借服务，企业只需租赁使用，无须创建自己的电子商务系统。

专业的电子商务平台运营商不直接参与网上旅游的电子商务活动，而是起着中间商的作用，一方面，它为旅游电子商务活动的实现提供信息系统支持和配套的资源管理服务，是旅游企业、旅游营销机构和旅游者之间信息沟通 技术的基础；另一方面，它还为网上旅游交易提供商务平台，是旅游市场主体间进行交易的商务活动基础。

专业的旅游电子商务平台运营商的特点是规模大、知明度高、访问量大、有巨大的用户群。它收集并整理旅游市场信息，提供虚拟的交易场所，为参与旅游商务活动的各个方面提供信息通达的市场环境，降低交易成本，提高商务活动效率。

③ 旅游电子商务的参与主体。现代旅游电子商务活动的主要参与者包括旅游目的地营销机构、旅游企业和旅游者。在信息技术飞速发展的今天，电子商务能为旅游目的地营销机构、旅游企业和旅游者的各种商务活动提供支持，下面分别对它们各自的电子商务应用方式进行分析。

旅游目的地营销机构（Destination Marketing Organization，DMO）是一种专门负责目的地旅游促销事务的组织。这些组织一般都是依法成立的法定机构或非盈利组织，公私合营较为普遍，如加拿大旅游委员会、日本国家旅游组织、西班牙旅游促进会等。对于另一些国家和地区，目的地营销职能与政策、管理等职能并列，由政府旅游管理部门统一承担。这时候，政府旅游行政管理机构中的市场开发部门就相当于旅游目的地营销机构。旅游目的地营销机构是信息网络和旅游电子商务技术的重要应用者。发达国家的旅游目的地营销机构不断紧跟信息技术发展的步伐。20 世纪 70 年代，部分旅游目的地营销机构已率先应用信息技术；20 世纪 80 年代，信息技术主要被目的地营销机构应用于处理复杂的旅游产品数据、制作出版物等方面；20 世纪 90 年代，旅游目的地营销机构开始应用更复杂的硬件设施和软件系统，特别是 20 世纪 90 年代中期以来，多功能的旅游目的地信息系统和旅游目的地营销系统已在越来越多的国家和地区被采用。当前，旅游目的地信息系统和旅游目的地营销系统是旅游电子商务体系的重要组成部分。

旅游企业是旅游市场的主体，由于旅游产品本身的特点和网络信息手段商业应用的倍速增长趋势，电子商务为旅游企业提供了非常有吸引力的全新市场空间。因此，旅游企业开展电子商务必须进行系统规划，建设好自己的电子商务系统。一个完备的旅游企业电子商务系统，由企业内联网络系统、基于互联网的旅游企业管理信息系统和电子商务站点以及其他部分有机组成。其中，企业内联网络系统是沟通企业内部信息传输的媒介，企业管理信息系统是信息加工、处理的工具，电子商务站点是企业拓展网上市场的窗口。

旅游消费者是旅游电子商务的最终服务对象。信息手段在旅游电子商务中的运用为旅游者提供了更充分的信息服务并让旅游者享受查询、预订、咨询及服务等多方面的便利，节省时间和费用。它也使旅游者从过去信息比较封闭和稀缺的状态进入信息完备而丰富的状态，可以了解更多的旅游景区景点和旅游产品，增加了选择性，激发了消费愿望。

旅游电子商务系统能为旅游者提供覆盖旅游全过程各个阶段的多种服务。在旅游出行之前，游客可以首先查询旅游电子商务网站提供的旅游目的地信息、与旅游相关的公共信息（包括天气、航班、列车、公交、其他交通信息、汇率等）、旅游企业信息（如餐厅、酒店、旅行社等）、旅游产品信息；旅游者可通过电子邮件、聊天室、留言板等与旅游企业进行交流，进行旅游咨询；另外，旅游者还可通过电子商务平台预订旅游产品，得到确认后再进行网上支付。在旅行中，游客通过旅游电子商务平台可了解目的地的各种情况，并查询旅游服务设施，还能够及时做下一站的行程安排。对旅行归来的游客，旅游电子商务网站提供了信息交流和反馈的渠道，游客可通过电子商务网站进行投诉、提出建议、填写调查问卷等。旅游企业可将过去接待的旅游者信息纳入到客户关系数据库中，定期向其传递符合其偏好的旅游促销信息。

④ 旅游信息化组织。旅游业的运行涉及到旅游目的地营销机构、旅行社、航空公司、酒店、主题公园、景点、汽车租赁、火车、游轮公司、文娱场所、旅游购物中心、展览业等各种旅游、文化、信息传播机构等多种机构和环节。这些机构分布在不同的地域，规模大小不一，对信息化的认识和应用程度不同。旅游电子商务在行业内的普及需要有专业的广泛服务于行业的引导者、服务者、推动者、规范者，这些工作通常由旅游信息化组织来完成。

旅游信息化组织一方面推动旅游营销机构和旅游企业更好地在旅游电子商务体系中定位自己，保证他们能从先进的、新的通信技术中获益；另一方面还承担着推进旅游电子商务标准化以及制订旅游电子商务政策法规的职能。

当今国际上主要的旅游信息化组织是国际旅游信息标准化组织开放旅游联盟（Open Travel Alliance，OTA）。它是一个自筹资金进行运营的非营利组织，其发展目标是致力于帮助旅游行业更好地利用互联网。开放旅游联盟联合了主要的航空公司、旅游饭店、旅游租车公司、娱乐服务企业、旅行社、全球分销系统、电子商务技术提供商和其他相关机构，共同制订并推广适用于全行业的开放的旅游电子商务标准。

在我国，政府性的旅游业信息化机构，如国家旅游局和地方旅游局的信息中心负责旅游业信息化的规划、管理、组织和事业发展，它们在全行业贯彻落实中央关于信息化工作的方针政策，推进旅游业的信息化工作，推进旅游业务处理的电子化、数字化，促进旅游业电子政务和电子商务的发展。

⑤ 支付结算与物流配送体系。支付结算与物流配送体系的稳步推进是旅游电子商务得以顺利实现的重要支持。

支付结算是旅游网上交易完整实现的很重要的一环，关系到对购买方的信用、能否按时支付、旅游产品的销售方能否按时回收资金并促进企业经营良性循环的问题。对于一个完整的网上交易，它的支付应该是在网上进行的，但由于目前电子商务支付环境和社会认同程度的原因，网上交易还处于初级阶段，许多旅游企业和旅游者还没有接受网上支付这种方式。支付结算是脱离网络进行的，旅游者事先预订了旅游产品，再与旅游企业面对面支付费用。旅游企业之间的支付则采取月结和银行划账的方式。

资料显示，我国旅游行业每年都要承担近 20 亿美元的拖欠款，其中很重要的原因便是由于支付手段的落后而形成种种漏洞造成的。建设一套由国内及国际银行支持和参与的网上结算系统，正是根除这一痼疾的一种有效手段。

与其他行业不同，旅游电子商务对物流配送的需求相对较少。旅游产品具有异地购买、当地消费的特点，一个旅行社推广旅游线路，无论消费者身在何处，都需要亲临当地进行消费；消费者预定酒店时，可以在地球的另一端，但是只有亲自住入酒店才能完成这次消费。旅游产品的这种消费特点能够有效地避免电子商务实施过程中商品远距离运送的问题，而只需要解决一些交通票据的近距离递送。

对于开展旅游电子商务的企业而言，有两种途径管理和控制物流：一种是利用自己的力量建立自己的物流系统，例如，上海春秋国际旅行社作为开展电子商务时间较早的企业，早已在物流配送上形成一支庞大的服务队伍，它在上海的各区县均有营业部，在上海市 200 公里内都能提供上门送票服务，另一种方式是通过选择合作伙伴利用专业的第三方物流公司提供票据递送服务。比如在美国，旅游电子商务网站递送机票最主要的合作伙伴是美国联邦快递和 UPS。

三、旅行社电子商务

（一）旅行社电子商务

旅行社电子商务是指一整套的、基于互联网技术的、有着规范的业务流程的在线旅游中介服务，是指专业从事旅行中介服务的企业组织建立并实施一整套基于规范业务流程的、以先进的计算机技术、互联网技术及通信技术为基础的在线旅行服务模式体系。

这种服务模式的最大特点是即时的为旅游者服务，在时间上体现出快捷和便利，因此被称为在线旅游服务模式（online travel service，OTS）。旅行社应用电子商务调整企业同消费者、企业同企业、企业内部关系，从而扩大销售，拓展市场，并实现内部电子化管理的全部商业经营过程。

它的五个基本特征是：旅行社电子商务的主体或载体是旅行社或旅行中介服务机构；旅行社电子商务的核心是一系列规范的业务流程；旅行社电子商务的基础是互联网技术和万维网技术的应用；旅行社电子商务的创新竞争力在于在线旅行服务模式（Online Travel Service，OTS），这种服务模式的最大特点是即时的为旅游者服务，在时空上体现出快捷和便利；旅行社电子商务体系是一个人—机结合的系统，涉及企业运作的各个层面（产品设计、市场营销、企业管理、客户管理、资源管理、供应链管理），绝对不只是一个纯粹的机器人计算机系统。所谓的“鼠标 + 水泥”或“传统业务 + 现代手段”只是一种通俗的说法而已。

从类别上看，旅行社电子商务既有 B to B（网站对交通、住宿、景点等企业），也有 B to C（对游客）及 C to C（游客自行组团）等模式。

从应用层次来看，旅行社电子商务可分为两个层次：一是面向市场，以交易活动为中心，并包括促成旅游交易实现的各种商业行为，包括网上发布旅游信息（包含网络旅游新闻媒体）、网上广告宣传、旅游市场调研和实现旅游交易的电子贸易活动，如网上旅游洽谈、售前咨询、网上旅游交易、网上支付、售后服务等。二是利用旅行社业务流程重组和内部网络平台建设而形成经营管理活动来实现旅游企业内部电子商务，包括旅游企业建设内部网络和数据库，利用计算机管理系统实现旅游企业内部管理信息化。可以预见的是，发展到成熟阶段的旅游电子商务，将是旅游企业/机构外部电子商务和内部电子商务的无缝连接将极大地提高旅游业的运作效率。在这一方面，区别于传统意义的、连接内部数据库系统和业务流程的新型呼叫中心和 B to C 网站是极好的运作示范典型。

（二）电子商务对旅行社发展的促进作用

1. 旅行社从单一的咨询服务功能转为多维的信息交流

传统的旅游者只能求助于旅行社所提供的信息对旅游景点进行大致的想象，而旅游电子商务的发展使这个问题得到了很好的解决，旅游商务网站为游客提供越来越多的有关旅游地、旅游交通等方面的信息。旅行社还可根据中间商的地位，主动对买卖双方进行调查研究，逐步形成旅游需求和供给的信息库，有偿向旅游企业进行提供。

2. 推出更能满足个性化需求的旅游产品

越来越多的消费者想要根据自己的特殊兴趣和爱好选择有针对性、有主题、有重点的旅游方式，因人而异的时尚旅游产品的出现势在必行。例如，新之旅国际有限公司开发推出的量体裁衣服务，根据客户要求，结合行程特色，利用新之旅全球 175 个城市的服务网络，为客户度身订做，提供有关签证、机票、酒店、接送、导游等一系列配套服务。虽然人们可以通过网络预订客房和预订交通，但个性化的、整套的一条龙服务却只有旅行社才可以提供。

3. 打破传统的宣传促销方式，网上促销更广泛有效

旅行社传统的宣传手段主要是发宣传单和做电视、报纸广告，本身就具有单一性，如果接受者没有旅游的想法的时候一般都不会在意，但是如果需要旅游时，又不能及时获得信息，这就给广大消费者带来很多的不便，旅游电子商务成为旅行社和旅游消费者之间进行信息沟通的桥梁，消费者随时随地都可以查询到自己想要的资料，方便快捷。

4. 做好旅行社售后服务功能的延伸，以更完善的服务拉住顾客售后服务是赢取回头客的决定性因素

很多旅行者为了保证旅游服务质量一般都会选择常去的旅行社，我国旅行社行业竞争日益激烈，旅行社必须搞好售后服务才能巩固与扩大客源。旅行社可利用计算机管理来建立客户档案，还可利用网络进行售后跟踪服务了解他们的新需求，以便于推出更符合客户需求的旅游产品。

5. 促进旅行社内部运作改革，提高经营运作效率

旅游电子商务还可以提高旅行社内部的业务运作和经营管理水平，旅行社利用互联网进行网上采购和预订，不仅可以节省大量时间、人力和联络费用，而且网上联络频繁，修正容易，而且旅行社还可以建立自己的内部网络。内部网络可使旅行社内部管理

信息畅通，管理透明度加大，而且会使管理水平得到提高。

6. 向复合型企业转变是今后旅行社发展的必然趋势

以前国内是有很多旅游网站，但是大部分的只是简单地介绍旅游景点的信息和一些旅游路线，真正的实现旅游电子商务的网站很少。目前，中国旅游电子商务的发展主要有三个走向，包括门户网站的旅游频道、专业旅游网站和华夏、广之旅等传统旅游企业创办的旅行网站。三股力量各具优势，都有各自的发展空间，但是也有各自的不足，如若集中三种企业的资源优势，经整合互补后会产生更大的竞争力。

（三）中国旅行社行业电子商务现状

现阶段，我国旅行社行业上网有较快增长趋势，但建立电子商务的基本框架还需要各方面大力推动。总体来说，我国旅行社行业电子商务还处于初始阶段。具体的说，现在我国旅行社行业在开展电子商务方面还存在着一些问题，这些问题的解决关系到未来电子商务发展的基础。

1. 互联网利用落后

绝大多数旅行社还没有认识到开展电子商务的作用。少数在研究利用电子商务方面走在前列的旅行社由于受到电子商务宏观环境不成熟的限制，其电子商务的功能也大多停留在初级阶段，即利用国际互联网传输信息、宣传企业，而无法达到真正意义上的网上交易。目前旅行社行业网站的点击率并不高，有许多旅行社将自己的域名挂在某网站域名的后面，效果则更不明显。

2. 对选择的服务供应商不甚了解

好的网络服务供应商在网上有比较好的服务和比较大的影响力，所以旅行社在上网时在选择的服务供应商非常重要。但由于网络服务对大多数人来说还是非常陌生的领域，对服务供应商的服务方式、资信状况和其所提供的服务也缺乏最起码的了解，在上网销售时比较盲目，被一些服务供应商钻了空子，产生网络注册域名权所有权不清、网页信息简单、服务供应商提高所售产品价格等现象，影响了旅行社的网上销售效果和声誉。

3. 国际互联网应用存在地域差距

我国旅行社电子商务地域分布非常不均，北京、上海、广东等地的旅行社上网有优势，而中西部省份，如甘肃、新疆、宁夏、吉林等地则寥寥无几。以陕西地区为例，只有几家大型国际旅行社建立了自己的电子商务网站，而且质量较差、功能简单，仅有西安中旅一家的电子商务网站才具有明显的商业性质。

4. 网上营销的观念还没有被广大旅行社所接受

尽管发展迅速，但互联网毕竟是近些年才在西方兴起，网上促销、网上预定、尤其是网上结算，对我国众多旅行社来说，还没有感受到明显的好处，有许多旅行社对上网促销还存在观望态度，距离实现即时收付的电子商务则相去更远。

5. 效益低、重复建设问题突出

由于互联网络新兴不久，各方面还没有在建设、利用互联网络、开发电子商务上形成有效的分工协作。一方面，网络重叠建设，却很少能形成规模经营，导致宣传力度小、形象不突出；另一方面，各级政府旅游行政部门和各旅行社建立的网站多数内容简单、图像单一，政府信息没有完全发布，旅行社信息不能及时更新或扩充，对浏览者回访缺乏吸引力。同时，现在各方面对国际互联网所利用的程度多满足于信息公布和搜索层面，对网上更多功能的研究、开发较少，对实现供需双方网上信息及时交换、网上交易实现等方面存在非常大的欠缺。

6. 网上交易保密性和网上交易法律关系方面存在欠缺

保密性是纯技术领域的问题，是由于国际联网发展本身的不完善造成的，可以说是全世界互联网使用者都感到棘手的问题，这在很大程度上影响了供需双方是否进行网上交易的决定。另外，电子商务属于新兴的商业活动，因此，在法律法规上还很不健全，容易使不法分子利用互联网危害正常的社会经济秩序。

（四）旅行社电子商务的指导原则

与美国等发达国家相比，中国旅游电子商务有其特殊的国情与商情，在体制、法律、支付、信息化基础、收入水平和文化等方面均存在着相当的差异和不足，这已经为近年来中国旅游电子商务应用与发展的实践所证实。中国的旅游电子商务业者所面对的是一个与美国等发达国家相当不同的应用与发展环境，必须认真分析，重新思考，处理好各种关系，确立适合中国国情、商情的发展旅行社电子商务的指导原则，不能照抄照搬美国等发达国家的做法了事。

鉴于目前中国国情与商情，现阶段旅行社电子商务的应用与发展主要应当遵循以下指导性原则。

1. 确立“商务为本”的思想

中国旅行社电子商务界要确立“商务为本”的思想，以商务为主，以技术为辅，将电子商务技术作为实现业务目标的手段。网络服务商和提供电子商务技术支持的IT厂商在努力推广电子商务技术的同时，要尊重旅行社的商务选择和利益判断，避免过度技术化的倾向，避免追求表面的商务电子化而忽略了商务活动本身的需求；要认真研究旅行社的商务需求，以此确立其技术方案和服务方式。

2. 加速企业信息化建设

旅行社电子商务建设和功能的充分实现离不开旅行社内部的信息化建设。目前，中国企旅行社普遍存在的信息化基础落后的现状与网络和电子商务技术的现代化形成了巨大反差，已经不适应甚至阻碍了中国旅行电子商务的应用与发展，应当从人员（特别是中高层管理人员）培训、技术建设、管理配套等多个方面加速企业信息化基础建设进程。

3. 适应与创新相结合

首先是“适应”，即电子商务技术方案要充分适应我国旅行社目前水平下的商务需求。为此，必须结合旅行社商务需求和技术手段两个方面做好旅行社电子商务总体规划，确定切实可行的商务模式，设计和开发实用、有效的技术解决方案，在现有条件下最大限度地推动旅行社管理水平和经营效益的显著提高。然后是“创新”，即在旅行社经营管理和信息化水平显著提高的情况下着眼未来发展的需求，着眼于进一步提高旅行社的市场竞争力，充分发挥电子商务特点和优势，推出创新的旅行社电子商务体系。

4. 建立以大型旅行社为核心的电子商务体系

大型旅行社具有对上下游供应商和经销商等中小旅行社的巨大吸引力。国内不少著名大型旅行社拥有上百家旅游供应商和旅游经销商，彼此之间以该大型旅行社为核心构成了庞大的供应链体系。因此，以大型旅行社为核心，按照供应链关系建立旅行社电子商务体系并带动中小旅行社电子商务应用与发展是中国旅行社电子商务应用与发展的重要途径。

5. 提倡“大电子商务”观

电子商务不仅是“电子”技术，也不仅是“商务”活动，电子商务更是包括 IT、商务、金融、物流、法律、信用等多个领域的的大系统，包括政府、旅行社、旅游消费者、网络服务商等多个参与者的社会工程，包括旅行社内部电子商务、旅行社间电子商务、旅行社对旅游消费者电子商务、旅游消费者对旅行社电子商务、旅游消费者对旅游消费者电子商务、政府对旅行社电子商务等多种模式的复合体系。因此，无论在旅游电子商务界扮演什么角色，不论身处何种领域，都应眼界广阔、系统思维，发展共生与合作，以开放性的网络精神进入网络和旅游电子商务时代。

（五）中国旅行社行业电子商务系统的建设步骤

旅行社电子商务系统是旅游商务与技术结合的产物，所以在旅行社电子商务应用的全过程中都必须充分兼顾旅游商务和技术这两个方面的因素，以科学、合理的程序展开系统设计、建设和应用工作。如果按阶段划分，旅行社电子商务系统建设大致需要经过旅游商务分析、规划设计、建设变革和整合运行 4 个阶段。

1. 商务分析阶段

这是实现旅行社电子商务应用计划的第一步。这一阶段的工作主要是进行充分的旅游商务分析，主要包括需求分析和市场分析。其中，需求分析包括旅行社自身需求、旅游市场需求以及客户需求等方面，市场分析包括旅游市场环境、客户分析、供求分析和竞争分析等。此外，对于旅行社电子商务系统，还要对旅行社自身状况进行分析，包括对旅行社组织机构、管理、业务流程、资源、未来发展等的分析。

2. 规划设计阶段

在完成上述旅游商务分析的基础上，在掌握电子商务最新技术进展的情况下，充分结合旅游商务和技术两方面因素，提出旅行社电子商务系统的总体规划，明确旅行社电子商务系统的系统角色，构建旅行社电子商务系统的总体格局，确定旅行社电子商务系统的商务模式以及与旅游商务模式密切相关的网上品牌、网上商品、服务支持和营销策略 4 个要素。

旅行社电子商务系统设计工作可以由此展开，从子系统、前台、后台、技术支持、系统流程、人员设置等各个方面全面构架旅行社电子商务系统。此阶段工作完成的好坏将直接关系到后续旅行社电子商务系统建设和将来旅行社电子商务系统运行和应用的成功与否。

3. 建设变革阶段

这个阶段工作分为两条线：一条线是按照旅行社电子商务系统设计全面调整、变革传统的组织、管理和业务流程，以适应旅行社电子商务运作方式的要求。另一条线是按照旅行社电子商务系统设计全面进行计算机软硬件配置、网络平台建设和电子商务系统集成，完成旅行社电子商务系统技术支持体系的建设，从技术上保障旅行社电子商务系统的正常运作。

4. 整合运行阶段

上述建设变革阶段完成后，就可以将经过变革的组织、管理和业务流程与已经建好的电子商务技术平台整合起来，进行旅行社电子商务系统的试运行。再经过必要的调整、改进以后，实现旅行社电子商务应用的工作就可以进入整合运行阶段，从而开始实现旅行社电子商务的应用。

当然，旅行社电子商务系统的建设不是件一旦建成就可以一劳永逸的事情，它需要在系统应用的过程中根据旅游商务和技术两个方面的变化，不断创新、改进、完善，确保和提高旅行社电子商务系统的竞争力。

（六）旅行社行电子商务系统中的技术应用

在旅行社电子商务系统的建设中，计算机与网络技术的正确应用是一个非常重要的环节。因此，在软硬件和网络方案的选择上要多加注意，选择适合本旅行社的技术产品。

1. 选择服务器与客户机

服务器是在网络环境下提供网上客户机共享资源（包括查询、存储、计算等）的设备，具有较高的性能、可靠性高、吞吐能力强、内存容量达、联网功能强、人机界面友好等特点，是网络系统的主设备。选择服务器应着重在安全性、开放性、性价比、可扩展性等几个方面考虑。目前比较流行的服务器品牌有 IBM、DELL、COMPAQ、HP 等。

在计算机系统中，客户机的重要功能是向使用者提供界面，从而能与服务器建立连接，从服务器提取所需的信息。历史上采用过多种客户机，现在多数是选择 PC 机，也有使用 Mac 机的。

2. 选择数据备份方案

网络不仅简化和加快了信息的大规模传递，同时也简化和加快了信息的大规模毁灭，电子商务系统更是如此。因此，在电子商务系统中要有很好的数据备份技术和设备。

3. 选择操作系统

电子商务是在网络中得以实现的，故而要选择适合网络运行的操作系统。目前，能够胜任电子商务服务器要求的网络操作系统主要有 Unix 操作系统及类 Unix 操作系统（比较传统、功能不够强大）、Microsoft 公司的 Windows NT 和 Windows 2000 操作系统（功能全面、技术支持好，但价格昂贵）、Novell 公司的 Netware 操作系统（性价比相对适中）和近来兴起的 Linux 操作系统（价格很低，但技术还不成熟）。

4. 选择数据库系统

对于具有大量信息的网站来说，数据库是存储信息的仓库，数据库的组织结构直接关系到数据操作的速度。数据库的选择在电子商务系统建设中是一件非常重要的工作。选择数据库系统时应考虑易用性、分布性、并发性、数据完整性、可移植性、安全性和容错性等原则。

关系数据库是一种功能完善、运行可靠的数据库系统，大多数商业应用都依赖于这些系统。目前最常用的几种关系数据库是IBM公司的DB2 Universal Database 5.0版本、Sybase公司的Adaptive Server Enterprise 11.5版本、Microsoft公司的SQL Server Enterprise 6.5版本以及Oracle公司的Oracle7 Server Database 7.3版等。

5. 架构网络平台

网络是电子商务的基础，网络平台建设是旅行社电子商务系统建设的重要任务。任何旅行社要想进入电子商务领域，都必须建设其从事电子商务的工作平台——网络化它的内部和外部工作平台。内部网络平台即旅行社内部网，外部网络平台主要是指怎样连接因特网，这两个方面的建设将直接决定旅行社电子商务系统的成功与否。

电子商务系统的网络平台建设的重要工作是确定网络结构，主要需要考虑确定网络结构和选择网络设备（含连接设备）等问题。

6. 选择接入服务商

选择因特网服务提供商时，主要应考虑其出口带宽、接入用户数量、所提供的服务种类、技术支持能力、收费水平等。目前国内较著名的服务提供商有中国网通、中国电信等。

7. 选择网站页面的技术形式

网页是用超文本标记语言（HTML）编写的。超文本标记语言是构成网页的最基本元素，已经成为一种广泛接受的格式，通过使用“标记”在互联网上创建和查看信息。“标记”可以使浏览器显示文本、图片、声音、链接和程序等内容。另外，通过在超文本标记语言中嵌套一些脚本语言，还可以使简单的超文本标记语言页面产生交互功能。

在现阶段，较为流行的动态页面有ASP、JSP和CFML等。

ASP是Active Server Pages的简称，它是一种在Microsoft公司的Web服务器IIS（Internet Information Server）上开发交互网页的新技术。

JSP（Java Server Pages）是由Sun Microsystems公司倡导并由许多公司参与建立的一种动态网页技术标准，它在动态网页的建设中有着其强大而特别的功能。

CFML（ColdFusion Markup Language）是建立交互式站点的一个快速而强大的开发工具。利用CFML，可以用最快的速度将服务器、浏览器和数据库技术集成，建立强大的Web应用程序，而且，它不需要传统的编程语言，用户只需将标注的超文本标记语言与CFML语言结合使用即可。

（七）中国旅行社行业电子商务发展策略

现在，我国许多旅行社已初步建立起了自己的电子商务网站。虽然，在内容和功能上还有待提高和改进，但是，这毕竟是迈出了关键的一步。因此，必需要及时指定出今后的发展策略，为我国旅行社的电子商务网站向更好的方向发展提供指导。

1. 旅行社是发展的主要力量

在应用电子商务方面最终受益者是旅行社，所以旅行社应该在电子商务中发挥主要推动作用，我国旅行社行业要充分认识到旅行社开展电子商务的优势。对旅行社而言，电子商务的最大魅力所在主要体现于提高效率上，具体地说，主要是在信息资源、市场效果、采购成本三个方面。旅行社行业的经营观念要逐步转变，要充分利用电子商务进行经营。

2. 利用网络公司扩大知名度并创立全新品牌形象

网络公司大都具有现成的专门服务器，所提供的信息丰富，在网络上影响力大，但在网上信息浩如烟海的情况下，人们一般都对有影响力的网络公司趋之若鹜，故相对于旅行社自己的网站而言，网络公司的信息更容易被消费者所获取。从这一点看，利用网络公司做宣传和营销渠道，提高对消费者的影响力及树立旅行社在旅游电子商务领域的品牌形象都有着重大的现实意义。

3. 设立全面的旅游预订和销售网络

由于国家旅游预订和销售网络尚不发达，各旅行社要抓住商机，以多种方式建立专门旅游预订和销售网络。在这一方面，国内有一些旅行社已经走在了前面，比较突出的有春秋国旅的预订网络，其不但可以实现预订，还能够利用计算机内部网络传输实现企业的集团化管理。其他如招商国旅、邮电国旅等旅行社的预订系统也相对比较成熟。因此，各旅行社要积极学习和借鉴兄弟旅行社的经验，并结合自身特点和周边环境，开发出适合自己的先进、高效的旅游预订和销售系统。

4. 与商业银行积极配合

在发展电子商务的过程中，银行的参与是关键，可以说，银行是实现网上结算的保障。旅行社建立的网上销售系统最终都要与商业银行的网络相连接，将消费者在旅行社网站上即时支付的费用通过银行网络实现转账。旅行社在与各地旅行商或消费者进行网上销售时，银行在整个交易过程中发挥着信用担保和中介结算等重要作用。另外，大型银行一般都具有四通八达的网络，特别是国际上大银行的网络在世界范围内可以说无孔不入，银行参与旅行社电子商务的同时，其网络也成为一种优势，有利于旅行社的网上宣传与销售。

综上所述，旅行社、网络公司、商业银行等几方面的有机结合将构成旅游电子商务市场的运作模式。在这个运作模式中，以旅行社为基础和主体，以网络公司为条件和架构，以银行为保障和手段。

项目实训

一、名词解释

信息高速公路　银行开账与结算计划　电子客票

二、案例讨论

云游网是云南旅游信息网络有限公司建设并维护的云南省旅游官方网站。是全国第五家进入华夏旅游网的省级旅游单位。该网站由中文简体、中文繁体、英文、法文、德文6个语种组成，针对不同地域国家的目标客户群体而分别量身定做，共同构成面向海内外客户对云南旅游资源及旅游产品进行宣传和促销的大型互联网网站群。

云游网的核心目标在于成为云南旅游门户网站和云南旅游批发商。

云游网按照客户来源将客户划分为国内客户和国外客户，国内用户数量在目前阶段占据着较大的比例。客户的旅游行为按照类型被划分为普通旅游休闲度假、商务旅游、探险旅游三种。目前，休闲度假占了较大比例，同时，商务旅游者也是公司的主要利润来源用户群，目标客户主要定位于休闲度假的个人客户和商务旅游的团体客户。公司的高利润主要得利于成本的降低。

云游网在经营与发展的过程中慢慢形成了自己的竞争优势，主要包括自主开发的多个旅游信息库、较强的软件技术开发能力和创新能力以及注重东南亚和国外市场的开发。

阅读案例后讨论：

信息技术对旅游企业发展的重要意义。

三、项目思考

1. 在去哪儿旅游搜索引擎上选择一个酒店，和携程网的酒店预定价格进行比较并完成酒店预定，分析比较两个网站的酒店频道的设计。

2. 分析比较中青旅和携程的度假产品设计，从而得出传统旅行社向电子商务化转型需要做哪些方面的改变。

3. 比较第三方旅游中介网、旅游搜索引擎、各航空公司的官方网站上的机票预定价格，选三个代表网站进行分析，从中指出优缺点并完成机票的预定方案的设计。

4. 分析美国旅游网站的经营策略是什么？

5. 分析美国旅游网站的建设是如何实现其经营策略的，并对我国类似网站（如：www. chinaholiday. com）提出建议。

项目总结

本项目介绍了信息技术在旅游中的应用，信息化时代带给旅游的冲击和机遇，以及网络时代旅行社的信息化管理。并以电子商务及旅游电子商务概述为引领，重点介绍旅行社电子商务对旅行社业务的促进作用，结合中国旅行社电子商务发展的现状，提出其未来发展的策略。

模块五

旅行社战略管理

项目目标

了解旅行社的战略层次和战略管理分工体系

掌握旅行社宏观环境分析、微观环境分析的主要内容和方法

掌握旅行社管理战略

项目能力

具备分析旅行社宏观环境的能力

案例引入

旅行社上市

2009年11月25日，中国国务院常务会议讨论并原则通过《关于加快发展旅游业的意见》的消息传来，广东业界普遍赞同并纷纷表示，随着国家鼓励社会资本、各种所有制企业公平参与及积极引进外资旅游企业，有利于国内旅行社打造旅游航母。广州地区旅行社行业协会会长、广东国旅董事总经理谷训才27日表示，在《意见》中，第一条即强调“放宽旅游市场准入，鼓励社会资本和各种所有制企业公平参与，推进国有旅游企业改组改制。”这无疑对于旅行社引进资金并通过增强自身实力迎接金融危机带来的挑战是一大利好消息。

2009年10月15日，中国国旅登陆A股，成为登陆上证所的大型蓝筹旅游类上市公司。中国国旅作为一家同时经营免税和旅行社业务的央企，其“旅游+免税”的业务模式在资本市场是独一无二的，而且作为旅游行业和免税行业的龙头，中国国旅的品牌在中国旅游服务类品牌中排名前列，公司免税业务具有十分强大的赢利能力。业界认为，这将进一步促进中国的旅行社积极打造旅游航母的发展蓝图。

任务一　旅行社战略管理概论

一、旅行社战略管理的概念和内涵

旅行社战略管理是指对旅行社战略目标形成、战略对策的制定和战略方案实施的整

个过程进行计划、组织、指挥、协调和控制的活动。

企业发展战略包括企业发展方向、发展目标、组织结构、产品开发、市场开拓、人力资源管理、资金筹措和利用等。

二、旅行社战略管理层次

管理学中将战略管理可分为三种层次，分别是公司层战略、事业层战略、职能层战略。相对于大型公司来说，旅行社大都体量较小，所以旅行社可以将战略层次分为总体战略层、经营单位战略层和职能战略层，三个层级相互配合共同构成旅行社的战略体系。

旅行社总体战略，也被称为公司战略，主要解决公司的使命、方针和总体目标、事业组合等。根据旅行社的目标，选择旅行社可以竞争的经营领域，合理配置旅行社经营所必需的资源，使各项经营业务员互相协调。一般来说，一个旅行社拥有两种或者两种以上的事业单位会运用这种战略，中小规模的旅行社不存在公司战略。

经营单位战略主要解决为完成旅行社的总体目标及本事业部应该如何行动的问题，重点是旅游社的经营目标、旅行社的发展机会和威胁分析、内在条件分析、经营单位战略的重点、战略阶段和主要战略措施。

职能部门战略是职能部门为支持事业层战略而制定的本职能部门的战略，解决的是为配合事业层战略本部门应该采取的措施，一般可分为营销战略、人力资源战略、财务战略、生产线战略等，比如旅行社的细分市场、目标顾客、赢利目标等。

三、旅行社战略管理分工体系

旅行社战略分工体系是指不同类别的旅行社在各个市场区域和旅游产品流通环节中所扮演的角色及其相互之间的关系，国际上分垂直分工体系和水平分工体系。

1. 垂直分工体系

是按照服务流程进行的分工，在时间上先后承接并具有互补关系的职能之间的分工，即从旅游批发经营到零售代理商。

它是在旅行社发展过程中自然形成的，多出现在欧美等旅游发达国家。

欧美国家对于旅行社的分类方法有三分法和二分法两种。

（1）三分法，即旅游经营商、旅游批发商、旅游零售商。

（2）二分法，即旅游批发经营商、旅游零售商。目前，旅游经营商、旅游批发商、旅游批发经营商三个概念已经没有明显的区别。

旅游批发经营商大批量的购买饭店、运输公司、旅游景点、地接旅行社和其他部门的旅游产品，将这些产品组装成自己的旅游产品，然后通过各种零售渠道出售给旅游大众，其利润来自购买旅游供应商产品基础上的加价。

旅游批发商拥有同自己有代理合同的旅行代理商、零售代理机构（中间代理人），但没有自己的零售网点，也不从事地接业务和旅游服务。而旅游经营商有的拥有自己的零售网，或者从事地接待业务，直接为游客提供服务。旅游批发经营商数量较少，但在资金和经营规模上占据绝对优势。

旅游零售商的主体是旅行代理商，它是获得授权代理旅游批发经营商或者旅游产品供应商向公众销售的个人或组织，业务范围包括为潜在旅游者提供旅游咨询、代客预订交通、食宿、游览和娱乐票证、售发旅行票据和证件、陈列散发旅游宣传品、向有关旅游企业反映顾客意见。其收入来自被代理企业支付的佣金。

这类旅游企业数量多，单位人员少，分布广，影响大。

2. 水平分工体系

指在同一操作层次上，针对操作的不同特点进行的分工，如将旅游市场分为入境旅游市场、出境旅游市场、境内旅游市场，旅行社只能够在某些市场中经营。

它是在政府的干预下以法律的形式确定下来的，多出现在后起的旅游发展中国家和地区，如中国、韩国和中国的台湾省等亚洲国家和地区大都采用这种分工体系。

3. 混合分工体系

即既有批发、零售旅游产品的垂直分工，也有按照旅游市场划分的海外旅游、国内旅游的水平分工，二者相互交叉。

日本从 1996 年 4 月 1 日起实施新的《旅行业法》，按照是否从事主催旅游（包价）业务的标准调整旅行业的分类，并保留传统的分工体系。

（1）第一种旅行业，实施海外（国际旅游、出国旅游）和国内主催旅行业务。

（2）第二种旅行业，实施国内主催旅行业务，只有少数可接待海外客人。（这两种属于水平分工体系）

（3）第三种旅行业，即旅游代理商，只代理前两类旅行社业务，专门从事零售。（与前两种旅行业形成垂直分工体系）

表 5－1 旅行社分工体系

	水平分工体系	垂直分工体系
典型代表国家	中国、韩国等亚洲国家	欧美等西方旅游业发达国家
划分方法	我国：国内社、国际社 韩国：一般旅行社、海外旅行社、国内旅行社	二分法：旅游批发经营商、旅游零售商 三分法：旅游经营商、旅游批发商、旅游零售商
形成的主要原因及特点	行政主导 （政府约束形成） 以人为市场分割，产品雷同、同质化问题严重，行业间业务交叉覆盖、竞争秩序混乱，难以形成规模经济，加剧恶性竞争	市场主导 （市场机制形成） 以产品的生产消费流程为市场分割，划分层次分明，行业分工明确，有利于实现规模经济

统计数据显示，2008 年我国旅行社共有 20 110 家，比上年末增加 1 167 家，其中国际旅行社 1 970 家，比上年末增加 173 家；国内旅行社 18 140 家，比上年末增加 994 家。判断一个产业是否成熟，要看这个产业内是否有 2～3 家市场占有率超过 10% 的领袖企业。在水平分工体系下，几乎没有产生这样的企业，而垂直分工体系就提供了这种

可能。全国10 000多家旅行社在同一层面进行低效率竞争，全行业的净利润多年来维持在2% ~3%之间，上升空间极为有限，个别旅行社如中青旅，利用上市优势全面开拓高科技、房地产、国债买卖等利润增长区域，但净利润率最多也只在6%左右。大型旅行社没有实现规模经济，规模优势的不到发挥；中小旅行社缺乏明确的市场定位，发展可谓举步维艰，具体表现为接待量有限、利润有限。

我国必须构建有中国特色的垂直分工体系，具体而言，国内旅行社将演变为三个层次：有10家左右的旅行社将成为大型批发商，还有一批小一点的批发商形成第一层次；另外有一部分专业旅行社及专业领域的批发商为第二层级；剩下的大约80%以上的旅行社都是零售商，构成第三层次。具体的调整方向是通过对现有旅行社的改造、分化、组合等方式实现大型旅行社集团化、中型旅行社专业化和小型旅行社通过代理制实现网络化的目标模式。

四、旅行社战略管理的特征

1. 全局性

旅行社经营战略是以旅行社经营活动的全局为研究对象，根据企业总体发展的需要制定的。它所规定的是旅行社的总体发展行动以及总体发展效果，是指导整个企业一切经营活动的总策划。从这个意义上讲，旅行社经营战略不是对企业经营活动或外界经营环境的短期波动作出的反映，也不是对旅行社经营活动中某些局部出现的问题和变化所提出的对策，而是从旅行社经营的全局出发，使旅行社的经营战略与国家的经济、技术和社会发展战略相协调，并与国家发展的总目标相适应。

2. 未来性

旅行社经营战略的着眼点不是企业当前的经营问题，而是企业经营发展的未来。企业经营战略既是旅行社谋求长远发展的反映，又是对未来较长时期内企业生存与发展的策划。因此，旅行社经营战略的制定要着眼于企业未来的生存和发展，要研究企业经营的方向性和结构性问题，要研究规划的重点问题，从这个意义上讲，旅行社经营战略的制定要建立在详实的调查研究和科学的综合分析的基础之上。

3. 目标性

旅行社经营战略是与战略目标相联系的。旅行社经营战略的目标是旅行社在一定时期内要取得的预期成果。目标性要求经营战略规定一定的项目内容，并且具有量化的时限、质量和效益。经营战略的目标性主要体现在综合性、时效性、层次性和阶段性上。

4. 竞争性

旅行社经营战略的目的是要抵御经营对手的竞争，并在激烈的旅游市场竞争中壮大自己的实力，使本企业在与竞争对手进行市场与资源的争夺中占有相对优势。从这个意义上讲，旅行社经营战略就是针对来自外部环境、市场结构和竞争者等各个方面的挑战而制定的长期行动方案。同时，科学的企业经营战略也是在激烈的竞争环境和严峻的挑战中形成与发展起来的。

五、旅行社战略管理原则

1. 综合性原则

旅行社战略计划涉及企业内各部门和外部各方面，是一个总体性的计划，具有综合性的特点。在计划制定与实施过程中，都要牢固把握这一基本方针，时时注意各部门、各环节之间的协调与配合，形成向企业战略目标前进的合力。

2. 灵活性原则

现代社会是一个充满了变革的社会，科学技术的发展、市场需求的改变、竞争条件的变化，甚至很多突发事件都会对旅行社的战略计划产生影响。虽然在制定战略计划时我们要尽量预见到未来发展趋势，但人的智慧终究有限，面对众多的不确定性，再高明的管理者也无法估计到一切变化了的因素。为了使战略计划具体有长期指导意义，必须在制定战略计划时就遵循灵活性原则，并预留出一定的调整空间。

3. 前瞻性原则

战略管理计划是对未来发展的一种指导与规划。由于其是相当一段时间内企业发展的根本性计划，就应该对未来进行合理预测，对企业发展具有真正的指导意义。

4. 长期性原则

战略计划规定的是较长期的发展计划，它的实现绝不是一蹴而就的，而需要旅行社全体员工长期的努力。战略管理的结果也不会像日常管理一样当年见效，而是要长期才能显效。在这一过程中，由于时间较长，很多旅行社的领导人可能发生变化，战略制定者与战略实施者不是同样的一批人，因此，战略实施需要一批批企业管理者持续的努力。

任务二　旅行社战略管理环境分析

一、旅行社市场营销环境

旅游社市场营销环境可以从不同的角度定义，通常人们把旅游企业的外部环境和内部经营有关的环境因素当作旅游企业的市场营销环境。但是从旅游企业经营者的角度看，旅游市场营销的成功取决于两方面的因素，其一是旅游企业的营销组合，其二是企业的营销环境。由此可以认为旅游市场营销环境是包括旅游企业外部与市场经营有关的环境因素和内部营销因素的总和。

二、旅行社市场营销宏观环境分析

外层是外部环境，也称为旅游市场营销宏观环境。宏观环境由对微观环境产生重要影响的 6 大社会力量，包括政治法律因素、社会文化因素、经济因素、人口因素、地理因素、技术环境。

1. 政治法律因素

旅游消费的需求弹性系数较大，它不仅对价格敏感，而且对政策法规也十分敏感。

一个国家的政府总是要运用自己的法律行政手段干预社会经济生活，因而政府的法令条例，特别是有关旅游业的经济立法对旅游市场需求的形成和实现具有不可忽视的调节作用。而这些法律或规定都是在企业的控制范围之外，其调整变化将对旅游企业营销活动产生很大影响。

旅游活动的两大客观基础是可支配收入和闲暇时间。居民的收入水平不仅与经济发展有关，还与国家采取何种分配制度有关，而闲暇时间的多少也与政治法规有一定关系，比如假日立法使发达国家居民有了两周的带薪假日，居民由此才能对远距离旅游目的地形成现实的需求。因此，接待国就可根据这一法规调整自己的营销策略，以适应市场的变化。如1994年西安市举办长安书法年会，定于8月22日开幕，这样既考虑了作为年会的主要客源国的日本往往在8月中下旬有带薪假日，又考虑了西安与名古屋航班的时刻表。再如，自从我国开始实行每周五天工作制以来，居民大量地参与到当地旅游当中，如到市郊的风景游览点一日游或两日游。

立法条款对旅游娱乐的消费需求会产生重大影响，比如某些地区关于喝酒者年龄限制的规定就会对餐饮业有较大的影响；交通运输条款的规定也会对旅游需求产生影响，我国铁路客运票价、航空票价对旅游的影响显而易见；旅游娱乐消费税和扣除额的变化对旅游者的消费行为将产生更大的影响，从而也影响到旅游企业的营销活动。

2. 社会文化因素

社会文化因素是指一个国家或地区的民族特征、文化传统、价值观、宗教信仰、教育水平、社会结构、风俗习惯等情况。文化对个人必然有其暗示、提醒、制约的力量及潜移默化的作用，它影响和支配着人们的生活方式、主导需求、消费结构和方式及人们对旅游的观念态度等。因此，旅游营销活动必须要适应文化的特点。

为了成功地吸引某国家或地区的旅游者，了解当地的文化十分重要。营销活动能否适应当地文化决定着市场经营的成败。

在进行旅游营销时，必须对文化因素进行彻底的了解分析，对不同文化采取适当差别的营销方式才能达到营销的目的，营销人员必须具有不同文化的相关知识才能更好地进行营销活动。

在旅游营销过程中，在分析宏观文化因素时应考虑以下几点：

（1）确定文化中相关的动机。例如，与美国人的度假旅游动机相比，德国人对地位更感兴趣。

（2）确定哪种文化价值观与旅游相关，人们是否将旅游、娱乐视为积极有益的活动。如在英国，人们把每年的休假看得十分重要，往往一整年都为这次度假做准备。

（3）确定不同文化中决策的特殊形式。谁作出旅游的决定？何时决定？决策时的信息来源和衡量标准是什么？如在日本和德国，度假决策往往是由男性作出的。在对科罗拉多旅游感兴趣的旅游者的调查中显示，日本人平均提前1周计划旅行，英国人提前25周，而德国人则在31周前就开始制定旅游计划了。

（4）评估适合某种文化的营销方法。什么样的营销技巧、措辞和图片对这种文化中的人是可以接受的或不能接受的？例如，在英国，幽默的广告双关语往往能吸引他们；而在美国，广告为了引起注意就需要使用较为直截了当的语言。

(5) 确定旅游产品在旅游消费者心目中合适的销售机构。人们是趋向于直接向供给者购买还是利用零售旅行社购买？还有其他什么可让消费者接受的产品分销方法？如德国人比欧洲其他国家的人更倾向于使用零售旅行社。

3. 经济因素

从宏观上分析经济环境时，要着重分析以下主要经济因素。

(1) 国民生产总值（GNP）。国民生产总值是反映国民经济发展的综合指标。人均国民生产总值更能反映出一个国家人民的富裕程度。有研究指出，一般来说，人均国民生产总值到 300 美元就会兴起国内旅游，而人均国民生产总值达到 1 000 美元就会有出境旅游的需求，特别是人均国民生产总值为 1 500 美元以上的，旅游增长速度更为迅速。美国就因其较高的人均国民生产总值成为世界上最大的旅游客源国之一，1990 年美国出国旅游者高达 4 000 万人次。日本人均国民生产总值也在 3 万美元以上，成为亚洲最大的旅游客源国之一，1990 年日本出国旅游者达 1 100 万人次。

(2) 个人收入。经济条件是人们进行旅游活动的必要条件之一。个人收入，尤其是个人可自由支配的收入更是决定旅游消费者购买力和支出的决定性因素。据统计，在经济发达国家中，每个国民的旅游费支出约占个人收入的 4% ~6%。因此，个人收入是衡量当地市场容量、反映购买力高低的重要尺度。一般来说，高收入的旅游者往往比低收入的旅游者在旅游过程中平均逗留时间长、平均花费高。旅游者在旅游中选择参加的活动类型、购买的旅游产品也因收入不同而有很大的差别。

(3) 外贸收支状况。国际间贸易是各国争取外汇的主要途径，而外汇的获得又决定了一国的国际收支状况。当一国外贸收支出现逆差时，不但会造成本国货币贬值，使出国旅游价格变得昂贵，而且旅游客源国政府还会采取以鼓励国内旅游来替代国际旅游的紧缩政策。如美国 1985 年外贸赤字达 1 000 多亿美元，财政赤字达 2 000 多亿美元，美国参议院批准了自 1986 年起购买国际机票征税的议案。相反，当外贸收支大幅度顺差，造成本国货币升值，出国旅游价格就降低，而且旅游客源国还会放松甚至鼓励国民出国旅游并购买外国商品。如 1987 年 6 月，日本发表了今后五年海外旅行倍增计划，以减少贸易顺差。计划内容是从 1988 年起，促使日本海外旅行人数每年增长 13 % 左右，并在机票减免、与国外观光部门交流和获取信息等方面为旅游者提供方便。

4. 地理因素

地理因素既直接影响市场营销，又间接影响国家的社会与文化，所以市场开发不能忽视地理因素。从地理学的角度而言，随着地理距离的增大，客源便逐渐衰减，因为距离增大使旅游费用和时间会逐渐增多，因此旅游客流强度逐渐减弱，导致国内旅游客流大于国际旅游客流，中短程国际旅游客流大于远程国际旅游客流。在相同目标的前提下，舍远求近是一切旅游者选择的共同原则。目前世界许多国家都把近距离的市场作为自己的争夺目标。墨西哥一直以美国为目标市场进行旅游促销，亚洲国家也多在吸引日本、韩国等为目标市场。欧洲国际旅游接待人数一直占世界国际旅游总人数的 70% 左右，而欧洲各国之间的国际旅游人数则占欧洲接待国际旅游总数的 80 % 以上。

5. 技术环境

“技术”是指人们所有行事方法的总和，它直接影响到旅游企业的产品开发、设计、销售和管理技术，决定了企业在旅游市场上的竞争地位。技术对人们影响是巨大的，先进的室内娱乐系统如个人电脑、租赁电影等逐渐成了外出娱乐和旅游的替代品，这对旅行社在旅游产品的选择和线路设计上有很大的影响，比如闻名遐迩的迪斯尼乐园就是集光、声、电等多种发达技术于一体的产物。

三、旅游市场营销微观环境分析

旅游市场营销微观环境由与旅游企业营销活动有关的组织和个人构成，包括购买者、中间商、竞争者、社会公众等，这些组织和个人的行为对旅游企业营销能力的有效发挥可产生直接影响。

1. 购买者对旅游营销活动的影响

旅游者是指旅游产品最终的购买者，包括购买旅游产品的个人或家庭，如观光旅游者、度假旅游者、商务旅游者、会议旅游者、体育旅游者等。旅游者购买旅游产品是为了满足个人或家庭的物质需要和精神需要，并无牟利动机，此类购买者者具有人多面广、需求差异大、多数小型购买、购买频率较高、多属非专家购买、购买流动性较大等特征。

旅游者的购买力和时间都有一定限度，对所消费的旅游产品都需慎重选择，这就造成旅游者对地区、企业以及替代品的选择的流动性较大。旅行社营销人员应该根据企业本身的特点来分析企业所提供的产品和服务最适合于哪一种类型的旅游者、其购买行为以及消费方式。

公司购买者是指各种企业或组织为开展业务而购买旅游产品的购买者，这类旅游者的特点是购买者数量较少，但购买规模较大；公司购买属于派生需求，购买者是为开展业务、扩大生产而购买，其费用是生产性费用；公司购买需求弹性较小；专业人员购买，公司有专门的购销人员，他们是受过训练、有专门知识的专业人员，专门负责采购工作。

2. 旅游中间商对旅游营销活动的影响

旅游中间商是指处在旅游企业与旅游者之间、参与商品流通业务、促使买卖行为发生和实现的集体或个人，包括经销商、代理商、批发商、零售商、交通运输公司、营销服务机构和金融中间商等。这些旅游营销中间商一方面要把有关产品信息告知现实的和潜在的旅游者，另一方面又要使旅游者得以方便地克服空间障碍，到达备有旅游产品的地方去。这类购买者的特点是：购买产品和服务的目的主要是为了转卖，以取得利润；由专家购买。转卖者是由各种旅游批发商和零售商组成，这些人或企业专门靠转卖为生，是内行，对产品及价格非常熟悉，购买次数较少，但每次购买数量较大。

旅游中间商一般都处于旅游者密集、丰富的大中城市里，他们各自有自己的目标群体。因此，通过他们易于沟通旅游企业和旅游者之间的联系。旅游中间商是一批旅游专门人才，他们一般都受过旅游专业训练，懂业务，有经验，最了解市场，也掌握旅游者的心理。他们能够给旅游者提供最有价值的信息，帮助旅游者选择最理想的旅游产品。从某种意义上来说，中间商可以帮助旅游产品供给者提高产品的质量。

3. 竞争者对旅游营销活动的影响

竞争者属旅游企业市场营销微观环境因素之一，竞争者的状况会直接影响企业的经营活动。每一个旅游企业一般都面临着4种类型的竞争者，即愿望竞争者、一般竞争者、产品型式竞争者和品牌竞争者。

比如某公司准备组织职工或外出疗养，或游览风景名胜，或考察民俗，这个公司目前的愿望对旅游企业来说就叫做“愿望竞争者”。公司经过反复考虑，决定组织职工疗养以恢复体力和健康。而满足这一愿望，可通过乘飞机、火车或轮船等方式实现，这种方式就叫做“一般竞争者”。到了目的地后，职工可以住高、中、低等档次的宾馆，这些宾馆档次是能满足购买者某种愿望的各种产品的型号，就叫做“产品型式竞争者”。当公司选定了宾馆的档次后，公司又要考虑购买哪种品牌的宾馆，是“假日”，还是“希尔顿”，或其他牌子的旅馆。这也就是满足旅游者的品牌产品，这叫做“品牌竞争者”或“企业竞争者”。企业市场的营销人员对该公司的上述购买决策通过调查研究，就可以搞清楚谁是这个旅游企业的竞争者了。

4. 社会公众对旅游营销活动的影响

公众是旅行社营销微观环境的重要因素，它对旅游企业实现目标产生实际的或潜在的影响。作为微观环境因素的公众环境，主要表现为以下几个方面：金融公众，即那些关心和了解并影响旅游企业取得资金能力的任何集团，包括银行、投资公司、证券经纪行和股东等；媒介公众，主要是报纸、杂志、广播和电视等有广泛影响的大众媒介；政府公众，即负责管理旅游企业的业务和经营活动的有关政府机构；市民行动公众，包括保护消费利益的组织、环境保护组织、少数民族组织等；地方公众，如旅游企业附近的居民群众、地方官员等；一般群众；旅游企业内部公众，包括企业董事会、经理、职工等。

旅行社必须采取适当措施与周围各种公众搞好关系，因为这些不同公众都能促进或阻碍企业实现其目标功能。如报纸、广播、电视对某旅游企业一篇优质服务的报道就能使这一企业提高信誉，扩大销售；反之，一篇损害旅游者利益的报道就能使这一企业商誉大大受损，自然会影响销售。为处理好与周围公众的关系，树立旅游企业的良好信誉和形象，大多数的旅游企业都设立了公共关系部，其主要业务是处理好内部、外部以及与社会公众的关系，以增进理解、互相合作。公共关系并非是公关部门的事，还必须有全体员工的积极参与。

四、旅游企业的SWOT分析

SWOT分析是广为应用的一种机会—风险分析方法。SW是指企业内部的优势和劣势（Strengt hs and Weaknesses），OT是指企业外部的机会和风险（Oportunities and Threats）。SWOT分析就是企业在选择战略时，对企业内部的优势与劣势和外部环境的机会与风险进行综合分析，据以对备选战略方案作出系统评价，最终达到选出一种适宜战略的目的。

企业内部的优势与劣势是相对于竞争对手而言的，表现在资金、技术设备、职工素质、产品市场、管理技能等方面。衡量企业优势与劣势有两个标准：一是资金、产品、市场等一些单方面的优势与劣势；二是综合的优势与劣势，可以选定一些因素评价打分，然后根据重要程度进行加权，取通过各项因素加权数之和来确定企业是处在优势还是劣势。企业应扬长避短，内部优势强就宜于采取发展型战略，否则就宜于采用稳定型或紧缩型战略。

企业外部环境是企业所无法控制的，企业外部环境中有的对企业发展有利，可能给企业带来某种机会，例如宽松的政策、技术的进步，就有可能给企业降低成本、增加销售量创造条件；有的外部环境对企业发展不利，可能给企业带来威胁，如紧缩信贷、原材料价格上涨、税率提高等。来自企业外部的机会与风险，有时需要与竞争对手相比较才能确定。有利条件可能对所有企业都有益，风险也不仅仅是威胁本企业。因此，在有些情况下，还要分析同样的外部环境到底对谁更有利或更无利。当然，企业与竞争对手的外部环境是不可能完全相同的，但很多时候却有许多共同点，此时对机会与风险的分析不能忽略同竞争对手相比较。

SWOT 分析的做法是，依据企业的方针列出对企业发展有重大影响的内部及外部环境因素，继而确定标准；再对这些因素进行评价，判定是优势还是劣势，是机会还是风险；也可逐项评分，然后按因素的重要程度加权求和，以进一步推断优势与劣势有多大及外部环境的好坏。在以上分析基础下，可以根据企业的得分来判定企业应采用何种类型的战略，外部有众多机会，又具有强大的内部优势，宜采用发展型战略；外部有机会，而内部条件不佳，宜采取措施扭转内部劣势，可采用先稳定战略后发展战略；外部有威胁，内部状况又不佳，应设法避开威胁，消除劣势，可采用紧缩型战略；拥有内部优势而外部存在威胁，宜采用多角化经营战略分散风险，寻求新的机会。

任务三　旅行社管理战略

中国旅行社的真正发展壮大只有20年的历程，对旅行社进行研究主要始于市场化导向时期。在前期由事业单位到企业组织的转化过程中，由于旅行社产业规模较小，对其进行的研究基本没有。在20世纪80年代后期，由于外联权的下放，使旅行社业从垄断开始走向竞争，同时也引发了对旅行社经营管理中各种问题的初步探讨的尝试。进入20世纪90年代之后，旅行社的生存环境的变化和市场竞争秩序的混乱使研究明显增多，体现了研究力度的加强和对旅行社研究的重视以及对旅行社龙头地位的肯定。具体的管理战略思想如下。

一、差异性战略管理

差异性管理战略指旅行社产品或服务与竞争对手的产品或服务有明显的区别而采取的一种战略，这种战略的核心是旅游者能感受并接受这种差异。

旅行社如果想成功实施差异性战略，就必须研究旅游者的需求和消费行为，尽量满足相应市场的个性化需求及购买习惯。旅游者差异性的喜好程度越高，那么他们同旅行社的联系就越紧，旅行社所获得的优势也就强。成功的差异性可以使旅行社对其提供的产品或服务收取较高的价格。无论何时，如果旅行社销售产品或服务所获得的额外价格超过了为获得差异性而耗费的成本，那么，差异性就可以提高旅行社的赢利能力。

二、紧缩型战略管理

紧缩型战略是指企业从目前的战略经营领域和基础水平收缩和撤退且偏离战略起点较大的一种经营战略。紧缩型战略是一种消极的发展战略，一般来说，企业实行紧缩型战略只是短期性的，其主要目的是避开环境的威胁并迅速地实行自身资源的最优配置向其他行业转移，可以说紧缩型战略是一种以退为进的公企业战略。旅行社作为一种旅游企业，也可以结合自身实际适当吸取采用这种经营战略。例如，针对当前严峻的旅游市场环境，部分旅行社就可以采取紧缩型战略，旅行社可以将自己的一个或几个部门转让、出卖或停止经营。

三、联盟战略管理

战略联盟是两个或两个以上的企业为了达到一定的目的而通过一定方式组成网络式的联合体。一般来说，这些企业为了获得一个或更多的战略目标，没有组成相互独立存在的组织，而是采取了两个或更多的组织相互合作的方式。战略联盟是现代企业组织制度的一种创新。旅行社作为一种休闲时尚型的旅游企业，完全可以复制这种现代企业管理制度，通过多方合作开拓旅游市场，赢得更大的旅游客源，实现更高的利益，与此同时也丰富整个旅游市场，促进旅游业的发展。

四、确定新业务发展战略

根据旅行社的特点，旅行社新业务的发展战略主要有密集型、一体化、多角化3种。

1. 密集型发展战略

指不改变旅游产品的形式和客源市场的类型，而在现有客源市场上，通过扩大现有旅游产品的市场占有率来实现其发展目标。其主要措施是促使现有客人增加旅游天数或提高重游率；争取竞争对手的客源市场；吸引新的旅游者，特别是潜在旅游需求者购买旅游产品。市场开发是指不改变现有的旅游产品形式，而将现有的旅游产品推向新的客源市场，其主要措施是在现有客源市场区域内发展新的细分市场，或者是开发新的客源市场。产品开发是指不改变现有的客源市场，而向现有的客源市场提供新的产品或经过改进的产品。

2. 一体化发展战略

旅行社一体化发展战略主要有后向一体化、前项一体化和水平一体化三种形式。后向一体化是通过收购、兼并旅游饭店、旅游车队、旅游景点、旅游餐馆和各种娱乐场所等，拥有或控制旅游产品要素的供应系统，形成旅游产品的供产一体化。适合发展后向一体化的条件是，旅行社经营的上链赢利水平较高，发展空间与时机较好。通过后向一体化可以减少旅行社在服务质量、经营成本方面受制于旅游供应商的危险，使交易成本降低。前向一体化是旅行社谋求对旅游产品销售网络的控制，是通过收购或兼并旅游客源地的旅游零售商、中间商等形式来实现的。前向一体化是通过其产品向旅游客源地延伸，以增加销售力量来求发展。水平一体化是旅行社通过争取对其他同类型旅行社的所有权或业务控制权，或者通过某种形式的经营联合实现的。旅行社网络化经营是水平一体化最常见的一种形式。旅行社采取水平一体化，不仅可以扩大服务规模与市场规模，增强经营实力，同时还可以避免与实力相当旅行社竞争，变竞争对手为合作伙伴，相互取长补短，共同利用市场。

3. 多角化发展战略

当旅行社的各个战略经营单位在原有的市场经营领域无法发展时，当原有的市场经营领域赢利水平大幅度降低时，或者当原有的市场经营领域之外具有较好的市场机会时，旅行社便可采取多角化发展战略。

五、旅行社的集团化发展战略

旅行社的国际化是指旅行社在发展过程中，随着我国改革开放程度的扩大和国外资本的逐步进入，在企业投资主体、投资方式、经营模式以及市场份额等方面出现的与国外企业相互融合、交流、渗透的过程。我国旅行社集团化主要有以下几种模式。

1. 旅游连锁——中青旅

中青旅控股股份有限公司自 2000 年开始率先将连锁经营的概念引入旅游社业务经营范畴，迎合了人民生活追求便捷需求的发展趋势，更是通过连锁经营模式推动经营方式发生深层次的变革，实现前后台分离，促进旅游业务批发与零售的专业化分工和标准化生产，进而实现规模化经营，从而使中青旅主业规模快速扩张。在北京地区，自 2000 年 8 月 15 日首批 5 家营业部门开业至今，已经拥有 16 家连锁营业部，直接面向广大消费者，主要定位于旅游相关产品销售及提供相关服务。为加强对连锁店的专业化管理，在连锁运行过程中，科学选址、标准设立、公开招聘、严格培训、VI 系统导入、与后台的业务对接、800 免费语音系统、统一推广宣传及计算 ERP 系统八大环节的设立，初步构成中青旅连锁的动作体系；而营业部店规、人事管理制度、员工培训计划、收益分配方案、售后服务规则、财务管理制度、业务对接流程、ERP 操作系统及客户档案管理等内容组成了中青旅连锁管理体系的基本架构。

2. 品牌扩张模式——广之旅

广之旅国际旅行社股份有限公司成立于 1980 年 12 月 5 日，是华南地区规模至大、实力至强、美誉度至高的旅行社，是国内唯一获得全国旅游业质量管理最高荣誉“中国用户满意鼎”的综合性强社。

广之旅目前在广州市内已拥有 30 多家营业点，在全省的 200 多家营业网络遍布珠三角，构建了华南地区最为完善的销售网络，此外在香港、澳门、北京、云南，以及马来西亚、澳大利亚等地设有分支机构，业务遍及全球 100 多个国家和地区。2008 年营业额超 18 亿元，组团人数超过 160 万人次，继续领跑华南地区旅行社。2008 年 11 月，广之旅以绝对优势摘取了“广东旅游十大首创之星”的桂冠，并获得改革开放三十年“广东标杆企业”、“十大新粤商”的荣誉。广之旅的发展历程对于广东整个旅游行业而言，不仅具有示范意义，更是标杆而引领风气之先。

3. 收购兼并模式——广东中旅集团

广东中旅集团是一个多元化经营的旅游集团公司，其属下除广东中旅股份有限公司外，还有酒店管理公司、房地产公司、洗涤公司、储运公司、信息公司等。

广东中旅早在2000年就开始走资本运作道路，投资数千万相继收购了深圳罗湖国旅、珠海石景山旅行社、湛江中旅、云浮中旅、重庆快达旅行社，并取得了控股权。2003年，还完成了对南海中旅的收购计划，取得建设河源市苏家围客家乡村旅馆项目的控股权，并开展了对潮州中旅、茂名中旅、汕头中旅、阳江旅游总公司、广东三茂铁路国际旅行社的投资重组。

4. 行政划拨方式——神舟国旅集团

这一类方式一般由当地政府将自己投资设立的旅行社采用行政划拨的方式组建旅行社集团，如神舟国旅集团由北京市政府所属的北京中国国际旅行社、北京市中国旅行社、北京海外旅游公司、北京市旅行社、神州国际旅游公司、方舟旅行社等旅行社及相关旅行社重组组建。

六、影响旅行社经营战略的因素

1. 社会需求

社会需求的存在为旅行社的生存与发展提供了机会，但由于社会需求受一定时期内政治、经济、技术和社会因素的影响而不断发生变化，又直接影响着旅行社经营战略的形成。社会需求的变化一方面为旅行社经营活动的发展提供了现实的与潜在的市场机会，另一方面也孕育着现实的与潜在的市场风险。从这个意义上讲，研究一定时期内社会需求总量的运动与结构性变化便成为制定旅行社经营战略的前提和出发点。

一定时期内的社会需求表现为市场需求，其实质是顾客需求。顾客是旅行社产品的购买者。一般说来，旅行社与顾客之间存在着4种基本关系。从服务的角度来看，旅行社与顾客具有服务与被服务的关系；从商品货币的角度来看，旅行社与顾客具有购买与销售的关系；从消费意愿的角度来看，旅行社与顾客具有选择与被选择的关系；从市场竞争角度来看，旅行社与顾客具有争夺与被争夺的关系。以上4种关系充分说明，顾客分析对于旅行社制定经营战略是十分重要的。旅行社经营战略的制定，要充分认识和了解顾客需求的内容、趋势和在旅游产品消费中所表现出来的特点和规律。只有全面掌握了旅游者的规模结构、消费心理、消费习惯和消费层次，旅行社才能充分运用各种经营对策去开发市场、启动市场，才能充分满足旅游者的需要，才能实现旅行社的经营目标。

2. 供应者

旅行社在其经营活动中必须拥有大量的供应者或供应商。旅行社的供应者包括企业维持正常经营活动的各种要素（人、财、物、信息、技术等）的供给单位，这些单位主要有旅游饭店、旅游汽车公司、航空公司、旅游参观点、铁路公司等企业。这些供应商就其经济职能来说，有的是以旅游业务为其主要经济职能，有的是以其他业务为其经济职能，但是它们的基本经济要求是与旅行社建立稳定、合理的交易关系，并通过这种商品与服务的交易取得一定的经济利益。在旅行社经营活动中，供应者能够提供服务要素的数量与质量，直接影响着旅行社服务经营的规模与服务质量。因此，从这个意义上讲，旅行社的供应者所处的市场情况、市场结构便成为影响旅行社经营战略制定的第二因素。就目前我国旅游业发展状况而言，旅行社供应商所提供的服务要素除了在特定地区的旅游旺季，服务要素供应紧张的局面已经消失，这有利于旅行社在其经营活动中取得一定的成本优势。

3. 竞争者

在旅行社经营过程中，存在着大量的竞争者。竞争者的存在，不仅给旅行社带来经营风险，同时也能给企业带来经营机会。一般来讲，竞争者是指与本旅行社争夺市场与资源的经营对手，是那些提供相同或相似服务的企业。在旅行社经营活动中，不论竞争对手的性质如何，企业与竞争者都存在着两种关系。一是相互争夺客源市场的关系，即客源市场的规模和结构直接决定着旅行社的经营规模和经营水平。不同的旅行社为了各自的经济利益，为了生存与发展，都会在特定的客源市场上、特定的顾客群体中争夺更多的市场份额。不仅要争夺对手占有的客源市场，还要积极争夺潜在的客源市场。二是相互削弱经营能力的关系，即在一个特定时期内，由于客源市场的有限性和稳定性，旅行社在其竞争活动中，都具有削弱竞争对手争夺市场能力的愿望，并由此而产生了控制竞争对手的各种经济和非经济的行为。因此，竞争对手的经营思想、经营战略、经营计划、经营策略以及行业内主要竞争对手的情况和本企业的竞争地位便成为影响旅行社经营战略制定的又一个重要因素。

4. 企业经营能力

不断变化的市场环境为旅行社的经营带来了可以利用的潜在市场机会，而旅行社能否将这种潜在市场机会转变为企业机会则取决于旅行社的经营能力。旅行社经营能力是指旅行社能够满足客源市场需求，维持企业生存和发展的各种经营能力以及这些经营能力的组合状态。其主要包括旅行社的经营管理水平、业务人员的能力及其结构、物力和资金等资源结构、产品结构、旅游网络化及专业化状态、企业外界联合结构和企业内部的组织结构等。旅行社经营能力是制定经营战略的物质基础。旅行社具备了较强的企业经营能力，就能不断的满足客源市场的需求，适应旅游需求的变化，保持市场竞争的地位。因此，旅行社经营能力是旅行社经营战略中的主导因素。

项目实训

项目思考

1. 旅行社战略管理体系分工是怎么样的？
2. 经济环境对旅游者的消费选择会产生怎样的影响？
3. 选择本地区一旅游企业为例，对其旅游市场营销微观环境进行分析。
4. 举例说明发展新业务的战略思想？

项目总结

本项目任务主要包括旅行社战略管理概论、旅行社战略管理环境分析和旅行社管理战略三个方面。通过学习，学生具备具备分析旅行社宏观环境的能力。

本项目的三个任务是完成本课程模块五的基本前提和基础。

参 考 文 献

1. 贺学良．现代旅行社经营与管理．上海：复旦大学出版社，2003
2. 许霞．旅行社经营管理．北京：北京交通大学出版社，2011
3. 李宏，等．旅行社经营管理．3 版．北京：旅游教育出版社，2010
4. 梁智．旅行社运行与管理．3 版．大连：东北财经大学出版社，2010
5. 陈春梅．旅行社经营管理．天津：天津大学出版社，2010
6. 陈建斌，等．旅行社经营管理．广州：中山大学出版社，2007
7. 董正秀．旅行社管理实务．南京：东南大学出版社，2007
8. 张红英．旅行社营销．上海：复旦大学出版社，2011
9. 梁昭．旅游市场营销．2 版．北京：中国人民大学出版社，2011
10. 舒伯阳．旅游市场营销．北京：清华大学出版社，2009
11. 肖升．旅游市场营销．北京：旅游教育出版社，2010
12. 徐云松．旅行社业务．北京：高等教育出版社，2008
13. 李健明．旅行社服务质量管理新论．合肥：中国科学技术出版社，2007
14. 万剑敏．旅行社产品设计．北京：旅游教育出版社，2008
15. 张道顺．旅游产品设计与操作手册．2 版．北京：旅游教育出版社，2010
16. 王鹏飞．旅游产品设计基础．北京：首都师范大学出版社，2005
17. 孟洁高．旅游线路设计．2 版．上海：上海交通大学出版社，2010
18. 陈启跃．旅游线路设计．2 版．上海：上海交通大学出版社，2011
19. 国家旅游局人事劳动教育司．导游业务．6 版．北京：旅游教育出版社，2011
20. 王海建，等．导游服务技能．北京：清华大学出版社，2011
21. 刘长英．旅游企业人力资源管理．北京：中国物资出版社，2011
22. 赵西萍．旅游企业人力资源管理．北京：高等教育出版社，2011
23. 舒伯阳．旅游企业电子商务．北京：中国劳动社会保障出版社，2009
24. 邸德海．旅游管理信息系统．北京：南开大学出版社，2000
25. 陈继祥，等．旅游企业战略管理．北京：旅游教育出版社，2006
26. 中国旅行社协会．2011 中国旅行社行业发展年度报告．北京：旅游教育出版社，2012
27. 吴璇欧，等．旅游政策法律与法规．上海：复旦大学出版社，2010
28. 中国旅行社协会．旅行社常见疑难法律问题．北京：中国旅游出版社，2010
29. 韦明体．旅行社市场营销．北京：旅游教育出版社，2004
30. 吴昌南．中国旅行社产品差异化研究．上海：上海财经大学出版社，2006